LUTZ JAHODA
REINER SCHWALME

LUSTIG
ist
ANDERS

In Zeiten zu leben, in denen sich alles rechnen muss und die Kosten-Nutzen-Analyse mehr zählt als das Recht aller auf bezahlbaren Erkenntnisstand und künstlerischen Genuss, haben uns, die Urheber eines deutsch-amerikanischen Lesebuches, bewogen, dieses Werk vorab als PDF-Datei ins Netz zu stellen, um auch jene zu erreichen, für die es gezeichnet und geschrieben wurde. Dass dieses aufschlussreiche und gleichzeitig unterhaltsame Ergebnis doch noch eines Tages gedruckt oder im E-Book-Format erscheinen möge, läge jetzt nur noch im Ermessen eines mutigen Verlages oder Druckunternehmens.

Einbanddesign und Grafik der Einbandrückseite und der Klappentexte: André Geiger.

ZUM BUCH

Ein Publikumsliebling des einstigen Fernsehens der Deutschen Demokratischen Republik (DDR), Berlin-Adlershof, Autor mehrerer Bücher, schreibt sich den europäischen Frust von der Seele. Der bekannte Buchillustrator und Karikaturist Reiner Schwalme begleitet ihn zeichnerisch, und zwei Hacker lesen heimlich mit, kommentieren in heiterer Reimform und geben sich als Mitglieder des dichtenden US-Agentenzirkels „German Angst" zu erkennen.

Die vierhundertsiebenundvierzig Seiten machen bereits nach den ersten Blättern deutlich, was alles nach diesem von Großdeutschland ausgegangenen verbrecherischen Menschheitsdrama des bereits Zweiten Weltkriegs im Zwanzigsten Jahrhundert schiefgelaufen war und wie wenig aus den Fehlern begriffen und gefolgert wurde.

Es gibt keine Kapitelgliederung, keine Inhaltsangabe. Nichts soll Leserinnen und Leser abhalten, die Prosa und Reimkonstrukte wie einen Tatsachenroman zu lesen, traurige Vorgänge, die Deutschland Ost und West von einer relativ gesund organisierten Spaltung in eine ungesunde Wiedervereinigung führten, die inzwischen ähnlich fatal trennt, wie uns dies die Weimarer Republik mit katastrophalen Folgen erinnert.

Die Gebrauchslyrik der kämpferisch mutigen Herren Heinrich Heine, Kurt Tucholsky, Erich Kästner scheinen Pate gestanden zu haben zwischen den zeitnah erhellenden Illustrationen Reiner Schwalmes, dessen Zeichnungen einst schon die Zeitschrift für Satire und Humor *Eulenspiegel* bereicherten und gegenwärtig mit neuen Arbeiten der altgedienten Berliner Zeitung *Tagesspiegel* gut tun.

Klar, dass sich im letzten Buchdrittel das Hacker-Mysterium erklärt und damit auflöst. *Lustig ist anders* atmet die Gegenwartstragik erlebter Enttäuschungen nach einem Vierteljahrhundert Wiedervereinigung, die sich in den Köpfen der Betroffenen inzwischen unter dem Begriff „feindliche Übernahme" immer stärker verfestigt hat. Auch die Trauer um die deutsche Bequemlichkeit wird deutlich, die sich anscheinend damit abgefunden hat, als Kolonie der US-Administration jeden kriegerischen Unfug mitzumachen.

Lustig ist anders darf als deutsch-amerikanisches Lesebuch eingeordnet werden. Die letzten Reimzeilen im Buch dürfen als Bestätigung gelten:

„Das Elend politischer Dummheit ist groß.
Der Schaden lässt sich nicht leimen.
So werde auch ich das Gefühl nicht los:
Die Mehrheit wählt falsch. Was mach ich bloß?
Und weiß darauf nichts mehr zu reimen."

Juri Klugmann, Ontario, Canada
Zwischen 1997 und 2014
Verleger und Chefredakteur
der internationalen Monatszeitschrift
„Deutsche Rundschau"

Jeder darf wütend sein.
Aber auf den Richtigen,
zur richtigen Zeit,
am richtigen Ort.

Aristoteles

Das Recht auf unbeschränkte Ausübung von Vernunft und Meinungsfreiheit und die Verbreitung des Lichts der Wissenschaft, haben offengelegt, dass die breite Masse der Menschheit nicht mit Sätteln auf ihren Rücken geboren wurde, noch einige Wenige, gestiefelt und gespornt, durch die Gnade Gottes berechtigt sind, auf ihnen zu reiten.

Thomas Jefferson
Verfasser der Unabhängigkeitserklärung
in einem Brief an Roger Weightman vom 24. Juni 1826
aus Monticello bei Charlottesville, Virginia

Zur postdemokratischen Einschläferung der Öffentlichkeit trägt auch der Gestaltwandel der Presse zu einem betreuenden Journalismus bei, der sich Arm in Arm mit der politischen Klasse um das Wohlbefinden von Kunden kümmert.

Jürgen Habermaß
Philosoph und Soziologe
am 22. Juni 2015

160 Millionen Menschen sind im 20sten Jahrhundert in bewaffneten Konflikten gestorben. Wir müssen ehrlich mit unseren Fehlern umgehen, damit das nicht noch einmal passiert.

Robert McNamara, im Jahr 2009
US-Verteidigungsminister unter John F. Kennedy
und Präsident Lyndon B. Johnson.
Während des Vietnamkrieges 1967
aus Gewissensgründen von seinem Amt zurückgetreten.

Im Zeitalter des Universalbetrugs, ist die Wahrheit zu sagen eine revolutionäre Tat.

George Orwell (1903-1950)
Englischer Schriftsteller, Essayist und Journalist

Statt eines Vorworts

Reime mit und ohne Häme,
einfach nur Politprobleme:
Unmut, metrisch gebündelt.

Denn weder die Jungen
und erst recht nicht die Alten
hätten es jemals für möglich gehalten,
dass Deutschland noch einmal zündelt.

Aus dem Auge des Orkans -
dieser absoluten Kalme -
sind, kraft seines Wahrheitswahns,
wir, im Fokus seines Plans,
Opfer dieses Reiner Schwalme.

Auszug aus dem Beschwerdeheft
des US-Agentenzirkels German Angst
Bereich Dichtkunst

Unter dem Schlüsselwort
Strawberry-Louis
fährt uns mit unausgesprochenem Pfui,
dennoch aggressiv genug,
ein Poesiekonkurrent vor den Bug.
Metrisch korrekt zwar,
doch inhaltlich arg,
fast so,
als lägen wir längst schon im Sarg.

Nachdenkenswert immerhin allemal;
denn da ist einiges katastrophal,
verursacht
durch die Vereinigten Staaten,
unter Panzerketten
und Bomben geraten.

Wenn sogar schon CIA-Veteranen
insgeheim Proteste planen,
sollten wir,
unter klugen Denkern,
aufhören, über die Linken zu stänkern.

US-Agentenzirkel German Angst/Bereich Dichtkunst
Anonymer Hackermitschnitt (Deutschland)

Die Welt ist klein geworden. Mit nur zwei Zeichen, der Null und der Eins, der algorithmischen Basis für geregelte Prozeduren zur Lösung definierter Probleme, arbeiten hochgerüstete Apparaturen mittels ausgefeilter Strategie, jagen Informationen rund um den Erdball, tausendmal je Sekunde, milliardenmal pro Tag, denn Geschwindigkeit ist ein Muss, Tempo heißt Vorsprung, und Vorsprung bedeutet Vorteil und Vorteil Rendite. Für Börsenleute – neudeutsch Broker - wäre dies der Jahresertrag eines angelegten Kapitals. Für anderweitig Interessierte, wie Informationssammler auf den Gebieten Wirtschaft, Politik, Kultur, wären dies systemstörende Auffälligkeiten, wie jene auf den folgenden Buchseiten, die schneller in die prozessierenden Chips der Speedmaschinen jenseits des Atlantiks gelangten als in den Digitaldruck eines Verlagshauses. Keine Ahnung, unter welcher Bezeichnung diese Riesencomputer arbeiten. High-Frequency-Researcher, könnte ich mir gut vorstellen, mit amerikanisch flapsigem Zusatz: *Kraut´s Conscience*. Hochfrequenzerforscher deutschen Gewissens. Was mir, wie es aussieht, wird genügen müssen, die beiden anonymen Reimkonstrukte zu deuten.

Lustig war gestern. So sollte der Buchtitel ursprünglich lauten. Eine anfechtbare Behauptung, weshalb ich mir von Reiner Schwalme bereits ein großes Fragezeichen erbeten hatte, quer über den Titel gestempelt; denn wann war es jemals durchgehend lustig in Deutschland? Als Wiederholungstäter des Fachbereichs Heitere Muse, werde ich nicht umhinkönnen einzugestehen, dass ein gehöriges Quantum an Lustigkeit unverbesserlich in uns allen steckt, egal, was rings um uns geschehen möge. Da wird mir wohl kaum einer einreden können, dass unter uns Deutschsprachigen der Humor jemals an Auszehrung gelitten hat. Weder unter den Machern noch unter den genießenden Konsumenten. Auch in Zeiten übelster Barbarei, ist die Bereitschaft zum Lachen im Menschen jederzeit abrufbar geblieben. Wobei nicht unerwähnt bleiben darf, dass es unter dem Sammelbegriff Heiterkeit Abstufungen gibt, die uns nach unterschiedlichem Empfinden zwischen Witz und Humor unterscheiden und lachen lassen. Somit gibt es das befreiende Lachen auch heute noch, in wieder einmal unsicheren Zeiten, wenn auch erst dann auf qualitativ hoher Stufe, wenn sich das satirisch-politische Kabarett der Pointen annimmt.

Wer sieht da nicht gern die Klarheitskugel auf die Lügenkegel zurollen, die ein Feinschmeckerpublikum schon schwanken sieht, noch ehe die stolz aufgestellten Schwindelhölzer klappernd durcheinanderfallen.

Es stand schon einmal besser um David gegen Goliath. Da war eine Menge versemmelt worden, noch ehe Gorbatschow sich von Reagan übertölpeln ließ. Das System, mit dem wir es seit der Wende zu tun haben, trägt das aus den USA importierte *keep smiling* oberflächlicher Herzlichkeit vor sich her, das sich allerdings rechnen muss. Ist dies nicht der Fall, und geht es gar um höhere Beträge, kann das Lächeln schnell einfrieren und das Herz zu Stein werden.

Die Welt weiß, was 1989 in Berlin geschah. Was sie nicht weiß, dass ein Land und dessen jubelnden Bewohner mit Bravour über den Tisch gezogen wurden.

„Während ich noch begeistert das Bundesfähnchen schwenkte", sagte später ein Betroffener zu mir, „hatten die mir schon das Oberleder von den Schuhen geschnitten."

Kriminelle Energie sickerte ins Land, und was Wirtschaft und Banken, gesetzlich legitimiert, unternahmen, war auch nicht gerade von feiner Art.

Der sogenannte Runde Tisch war eigentlich eckig, und ebenso eckig wurde alles, was zu Ungunsten der DDR-Bürger beschlossen wurde.

Die Legende von der total maroden Deutschen Demokratischen Republik wird bis heute gehegt und gepflegt. Unerwähnt bleibt auch, dass die Menschen in der DDR eigentlich nur ein wirtschaftlich besser funktionierendes Land wollten und ein freizügiges Reisen, doch keineswegs diese totale Aufgabe sozialer Errungenschaften.

Schließlich gab es ein sehr gutes Bildungssystem. Alle Kinder konnten unentgeltlich eine Vorschuleinrichtung und anschließend eine Schule besuchen, wo sie von gut ausgebildeten Pädagogen im Geiste des Humanismus, des Friedens und der Achtung anderer Völker erzogen wurden. Gesichert war eine berufliche Ausbildung. Auch Arbeiterkinder durften studieren, wenn sie die erforderliche Leistung erbrachten. Arbeitsplätze waren garantiert. Männer und Frauen erhielten den gleichen Lohn. Die Gleichberechtigung der Frau war somit ebenso Gesetz wie die Fürsorge für die Jüngsten und Alten. Die medizinische Versorgung war kostenlos. Theater, Konzertsäle, Museen, Ferienplätze und sonstige Freizeiteinrichtungen waren bezahlbar.

Dass dies alles nur noch die bejahrten Bürger wissen, vielleicht noch deren Kinder, aber im Sinne der auf dem Siegerpodest Stehenden alles dafür getan wird, den jungen Menschen nur noch jenes zu schildern, das sich aus den Nöten eines Landes ergeben hatte, das von Beginn seiner Gründung an verteufelt wurde und sich schließlich sogar genötigt sah, sich landessichernd abzugrenzen, entspricht voll dem Monopolkonzept der gegenwärtig Regierenden.

Wer Dankbarkeit des Westens erwartet hat, weil Gorbatschow ohne vertragliche Sicherung russischer Interessen die stationierten Sowjettruppen aus dem DDR-Raum abzog, kennt nicht die Geschichte des vergangenen Jahrhunderts. Die gewalttätige, rücksichtslose Gier grenzenloser Geldvermehrung zeigt gegenwärtig allen Unwissenden, in welch eine Falle die Menschheit geraten ist. Am Beispiel Griechenlands war im Jahr 2015 zu erleben, wie desinformierend die Medien im Dienst der Geldmonopole meinungsmachend den

Ursprung griechischer Verschuldung unterschlugen, alle Verantwortung der Zwangslage den „faulen Griechen" zuschoben, die Schuld der Banken und der Superreichen hingegen unberücksichtigt ließen.

Die unerbittlich harte Machtübernahme volkseigener Betriebe durch bundesdeutsche Konzerne im Zuge eines Rückbaus zur Privatisierung, wird gegenwärtig nach deutschem Treuhandmuster den tapferen Griechen übergestülpt.

„Sie haben Ihre Identität verloren", klagte kürzlich eine Fernsehzuschauerin von einst.

Ich antwortete: „Hätte ich sie behalten, müsste ich erblassen, wie seinerzeit Bert Brechts Herr Keuner erblasste."

Dennoch ist der Komödiant in mir lebendig geblieben, sonst gäbe es nicht das von mir reimrhythmisch erweiterte Sprichwort:

Die Zeit vergeht,
der Narr besteht,
doch macht sie selbst den Narren klug,
falls er sie nicht zu Tode schlug.

Ansage und Anfrage

Pfeif auf hohe Literatur,
pfeif auf poetische Würde,
wenn es um die Wahrheit geht,
die man dir im Mund verdreht,
scheue keine Bürde.

Die Unwahrheit hat Konjunktur,
hatte sie eigentlich immer.
Die Finanzwelt braucht das so,
lügen dämmt das Risiko.
Schlimmer geht es wohl nimmer.

Doch, es geht noch unverschämter:
Die große Gier verlangt es.
Aktionäre diktieren munter:
Arbeitszeit rauf und Löhne runter!
Und wann ruft das Volk: Jetzt langt es?

Auf dem Alexanderplatz 1989 hätte es lediglich für die letzte Zeile Beifall geben können. Für das Vorangegangene hingegen, wäre ich längst ausgebuht und von der Rednertribüne gejagt worden. „Wahnsinn!", rief Karl Moik in der Stadthalle Cottbus und bestritt mit diesen acht Buchstaben nahezu den gesamten Abend seines „Musikantenstadels". Der Fall der Mauer über Nacht, war das Wunder schlechthin. Es war das Erscheinende, sich den Sinnen Zeigende, Verblödende, Verödende, das auch mich im Griff hatte. Es war der absolute Brainkiller, um es neudeutsch auszudrücken. Da glaubte ich doch kurzzeitig offenbar wirklich, dass es möglich sein werde, die Vorzüge des Sozialismus in eine neu zu schreibende Verfassung des vereinten Deutschlands einbringen zu können.

Die umseitigen Reimzeilen deklamierte ich anlässlich des großen Silvesterballs 1989/90 im gerade kurz vor der Wende fertiggestellten Nobelhotels am Elbufer Dresdens, niedergeschrieben in sträflich dummer Verkennung monopolgesteuerter Zukunftspraktik.

Angemerkt sei gleichzeitig, dass es europäische Politiker gab, die ein ungutes Gefühl beschlich, als feststand, dass es von nun an wieder ein vereintes Deutschland geben wird.

Volksmund: Wo Eigensinn bei Dummheit ficht, wird durch Vernunft nichts ausgericht´.

Im Rausch der Wende

Wie man erkennt in unserem Lande,
sind wir zu allerhand imstande!
Jetzt brauchen wir Elan und Kraft,
um all das, was noch mangelhaft
und zweifelhaft und stümperhaft
für immer dorthin abzulegen,
wo sich sonst nur die Motten regen.
In diesem Sinn lasst uns regieren!
Das neue Jahr darf nicht stagnieren!

Inzwischen sind siebenundzwanzig Jahre vergangen, Wendekinder wuchsen bereits anders auf als Kinder in der DDR. Wendekinder kennen nur die Überflussgesellschaft, aber auch schon die Sorgen der Eltern, falls die sich im Sog der Versuchung, alles kaufen zu können, finanziell übernommen hatten. Noch nach Jahren steckte die gelebte soziale Sicherheit in den Menschen: unkündbarer Arbeitsplatz, preiswertes Wohnen, Krankenhaus, Hausarzt, Kindergarten, Schule, Bücher, alles kostenfrei.

Fünfundzwanzig Jahre nach der Wende befragte mich Tagesschausprecher Jan Hofer in seiner Eigenschaft als Herausgeber des Buches *Was haben Sie gemacht, als die Mauer fiel? - Prominente aus dem Osten erinnern sich.* Und ich antwortete auf die Frage zur allgemeinen Aufbruchstimmung wie folgt:

Die Aufbruchstimmung war kurz, weil die Ernüchterung schneller kam, als die bundesdeutschen und österreichischen Volksmusikanten jodeln konnten. Von einer Verbrüderung konnte keine Rede sein. Da rief keiner der westlichen Produzenten: „Rückt ein wenig auseinander und lasst Platz für die Unterhaltungskünstler des Ostens!" - Warum auch, sagte ich mir. Ich kannte die Geschäftsgebaren der westlichen Unterhaltungsindustrie in Westberlin, München, Wien und Hamburg. Warum sich mit Unwägbarkeiten belasten, wenn es in Österreich, der Schweiz und der Bundesrepublik Deutschland ausreichend erfolgsbewährte Künstler gibt, mit denen risikolos gute Geschäfte zu machen sind? Das Publikum in der

DDR war ausgehungert nach Künstlern aus dem Westen. *Die Menschen wollten nicht nur Bananen, sie wollten auch Karl Moik und Harald Juhnke in der Stadthalle Cottbus und in den Kulturhäusern der Städte Magdeburg, Erfurt, Leipzig, Dresden und Rostock.* Ich wusste, dass dies das Aus für Jahre sein würde und war froh, dem Rentenalter nah zu sein und der Bitterkeit fern, die bereits Erich Elstner, der Vater des zu Ruhm und Ehre gelangten Frank Elstner, hatte durchleben müssen, als ihm das deutsche Publikum am Brünner Stadttheater abhanden kam, weil die tschechischen Bürger im Frühling 1945 alle deutschen Mitbewohner der Stadt aus dem Land eskortiert hatten.

Eine weitere Frage Jan Hofers lautete: „Wie beurteilen Sie die Wende im Sinne eines Kosten-Nutzen-Verhältnisses für die Menschen der ehemaligen DDR?"

Und ich antwortete im Buch: *Es rieselte erst langsam, aber dann doch immer schneller in die Köpfe der Bürgerrechtler und Vorschussjubler, dass nicht alles wie erhofft verlaufen war. Von einem Einigungsvertrag sprach kaum noch einer. Zu viele Gutgläubige waren übervorteilt worden, doch waren dies Nichtigkeiten im Vergleich zu den Mammutaktionen der Treuhand. Da wurde abgewickelt und verramscht, bestochen und betrogen. Milliarden Quadratmeter an Wald und Ackerböden waren an westdeutsche Interessenten verkauft worden. Je schneller so ein Handel abgewickelt wurde, umso günstiger waren die Provisionen. Was da an sogenannten Sanierern in den Osten gelangte, waren aus dem Westen Fortgelobte, ein Großteil offenkundig zu Recht, denn einige darunter entpuppten sich unverschämt gerissen. Einer brachte es sogar fertig, der Treuhand eine ostdeutsche Schiffswerft abzuschwatzen und dafür eine Subvention in Höhe von 850 Millionen Mark zu kassieren, die er für den Erhalt von Arbeitsplätzen erhielt, aber lieber in sein angeschlagenes Westunternehmen steckte. Als dies aufflog und der ehrenwerte Herr angeklagt wurde, lautete das Urteil: Freispruch. Wieso? Weil das Bundesfinanzministerium mit einer sogenannten Haftungsfreistellung für die führenden Treuhandbeamten die Hand über Fahrlässigkeit und Missbrauch hielt. Strafrechtliche Konsequenzen hatte demnach keiner der Treuhandmitarbeiter zu fürchten. So konnte ein unredlicher Unternehmer alles auf die Treuhand schieben. Die Treuhandleute blieben damit rechtlich unberücksichtigt, waren „per Gesetz zur gröblichen Außerachtlassung der im Geschäftsgebaren üblichen Sorgfalt ermächtigt".*

Festgestellt und dokumentiert im späteren „Untersuchungsausschuss DDR-Vermögen".

Vierhundert Prozesse waren geführt worden. Alle unter dem Sammelbegriff „Vereinigungskriminalität".

Gern wird heute noch unter den Bonner Regierenden gejammert, wie teuer die Wende dem bundesdeutschen Staat gekommen sei. Eingeweihte sagen lächelnd, dass der Bundesrechnungshof nicht umsonst seinen Bericht darüber bis zum heutigen Tag unter Verschluss halte.

„Denn die Banken verdienten Milliarden, indem sie für einen Spottpreis das gesamte von der Treuhand verwaltete Banksystem übernahmen. Altkreditforderungen der DDR-Banken und Sparkassen gingen an die Westinstitute. Ein Milliardengeschenk", meldeten Finanzexperten.

Diese Anmerkung zum Verständnis, wie es zu den treuhandlichen Zeichnungen und zu dem Gedicht auf der übernächste Seite kommen konnte.

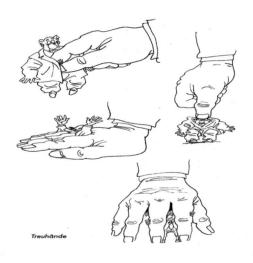

Treuhände

Elegie Ost
Kurzbeschreibung
christlich-demokratisdcher Einverleibung

Wir hätten es eigentlich wissen müssen,
und wenn schon nicht wissen,
so zumindest erahnen.
Wir verkauften unser reines Gewissen
für hundert Mark West
Und Discounter-Bananen.

Ein Vierteljahrhundert danach wird erhoben:
Zu tadeln sei nichts – nur noch zu loben,
gemäß einer Weisung der Zeitungskonzerne.
Noch gibt es den Euro,
da bückt man sich gerne
und besonders tief vor jenen ganz oben.

Ich nehme meine Tagebuchaufzeichnungen zu Hilfe und lese: *Erfreulich, dass der Verfall vieler DDR-Städte ein Ende haben wird. Auch die Autobahnen sind inzwischen zu Waschbrettpisten verkommen. Auch wenn ich an die von Bundeskanzler Helmut Kohl weisgesagten „blühenden Landschaften" nur bedingt glaube, bin ich mir sicher, dass das äußerliche Bild des Ostens sich recht bald bessern wird. Nur, unter welchen Voraussetzungen?*

Helmut Kohl war überraschend schnell mit einem Zehn-Punkte-Programm vorangestürmt. Von „nationaler Besoffenheit" sprach Oskar Lafontaine auf dem Berliner Parteitag der SPD am 18. Dezember 1989 und hatte damit auf die Auslassung der Anerkennung der Oder-Neiße-Grenze in Kohls Zehn-Punkte-Papier angespielt und die Forderung des Kanzlerberaters Horst Teltschik mit einbezogen, um die NATO-Mitgliedschaft des vereinten Deutschlands zu ersuchen. Francois Mitterand und Margaret Thatcher waren ohnehin verstimmt über Kohls Alleingang. Ob Michail Gorbatschow noch aus Gewissensgründen schwankte, weiß ich nicht, aber stark anzunehmen ist, dass ihn eine mögliche Ausdehnung der NATO Richtung Ost mehr belastet haben wird als die bevorstehende Aufgabe der Eigenstaatlichkeit der DDR. Ostdeutsche Bürgerrechtler stimmten mit Lafontaine überein, dass sich die DDR politisch und wirtschaftlich selbst reformieren müsse. Eine Konföderation beider deutscher Staaten, im Rahmen eines gesamteuropäischen Einigungsprozesses, wäre der allseits gesündere Weg. Am 13.

Februar 1990 kündigte Kohl eine baldige Währungsunion an, sagte aber nicht zu welchem Wechselkurs. Lafontaine meldete Bedenken an und benannte auch die Folgen: Schlagartige Konkurrenzunfähigkeit der ostdeutschen Industriebetriebe und Agrarwirtschaft und millionenfache Arbeitslosigkeit. Der Sachverständigenrat zur Begutachtung der Lage war ebenso für eine schrittweise Anpassung.

Am 25. April 1990: Oskar Lafontaine wird während eines Wahlkampfauftritts in Köln-Mülheim von einer psychisch kranken Frau mit einem Messerstich nahe der Halsschlagader lebensgefährlich verletzt. Die SPD Bundestagsfraktion rückt während Lafontaines Krankenhausaufenthalt von dessen Empfehlung ab.

1990: Per Staatsvertrag über die Währungs- Wirtschafts- und Sozialunion zwischen der amtierenden Bundesrepublik und der DDR wird vereinbart und entschieden, dass die DDR das wirtschafts- und sozialpolitische System der Bundesrepublik in einem Schritt übernehmen wird.

Bumm, Radetzky, sagte ich und sah mich bald einig mit Lafontaines späteren Worten, dass die Wahrheit nicht immer populär sei, und dass die Vernunft die Einheitseuphorie unterschätzt und die ins Feld geführten Argumente überschätzt habe.

Zeitsprung zurück: An meinem einundzwanzigsten Geburtstag – es war Freitag, der 18. Juni 1948 -, verkündeten die Rundfunkstationen, dass es in den drei westlichen Besatzungszonen übers Wochenende eine Währungsreform geben wird.

Von Montag an, dem 21. Juni 1948, werde nur noch die DM als allein gültiges Zahlungsmittel gelten.

Wenige Tage darauf reagierte auch die sowjetische Besatzungszone, konnte allerdings nicht mit jenem Geld dienen, das in den USA für die Westdeutschen gedruckt worden war. Aus diesem Missverhältnis ergab sich bald darauf die Blockade Westberlins, die Amerikaner versorgten die Frontstadt mit Lebensmittel und Heizmaterial, worauf jene Dankbarkeitsbindung entstand, die sich für das vereinigte Deutschland gegenwärtig nachteilig auswirkt.

Am Thema vorbei
und doch haarscharf dran

Und wieder so ein Haar in der Suppe.
Aufgekauft von der Oetker-Gruppe:
Des Wodka-Gorbatschows reine Seele.
Ich kann euch sagen, wann das war:
Im neunzehnsechsundachtziger Jahr.
Auch wenn ich euch jetzt damit quäle,
so dass ihr euch die Haare rauft:
Bald war der Staatsmann hinzugekauft.

Nun grübelt die Welt:
War der Mann Kommunist?
Die Frage passt heut
nicht zwingend zur Sache.
Aber irgendwie doch.
Verzeiht, wenn ich lache,
auch wenn mir eher zum Heulen ist.

Längst weiß die Welt, dass Gorbatschows Entgegenkommen am 31. März 1991 purer Leichtsinn war. Er erklärte sich bedingungslos bereit, den Warschauer Pakt aufzulösen, der am 14. Mai 1955 die Antwort der Sowjetunion auf die Pariser Verträge war: Die Bewaffnung der Bundesrepublik und ihre Einbeziehung in den Verbund der NATO. Im Juni 1991 wurde in Prag das Protokoll der Auflösung unterzeichnet und mit Gorbatschows Zustimmung dem vereinten Deutschland gestattet, der NATO beizutreten. Gorbatschow zog die auf DDR-Gebiet stationierten sowjetischen Besatzungstruppen vertragsgemäß ab, während die USA ihre Präsenz ausbaute und die NATO sich schamlos ost-erweiternd ausdehnte.

Das bittere Fazit: Gorbatschows Versäumnis hat Wladimir Putin gegenwärtig auszubaden.

Als Charlie Chaplin einst im Film, den Diktator Adolf verulkend, mit der Weltkugel spielte, konnte er nicht ahnen, dass ein halbes Jahrhundert später ein US-Präsident Anlass bekommen würde, es dem Filmemacher gedanklich gleichzutun. Erst der Vater, dann der Sohn, George W. Bush, der als Antwort auf den 11. September 2001 allen Ländern den Krieg erklärte, die Washingtons Administration eigentlich immer schon auf ihrer wirtschaftlichen Interessenliste hatte.

George Bush senior, der am 3. Januar 1993 mit dem notorischen Trinker Boris Jelzin auf die Unterzeichnung des Start-II-Abrüstungsabkommens anstieß, war seit dem 12. Dezember 1991 klar, dass Washington die ehemalige Sowjetunion endlich in der Tasche hatte, wusste allerdings nichts Genaues über das in zweierlei Hinsicht unappetitliche Zustandekommen des Schriftstücks, das der UdSSR-Auflösung zugrundelag. Ihm wäre vor Lachen das noch nahezu volle Glas aus der Hand gefallen, während Jelzins Glas bereits fast leer war, wie auf dem Zeitungsfoto zu sehen, das mir vorliegt.

Boris Jelzin, einssiebenundachtzig groß, demnach viel Verteilungsraum für Alkoholika der Wodka-Marken Stolitschnaja und Moskowskaja, war immerhin nüchtern genug gewesen, sich zweier Kumpane zu versichern, die in dem von Wäldern dicht umschlossenen Jagdschloss „Wiskuli" tief konspirativ einen Verhandlungsort für den 8. Dezember 1991 festgelegt hatten, dessen Lage im weißrussischen Wald von Beloweschsk, unweit der polnischen Grenze, es möglich gemacht hät-

te, im Falle eines Misslingens ihres Schurken-
streichs, ungesehen schnell in Richtung Westen
zu verschwinden. Die ehrenwerten Herren Verfas-
sungsbrecher und Vorbereiter dieser Nacht- und
Nebelaktion waren Leonid Krawtschuk, der Präsident der Ukrainischen Sozialistischen Sowjetrepublik, und Stanislav Schuschkewitsch, der Vorsitzende des Obersten Sowjets der Belorussi-
schen Sowjetrepublik, und, als Dritter im Bunde
hinzugekommen: Boris Jelzin, seit dem 12. Juni
1991 Präsident der Russischen Sozialistischen
Föderativen Sowjetrepublik, unter dem Bandwurm
der Anfangsbuchstaben RSFSR in die Geschichte
eingegangen. Vor der Abreise aus Moskau hatte
Gorbatschow den bereits wieder unter Strom stehenden Jelzin ins Gebet genommen und gesagt:
„Boris Nikolajewitsch, lassen Sie uns vereinbaren,
dass ihr beim Treffen in Belorus nicht über den
Rahmen des Unionvertrages hinausgeht." Worauf
Jelzin unter alkoholisierter Offenheit geantwortet
hatte, dass sich Krawtschuk auf den Unionsvertrag nicht wird einlassen können und auf die
Unabhängigkeit der Ukraine von der Sowjetunion
pochen wird. Auch auf Gorbatschows Antwort,
dass doch die Ukraine assoziiertes Mitglied der
Union werden könne, hatte Jelzin nur ein zwei-
felndes Kopfschütteln und den Satz übrig, dass
sich Krawtschuk auch dazu nicht bereiterklären
wird.
Welch ein Schlamassel: Gorbatschow noch Präsident der UdSSR, Jelzin bereits Präsident eines
eigentlich noch nicht vorhandenen Staatengebil-
des, das unter dem Kürzel GUS – Gemeinschaft

der Unabhängigen Staaten – die UdSSR abzulösen geplant war

Wie Gorbatschow, der die verfahrene Situation eingerührt hatte, noch an die Verwirklichung seines letzten Satzes an Jelzin glauben konnte, ist mir ein Rätsel. Er hatte ihn dennoch gesagt, und darum habe ich ihn auch aufgeschrieben und unterstrichen: „In diesem Falle werden wir hier, in Moskau, alles entscheiden."

Darauf wurde im dichten Wald von Beloweschskaja Puschtscha gehustet. Gorbatschows Glasnost (Offenheit) und Perestroika (Umgestaltung) hatten aufgeweicht, was dieses Völkergemisch, streng organisiert, bislang gut zusammengehalten hatte. Diese Lockerung in Hoffnung auf Vernunft, wie sie immerhin noch im Frühjahr 1991 vorhanden war, bewiesen durch ein Referendum, das sich mit 76% der Stimmen für den Erhalt der Sowjetunion aussprach, wurde im Sommer 1991 durch einen missglückten Versuch, Entglittenes wieder zurückzuholen, zunichte gemacht, erleichtert durch Gorbatschows Ferienaufenthalt auf der Krim, was sich Verschwörer Jelzin zunutze machen konnte, in Moskau auf einen Panzer zu steigen, den Putsch für beendet zu erklären und die verunsicherten Massen für sich zu begeistern. Trotz dieser guten Ausgangsposition, hielten die Totengräber der Sowjetunion ihre latent vorhandenen Ängste aufrecht. Schließlich war ihnen klar, dass ihr Vorhaben, den Leninschen Unionsvertrag aus dem Jahr 1922 aufzukündigen, eine Nullnummer war, da dieser Vertrag keine juristische Kraft mehr hatte. Am 31. Januar 1924 war der Vertrag durch die Sowjetische Verfassung ersetzt worden, die als Gründungsvertrag der UdSSR, abgesehen von zwei Änderungen, 1936 durch Stalin und im Jahre 1977 durch Breschnew, gültig blieb. Somit hätten die obersten Machtorgane der Sowjetunion und die der Unionsrepubliken konsultiert werden müssen. Auch dies schenkten sich die drei Herren im Wald der Unredlichkeit, womit die Provinzposse ins Spiel kommt, die erst im Jahr 2010 öffentlich wurde, nachdem der einstige Ministerpräsident der UdSSR Nikolai Ryschkow in seinem Buch „Der Kronzeuge" darüber schrieb (2010 in Moskau erschienen) und sich dabei weitgehend auf die Publikation von Andrej Schutow stützte, die bereits im Jahr 2004 unter dem Titel „Auf den Ruinen einer Großmacht" veröffentlicht worden war. In der Tageszeitung *junge Welt,* auf den Themenseiten 12 und 13 von Freitag, dem 9.12.2016, hat uns Autor Willi Gerns den konspirativen Vorgang lesenswert anschaulich hinterlassen

Hier der Ablauf jener Nacht, wie sie einem Dario Fo, dem mit dem Literatur-Nobelpreis des Jahres 1997 geehrten Theaterautor, hätte einfallen können, obschon er der Geschichte noch ein paar satirische Glanzlichter mehr aufgesetzt hätte.

Es ging um die Abfassung des Entwurfs zur Übereinkunft der Auflösung der Sowjetunion. Die anwesenden Teilnehmer diskutierten und einigten sich auf den Text, der schriftlich festgehalten wurde von einem gewissen Sergej Schachrai, der zwar juristisch versiert war, aber eine hundsmiserable Handschrift hatte, weshalb noch ein zweiter Experte hinzugezogen wurde, so dass es schließlich eine lesbare Textfassung gab, die jetzt nur noch in die Maschine getippt werden musste. Inzwischen war es kurz vor vier Uhr morgens, die Sekretärin schlief bereits, also wurde beschlossen, ihr das beschriebene Papier unter die Tür ins Zimmer zu schieben. Ob auch hier der Alkohol im Spiel war oder auf der Teilnehmerliste eine falsche Zimmernummer stand: Das wichtige Papier war bei einem offenkundig einfältigen Leibwächter gelandet, der es nach dem Erwachen entdeckte und sicherheitshalber mit zur Toilette nahm, falls es dort kein Papier geben sollte. Es gab Papier und auch den obligaten Drahtkorb für benutztes Toilettenpapier – eine eingebürgerte Geschichte in öffentlichen Gebäuden, wie ich während einer Konzerttournee quer durch Russland feststellte und mir dies nur mit Furcht vor Verstopfungen im Rohr- und Abflusssystem erklären konnte. Der Leibwächter dürfte vielleicht sogar den Sinn des Gelesenen zu ergründen versucht haben, nachgedacht möglicherweise auch, es für einen Spaß gehalten und zum Entschluss gelangt sein, es zu zerknüllen und in den Drahtkorb zu werfen, zu dem unappetitlich bereits Vorhandenen.

Ach, wäre der Entwurf doch dort verblieben, dann wäre der Welt vielleicht auch der überlieferte Satz von Dario Fo erspart worden, den ich ungern wiedergebe, aber seiner Unübertrefflichkeit und Zeitnähe wegen festhalten muss: „Ja, wir waten bis zum Hals in der Scheiße, aber genau deshalb tragen wir den Kopf hoch erhoben."

Das Imperium West hingegen jubelte und singt gegenwärtig immer noch:

Uneinig einig, das haben wir gern,
hauptsächlich unter den Linken.
Heute noch sehn wir den Sowjetstern
wodkaschwer versinken.
Uneinig einig, das alte Rezept,
ließ uns bis heut überleben.
Schön zu sehen, wie Deutschland stept.
Fein, wie die Leimruten kleben.

Die Wende, die inzwischen kaum noch als glorreich bezeichnet werden kann, liegt bereits eine kleine Ewigkeit zurück. Das schlechte Gewissen jener, die sich als Sieger wähnen, signalisiert Gegenwehr. Zunehmend aufmüpfig ist der Ruf *Unrechtsstaat* zu vernehmen und zu lesen. Die Regierung des vereinten Deutschlands scheut auf dieser Verunglimpfungsstrecke weder Mühe noch Kosten. Die Erinnerung an die Deutsche Demokratische Republik auszulöschen, hat Vorrang.

Dass damit gleichzeitig überdeckt werden soll, mit welch übler Ansammlung an Unrecht der Bonner Bundesstaat Deutschland seinen Anfang nahm, gehört zur Handhabung von Verschleierung eigener übler Kunstgriffe auf vielfältigen Gebieten.

Dass die Vereinigten Staaten von Amerika dabei Schützenhilfe leisteten, indem sie sich tolerant der Experten auf dem Gebiet „Kommunistenauslöscher" und „Bolschewikenkiller" annahm und unter Beobachtung und Förderung durch die *Central Intelligence Agency (CIA)* im Juni 1946 die *Organisation Gehlen* gründete, den Vorläufer des *Bundesnachrichtendienstes,* ungut bestückt mit Angehörigen der SS, des Sicherheitsdienstes (SD) und der Geheimen Staatspolizei (Gestapo).

So darf zum Gipfel bitterböser Erinnerungen in der Vita der Bonner Bundesrepublik Deutschland Hans Globke gehören.

Dieser Herr mit gütigem Blick und sanftem Lächeln, wie ihn ein Foto aus dem Jahr 1963 zeigt, war in der Zeit des Nationalsozialismus als Verwaltungsjurist Mitverfasser und Kommentator der Nürnberger Rassegesetze, was Konrad Adenauer, den ersten Bundeskanzler der Bonner Republik, nicht störte. Und so stieg der braune Hans vom Posten eines Ministerialdirigenten schnell zum Staatssekretär des Bundeskanzleramtes auf, gehörte damit zum Führungszirkel um Adenauer und avancierte bald zu dessen engstem Vertrauten, schließlich gar zum heimlichen Generalsekretär der CDU und verwaltete maßgeblich die Parteispenden aus Kreisen der Wirtschaft an die CDU, die über das Konto eines eingetragenen Vereins flossen, der die Dreistigkeit hatte, sich „Staatsbürgerliche Vereinigung" zu nennen. Chuzpe, zur dritten Potenz erhoben. Schlitzohr Adenauer hatte sich den Namen ausgedacht und den Verein mit nicht minder ausgekochten Vertretern der deutschen Industrie gegründet, als stünden harmlose Bürger dahinter. Und klar, dass der Verein obendrein auch noch den Status der Gemeinnützigkeit vor sich hertragen durfte. Sitz des Vereins war – ebenfalls geschickt ausgesucht – die unbescholten gediegene Stadt Koblenz.

Zwischen den Jahren 1969 und 1980 waren rund 214 Millionen vom Staatsbürgerlichen Verein an die CDU und an die FDP geflossen. Elegant an der Steuer vorbei. Wie Mafiagelder wurden die Beträge in bar in unauffälligen Koffern über die deutsch-schweizerische Grenze gebracht.

Um diesen Geldfluss geheimzuhalten, diente die Gemeinnützigkeit des „biederen" Vereins hervorragend, wobei noch zusätzliche Tarnfirmen mit eingeschaltet waren.

Als Flick-Affäre war die Einhundertmillionen-Peinlichkeit über die Politbühne gegangen. Die Herren

Saubermänner hatten für ihre money-washope-ration eine metaphorisch stilvolle Bezeichnung gewählt: „Pflege der Bonner Landschaft".

Wichtige Angehörige des Hohen Hauses waren über diesen „Pflegefall" gestolpert: Otto Graf Lambsdorff, seines Zeichens Bundeswirtschafts-minister, trat im Juni 1984 zurück. Im Oktober 1984 nahm Bundestagspräsident Rainer Barzel seinen Hut. Und um ein Haar hätte es auch Bundeskanzler Helmut Kohl erwischt. Er rettete sich vor Gericht mit Erinnerungslücken.

Und dann – welch ein Segen für den Kanzler – begannen die Menschen in der Deutschen De-mokratischen Republik aufzubegehren, angeregt durch Gorbatschows Glasnost und Perestrojka und aufgeregt durch Honeckers Widerstand.

Schabowski, der unterbelichtete Unglücksvogel, versetzte der Schieflage einen entscheidend letz-ten Tritt mit seiner Fehlmeldung einer sofortigen Grenzöffnung für alle Bürger der DDR, und Hel-mut Kohl wurde der Lorbeerkranz des Einheits-kanzlers aufgesetzt. Was ihm noch fehlte, waren die Goldflitter eines Europagründers mit gemein-samer Einheitswährung.

Am 02. Mai 1998 beschlossen in Brüssel die Staats- und Regierungschefs der Europäischen Gemeinschaft die Einführung des Euro. Eine breite Mehrheit in Deutschland wollte die DM be-halten. Kanzler Kohl, der die Einführung des Euro stark beworben hatte, erhielt daher zur Bun-destagswahl prompt die Rechnung der Wähler: er verlor die Wahl.

Doch hopplahopp, welch gediegene Scheußlichkeit machte sich da plötzlich breit? Dumm, wenn vergangen geglaubte Sünden, sich aufgefrischt ermittelt wiederfinden.

So waren ein System von „schwarzen Kassen" und ein Geflecht von Auslandskonten entdeckt worden. Dabei tauchte auch der Name Schäuble auf, der, seit des Mordanschlags auf ihn im Oktober des Jahres 1990, im Rollstuhl sitzt und, seinerzeit schon pfiffig, im Verbund mit Kohls Verteidiger Dahs, Helmut Kohl die Empfehlung gegeben hatte zuzugeben, die Spendenpraxis des *Staatsbürgerlichen Vereins* gekannt zu haben, aber nicht gewusst, dass die Weiterleitung der Spenden eine illegale Handlung sei.

Nun saß Wolfgang Schäuble in ähnlicher Lage und musste einsehen, mit seinem Rat nicht weiterzukommen, weshalb er bruchstückhafte Erinnerungsinseln zugab und, in die Ecke gedrängt, zugeben musste, diesen bestimmten freigebigen Waffenlobbyisten gekannt und getroffen zu haben. Peinlich für Herrn Schäuble, der als Architekt des Einheitsvertrages und als Saubermann galt, peinlich für Helmut Kohl, der nach jahrelangem Abstreiten im Dezember 1999 zugab, 2,1 Millionen illegaler Parteispenden übernommen und an den Büchern der Partei vorbeigeschleust zu haben. Diese Schummeloperationen wurden teuer für die CDU. 21 Millionen Euro Wahlkampfkostenerstattung wurden gesperrt. Zusätzliche Strafzahlungen wurden fällig. Besonders übel war die Tarnung von 12,7 Millionen DM als Vermächtnis jüdischer Bürger auf einem Konto in der

Schweiz. Dieses Geld war eines Tages an die CDU in Hessen zurückgeflossen. Kohl, wegen Untreue vor Gericht, weigerte sich, die Namen der Spender zu nennen. Er habe den Geldgebern sein Ehrenwort gegeben, lautete der Satz des Jahres 1999, der auch zur Wahl 2017 in Erinnerung bleiben sollte, dass ein hochrangiger CDU-Politiker ungestraft sein angebliches Ehrenwort über bestehendes Recht stellen durfte.

Schäuble trat von seinem Posten als CDU-Chef zurück, Helmut Kohl verlor seinen Ehrenvorsitz, und Angela Merkel, als „Unbescholtene" aus dem Osten und damit frei von allen Sünden des Westens, wurde CDU-Chefin und fünf Jahre später, im Jahre 2005, Bundeskanzlerin.

So nahm ein neues Elend seinen Lauf.

Den
„Unbescholtenen"
ins
Parteibuch gestanzt

Die Gefahr, als Christmensch zu missraten,
zeigten im Offenbarungslicht,
peinlich bestätigt vor Gericht,
die schuldig gesprochenen Christdemokraten.

Seine selbstbefleckte Reinheit
hat Herr Kohl gewiss bereut.
Kurz war der Ruhm des „Kanzlers der Einheit".
Angela Merkel hat es gefreut.

Kanzler Kohl
auf der Suche nach
der verlorenen
Erinnerung

Auf schiefer Bahn

Europa, du selten dämliche Schlampe!
Mit wem bloß hast du dich eingelassen!
Keine Ehre im Leib? Ich kann es nicht fassen
und frage mich: Was ist in dich gefahren?
Du hast dich verkauft, mit Haut und mit Haaren,
an die westlich verkommene Bankenwampe!

Die Geschichte vom Stier, lass bitte beiseite!
Die Gegenwart braucht keine Mythologie.
Uns genügen die Fakten der Biografie
deiner sogenannten Eliten
auf verkommenen Arbeitsgebieten.
Du kennst das Übel, das verdammt maledeite.

Du einst so Schöne, wohin bist du geraten?
Du hast dich schamlos verführen lassen,
die Braunen zu schonen, die Roten zu hassen.
Den Ausbeutern hast du geholfen zu siegen,
bist schäbig auf- und abgestiegen
zum Dienstobjekt der Vereinigten Staaten!

Drum bitte, kein Wundern über den Fluch
und erst recht nicht über das Leichentuch!

„Gewalt ist bis heute ein wesentlicher Bestandteil der US-Kultur", schreibt Ulrich Gellermann in der RATIONALGALERIE, seiner im Internet vielgelesenen *Plattform für Nachdenker und Vorläufer.* „Rund 30.000 Bürger dieser Kultur starben im Jahr 2014 an Schussverletzungen durch Waffen, die in den Wohnungen und Häusern lagern. In den USA befinden sich mehr als drei Millionen Pistolen und Gewehre in Privathaushalten. Es gibt über 50.000 registrierte Waffenhändler in den Vereinigten Staaten und damit fast viermal soviel wie McDonalds-Filialen. Mehr als vier Millionen US-Amerikaner sind Mitglied der *National Rifle Association,* jener Waffen-Lobby, die mit Millionen von Dollars die Wahlkämpfe beeinflusst. Seit 1979 kamen in den Vereinigten Staaten von Amerika mehr Kinder durch Schusswaffen um als US-Soldaten im Vietnamkrieg. Die Vereinigten Staaten von Amerika haben seit ihrer Gründung zweihundertundneunzehn Kriege geführt. Kalifornien, Arizona, New Mexico, Utah, Nevada, Texas, und ein Teil von Colorado und Wyoming wurden den Mexikanern weggenommen. Dann ging es zusätzlich den Spaniern an den Kragen: Kuba, Puerto Rico, Guam und die Philippinen lockten. Der Alltag der USA ist mit Blut besudelt. Der Gewalt der Staatengründung, der Brutalität des Alltags in den USA, entspricht der Export dieser Gewalt bis in die letzten Winkel der Erde. Rund eine Billion Dollar an Rüstungsausgaben aller Art pro Jahr halten die amerikanische Wirtschaft am Laufen und sichern Millionen von Arbeitsplätzen. Allein das Verteidigungsministerium beschäftigt

mehr als zwei Millionen Menschen. In Rüstungs-
bereichen arbeiten weitere 3,6 Millionen. Der aktuelle Rüstungsetat liegt bei 600 Milliarden Dollar.
Nicht eingerechnet sind jene Milliarden, die an
Israel, Ägypten, Saudi-Arabien und weitere Verbündete an Waffenhilfe fließen. So wie die Ge-
fängnis-Industrie Gefangene für ihren Profit nutzt,
so braucht die Waffenindustrie Kriege und Tote.“

Sonett zur Rarheit der Wahrheit (I)

Europa läuft im Hamsterrad der Reichen.
Die Ungerechtigkeit wird nicht gewichtet.
Das Geldsystem hockt ungerührt auf Leichen,
Den Blick eiskalt nur auf Gewinn gerichtet.

Erschreckend anzusehn, wer wen hier huldigt,
Beängstigend, wie sich die Medien drehn.
Auch wird noch immer Steuerflucht entschuldigt,
Anstatt den Armen helfend beizustehn.

Die Welt steht kopf, dieweil Konzernchefs lachen.
Wer mit dem Tod paktiert, hat viel zu tun.
Drum ist es gar nicht gut, wenn Waffen ruhn
Für jene Kreise, die Profite machen.
Champagnerkorkenknall zum Klang von Geigen.
Der Tod spielt auf. Die Kriegsanstifter schweigen.

- Die „Rarheit" ist laut Duden nicht existent.
  Somit hätte die Überschrift
  „Sonett zum Raren des Wahren"
  lauten müssen. Es dennoch bei obiger
  Überschrift zu belassen, möge mir als
  künstlerische Freiheit gunstvoll
  gewährt sein.

Zu Recht streng schreibt die *Rationalgalerie*:
„Die deutschen Eliten suhlen sich in einer Freundschaft mit den offiziellen USA, die Deutschland zum Komplizen des großen Bruders macht, den Medien eine ideologische Blindheit gegenüber den Kriegsverbrechen der Vereinigten Staaten verordnet und der deutschen Politik eine beschämende Untertänigkeit auferlegt."
Eine höfliche Trennung vom kriegerischen US-System wäre wahrhaft die einzige Möglichkeit, um der deutschen Regierung jenen Spielraum in der Außenpolitik zu verschaffen, der einem souveränen Staat angemessen wäre.
Ignoramus et ignorabimus. Wir wissen es nicht, und wir werden es nie wissen. Diese wissenschaftsfeindliche Formel, die einst der angeblichen Begrenztheit des Naturerkennens galt, ist inzwischen ausgeräumt. Auf politischem Feld jedoch hält sich leider das Nichtwissen mit dem Nichtwissenwollen beharrlich gleichbleibend.
Es tut herzerwärmend gut, warnende Empfehlungen aus den USA zu hören und zu lesen. Da gibt es Noam Chomsky, den emeritierten Professor für Linguistik und Philosophie am Massachusetts Institute of Technology (MIT). Er gilt seit seiner massiven Kritik am Vietnamkrieg zu einem der weltweit bekanntesten linken Intellektuellen. Und hervorhebenswert sind die Äußerungen Dr. Paul Craig Roberts´, der einst in den USA stellvertretender Finanzminister unter Präsident Ronald Reagan war. Roberts ist studierter Ökonom und unerschrockener Kritiker enthemmter US-Politik seit Gorbatschows gutgläubigem

Einlenken. Unter der Zeile „*Washingtons Außenpolitik ist Mord"*, schreibt Dr. Paul Craig Roberts: „Auf Washingtons Kappe gehen die Zerstörung von Jugoslawien und Serbien, von Afghanistan, dem Irak, Libyen, Somalia und Teilen Syriens. Washington hat ermöglicht, dass Saudi-Arabien den Jemen angreift, dass die Ukraine ihre ehemaligen russischen Provinzen angreift und dass Israel Palästina und das palästinensische Volk zerstört. Amerika hat eine Schneise der Verwüstung durch den Nahen Osten und durch Nordafrika geschlagen, und ermöglicht wurde dies durch die Europäer, die Washingtons Verbrechen militärisch und diplomatisch deckten. Heute müssen die Europäer die Konsequenzen ihres Handelns tragen, denn Millionen Flüchtlinge, das Resultat von Washingtons Kriegen, überrennen Europa."

Noam Chomsky sagt es noch drastischer: „Die USA sind ein Schurkenstaat, und Europa ist extrem rassistisch." In einem Gespräch mit der Euronews-Journalistin Isabell Kunar, nachzulesen in einer Internet-Veröffentlichung auf dem Nachrichtenportal *GLOBAL conversation* vom 17. April 2015, sagt Chomsky: „Europa hat große Probleme. Einige dieser Probleme sind das Ergebnis der Wirtschaftspolitik der Brüsseler Bürokraten, der Europäischen Kommission und so weiter, entstanden unter dem Druck der NATO und der Großbanken, meistens deutscher Banken. Diese Doktrinen sind richtig aus Sicht derer, die sie entworfen haben. Zum einen wollen sie eine Rückzahlung ihrer riskanten und gefährlichen Kredite und Investitionen. Zum anderen aber, haben diese Doktrinen den Wohlfahrtsstaat untergraben. Der Wohlfahrtsstaat ist einer der wichtigsten europäischen Beiträge zur modernen Gesellschaft, was allerdings den Mächtigen und Reichen noch nie gefallen hat und es deshalb gut finden, dass diese Wohlfahrtsstruktur erschüttert wird."

Ich erinnere mich noch gut an die Mordiorufe und das Gezeter in Presse und Rundfunk des Westens, als die DDR zum Wohl des Volkes damit begonnen hatte, wesentliche Bereiche zu verstaatlichen beziehungsweise lebenswichtige Betriebsstätten zu Volkseigentum zu erklären.

Was inzwischen nach der Wende schleichend und inzwischen nach dem Finanzcrash im Jahre 2008 in Europa geschah und immer noch geschieht, kommt einem Vorgang gleich, der Begriffe wie Zentralisierung und Enteignung blass aussehen lässt. Also nenne ich es schlicht und einfach Raubzug. Globalisierung nennen es die Experten der Hochfinanz. Und jene, die besonders wichtig einherkommen möchten, nennen es „Marktwirtschaftliche Globalisierung" und attestieren damit nur ihr aufgeblähtes Unvermögen.

Ich sage es unverblümt: Die Globalisierung wurde als Instrument des US-amerikanischen Imperiums geschaffen. Privatisierung heißt das Turbogerät, das die ökonomische Souveränität eines Landes untergraben soll.

Die *Atlantikbrücke Deutschland* ist ein Ableger der US-Organisation und ein wichtiger Motor dieser globalen Bestrebung.

Lied der Atlantikbrücke

Was kostet die Welt?
Lasst uns sie kaufen!
Wir drucken das Geld
Und weben die Schlaufen
Zur juristischen Fessel
Im Kampf um die Pfründe
Und Putins Sessel
Und schüren das Feuer
Unterm russischen Kessel.
Nichts ist uns zu teuer,
Wir kaufen die Gründe
Und schaffen den Ernstfall.
Hoch lebe die Sünde!

Die Arbeitsweise dieses logenähnlich strukturierten Vereins zeichnet sich durch Verschwiegenheit und mangelnde Transparenz aus, deren führende Persönlichkeiten aus Politik, Wirtschaft und Medien daran interessiert sind, Schranken zwischen Wirtschaft und Politik abzubauen, um selbsternannten Eliten stärkeren Einfluss zu verschaffen.

Im Centralpark auf einer Banke
sitzen Greenspan und Bernanke,
gönnen sich ihr Rentnerpäuschen
lachen sich eins in ihr Fäustchen.

Als ich zum ersten Mal den Namen Bernanke hörte, dachte ich: Jetzt hat Konopke, der berühmte Berliner Bratwurststand in der Schönhauser Allee, dicke Konkurrenz bekommen.

Nun, es kam zwar dicke, aber nicht für Konopke, sondern für Sparer und Häuslebauer in den USA. Und Bernanke, mit Vornamen Ben, hatte ganz andere Würste auf dem Rost. Würste in Form von Immobilienblasen, die er der niedrigen Zinspolitik seines Vorgängers Alan Greenspan zu verdanken hatte, dessen Geldpolitik George W. Bush, dreiundvierzigster Präsident der Vereinigten Staaten, so sehr vertraute, dass er am 15. Oktober des Jahres 2002 stolz verkündete: „We can put light where there´s darkness, and hope where there´s despondency in this country. And part of it is working together as a nation to encourage folks to own their own home."

Also dort „Licht schaffen, wo Finsternis ist und Hoffnung verbreiten, wo Verzweiflung lastet. Und ein Teil von uns arbeitet zusammen als Nation daran, unsere Leute zu ermutigen, ein eigenes Haus zu besitzen."

Der Kabarettist Chin Meyer erklärte vor Jahren in der Gesprächsrunde von Markus Lanz das Entstehen von Finanzblasen erheiternd knapp und verständlich am Beispiel eines Gastwirts, der in einem Stadtteil geldknapper Alkoholiker Bier und Schnaps auf Pump verkauft. Da sich der Verlust des Kneipenwirts hochschaukelt, weil keiner der Suffköppe in der Lage ist, das Angeschriebene zu begleichen, kommt ein findiger Gast auf die Idee, dem Wirt zu empfehlen, aus den angesammelten

Schuldbeträgen ein Finanzprodukt zu machen. Wie die simplen Beträge aufgeschlüsselt werden, eingeteilt und abgepackt und aufgewertet in Schuldbeträge von Abiturienten, Hochschulabsolventen, bis hinauf zu Triple-A-bewerteten Doktoren- und Professoren-Anleihen, um die sich letztlich auch Landesbanken in Deutschland rissen, bis schließlich festgestellt wurde, dass es sich bei dem großen Geldgeschäft nur um mehr oder weniger bekritzelte Bierdeckel handelte.

Anzuhören und anzusehen über you-tube im Internet. Sehr zu empfehlen, weil ungemein lustig. Die nackte Wirklichkeit des Geschehens entartete zur Katastrophe, weil auch Sparer unter den Geschädigten waren, die, von gewissenlosen Bankberatern zu übermäßiger Risikofreude überredet, ihr gesamtes Sparvermögen verloren. Was nützte es, wenn die Börsenaufsicht Jahre später feststellte, dass „sowohl die Methodik als auch die interne Kontrolle der Ratingunternehmen oftmals mangelhaft gewesen seien." Alles in allem: es war bewusster Finanzbetrug. Goldman Sachs hatte im Jahr 2007 ein hochriskantes Hypothekenderivat auf den Markt gebracht, als der Markt gerade abzustürzen begann. Gipfel der Unverschämtheit: auf den Werteverlust auch noch zu wetten. Und Gipfel des Gipfels: diesen Wettzirkus ausgekochter Deregulierung auch noch als Innovationsmotor des Finanzsektors auszugeben und zu behaupten, dass damit ein Beitrag zur Stärkung der US-Finanzindustrie im internationalen Wettbewerb geleistet werde.

Too Big to Fail lautet der Zaubersatz mit der Kraft eines Freibriefs für finanzielle Schurkereien ohne Grenzen.
Mein Satz zu diesem Thema:

Der Himmel lässt die Armen weinen.
Der Teufel hingegen schützt die Seinen.

Wer unbequeme Wahrheiten ausspricht, aufschreibt oder gar verbreitet, hatte immer schon schlechte Karten gegenüber jenen, die das Sagen haben. Ketzer, Vaterlandsverräter hieß das einst. Scheiterhaufen, Galgen oder Schafott waren beliebte Instrumente vergangener Zeiten. Auch geschossen wurde gern. Am liebsten auf Arbeiter, die sich aufmüpfig zeigten. Gegenwärtig stellt sich die Macht aufgeklärt dar, ist aber keineswegs sanfter geworden, bedient sich lediglich anderer Mittel: Ausgrenzung, Verleumdung, Arbeitsplatzschikane, Entlassung. Wer öffentlich Partei für die entrechteten Palästinenser ergreift, wird unverzüglich als Antisemit gebrandmarkt. Wer gegen die Wallstreet und deren zerstörerische Finanzmanipulationen wettert, wird von den Medien unbarmherzig des Anti-Amerikanismus' bezichtigt. Am liebsten wäre den Busenfreunden der kriegerischen US-Administration, eine Schwärzung aller US-amerikanischen Interventionen, was schwierig wird, weil bereits in den Jahrbüchern verankert.

Doch dann geschah etwas Ungeheures. Seit der japanischen Luftattacke auf Pearl Harbor, war den USA auf amerikanischem Territorium etwas derart Schmerzliches nicht mehr widerfahren.

Es war ein langjährig vorbereiteter, perfekt ausgeklügelter und schließlich auch konsequent durchgeführter Plan, das Herzstück der Vereinigten Staaten von Amerika zu treffen, das sich an jenem sonnigen Septembermorgen des Jahres 2001, mit seinen hohen weißen Türmen des World Trade Centers an der Südspitze Manhattans, als prächtiges Ziel anbot. Die Welt kennt die Geschichte um die vier entführten Passagier-maschinen, von denen zwei, von Boston aus, New York ansteuerten und in zeitlichem Abstand von nur 17 Minuten in die beiden Bürotürme einschlugen. Die Maschine der American Airline 11 in den Nordturm um 8 Uhr 46. Der Flug der United Airline 175 um 9 Uhr 03 in den Südturm. In Europa war es bereits kurz nach 15 Uhr, als der private Fernsehsender RTL damit begann, in Endlosschleifen den Anflug der beiden Passagier-flugzeuge und den Einschlag in die Hochhaus-türme zu zeigen. ARD und ZDF informierten zeitgleich und meldeten, dass um 9 Uhr 37 die Boeing 757 der American Airline mit der Kenn-zeichnung AA 77 im Tiefflug in die Westseite des Verteidigungsministeriums prallte und eine Bre-sche in drei Gebäudeteile schlug. Das Pentagon, der Hauptsitz militärischen Weltunheils mit eige-nem Friedhof in Arlington, an der Grenze zu Wa-shington D.C. am Potomac River gelegen, hatte Glück, weil in jenem Teil des Komplexes wegen Renovierungsarbeiten nur wenige Büroangestellte anwesend waren. Das vierte Flugzeug dieser Ent-führungsaktion sollte entweder das Weiße Haus, den Kongress in Washington oder den Feriensitz des Präsidenten in Camp David treffen, wurde aber, nach Eingreifen mutiger Passagiere gegen die Entführer, vom Terrorpiloten bei Shanksville (Pennsylvania) zum Absturz gebracht.

Insgesamt neunzehn Entführer waren an diesem Unternehmen beteiligt. 2.759 Opfer allein in New York. Etwa zweihundert Menschen stürzten sich selbst in die Tiefe, um einer Verbrennung zu entgehen. Und das Fernsehen war immer dabei. Auch Bush junior, der Präsident, der während eines Besuchs in einer Schulklasse von einem Regierungsbegleiter die Botschaft ins Ohr geflüstert erhielt, wurde im Fernsehen gezeigt.

Schnell wurde bekannt, wem diese Anschläge zuzuordnen sind: Der islamistischen Organisation Al-Qaida und Osama bin Laden, deren Chef. Bereits im Jahr darauf veröffentlichte das FBI den Werdegang der Entführer. Söhne wohlhabender Familien Saudi Arabiens, mit guter Ausbildung, die sie zu Auslandsstudien qualifizierte. Söhne eines Landes mit wahhabitischen Wurzeln, wo Steinigungen von Frauen noch zum Alltag gehören und Enthauptungen nach dem Freitagsgebet auf öffentlichen Plätzen stattfinden. Doch gleichzeitig gibt es in diesem Land das von den USA heißbegehrte Öl. Also hieß es, dass die jungen Leute in den Kreis radikaler Islamprediger geraten waren, die den Dschihad gegen den Westen fordern. Keinesfalls zu verwenden war der für Amerikas Öffentlichkeit ungesunde Satz: „Auf dem Wege Allahs mit Gut und Blut gegen jene, die die islamische Welt kolonialisieren, demütigen und dadurch berechtigten Hass erzeugen auf die von der Globalisierung erzeugte weltweite soziale Ungerechtigkeit".

Es sieht ganz danach aus, als hielte es der Zufall lieber mit der Wahrheit. Nahezu stichwortgerecht erschienen die folgenden Zeilen des Internetportals *Nachdenkseiten* auf meinem Computerbildschirm. Datum: 17. März 2016. Überschrift: „Warum die Araber uns in Syrien nicht wollen. Autor: Robert F. Kennedy, Junior."

Robert Francis Kennedy, dritter Sohn Robert Kennedys, Bruder des in Dallas erschossenen US-Präsidenten John F. Kennedy, ließ über das Debattenportal *Politico Europe* einen längeren Beitrag veröffentlichen, der bereits am 23. Februar 2016 über *„politico.eu"* verbreitet wurde.

Robert F. Kennedy Jr., erinnert einleitend daran, dass nach seinem Onkel John F. Kennedy auch sein Vater Opfer eines Attentats geworden war. Der Täter sei ein Araber gewesen, also Grund genug, sich der Mühe zu unterziehen, „die Auswirkungen der US-Politik im Nahen Osten und insbesondere die Faktoren zu verstehen, die zu manchmal blutrünstigen Reaktionen der islamischen Welt gegen unser Land führen. Wenn wir uns auf den Aufstieg des Islamischen Staates fokussieren und uns auf die Suche nach dem Ursprung der Gewalt machen, die so vielen Unschuldigen in Paris und San Bernardino das Leben gekostet hat, müssen wir über die einfachen Erklärungen von Religion und Ideologie hinausblicken und stattdessen die komplexeren Gründe der Geschichte und im Öl untersuchen, die die Schuld – wie so oft – auf uns zurückverweist."

Politico Europe ist der Brüsseler Ableger einer US-Politinsiderplattform, an dessen Joint Venture mit 40 Reportern auch der Axel-Springer-Verlag beteiligt ist. Garantiert nicht zu befürchten ist, dass Robert Francis Kennedys Beitrag in der BILD erscheinen wird. Auch das Springer-Leitblatt *DIE WELT* wird sich zu enthalten wissen. Um sicher zu gehen, dass sich „Missverstandenes" nicht breit macht unterm Volke, kostet das Jahres-Abonnement von „Politico.Eu" herzige 199 Euro.

George W. Bush, fünf Jahre Gouverneur von Texas, Befürworter der Todesstrafe, erst seit dem 20. Januar 2001 Präsident der Vereinigten Staaten von Amerika, zeigte sich schnell als Racheengel mustergültigster Ausprägung.

Bereits neun Tage nach den Anschlägen erklärte er Osama bin Laden, den Gründer und Anführer der Organisation al-Qaida, zum Auftraggeber des Unternehmens, forderte vom Regime der Taliban die Auslieferung Osama bin Ladens innerhalb von vierzehn Tagen, und rief den Krieg gegen den Terrorismus aus, der mit breiter internationaler Unterstützung bereits am 12. September 2001 vom UN-Sicherheitsrat per Resolution 1368 verabschiedet worden war. Also fackelte die Administration in Washington nicht lang. Großbritannien zog mit. Am 07. Oktober begann das Unternehmen, und die Welt sah genüsslich zu. Auf den Bildschirmen waren die Marschflugkörper zu sehen, die startenden Kampfflugzeuge und die B-2-Langstreckenbomber. Während des Abendbrots flackerten die Einschläge ins Wohnzimmer.

Vierzehn Stunden habe diese erste Angriffswelle gedauert. Die längste Einzeloperation amerikanischer Luftstreitkräfte, meldete stolz der Sprecher der „Tagesschau". Es hätte keine US-Produktion sein dürfen, um nicht eine zündende Bezeichnung zu haben. „Enduring Freedom" hieß das Unternehmen. „Dauerhafte Freiheit". Und weil der Titel so schön friedlich klang, und auf amerikanisch gleichzeitig so kriegerisch hollywoodlike einherkam, ließ sich Gerhard Schröder, nicht lang bitten und stellte als Kanzler der Rot-Grünen Bundesregierung den Antrag zur deutschen Beteiligung am Krieg in Afghanistan. Zweier Abstimmungen bedurfte es: einer am 16. November und einer zweiten am 22. Dezember 2001 – dann war die Mitwirkung mit Zustimmung des Deutschen Bundestags beschlossene Sache. So einfach funktionierte das wieder in Deutschland nach zwei von Deutschland ausgegangenen Weltkriegen. Und wieder waren es Sozialdemokraten, die das blutige Geschäft abnickten, einschließlich der Grünen, die mit Joschka Fischer bereits maßgeblich daran beteiligt waren, auf Belgrad Bomben zu werfen.

„Auch wir können Blitzkrieg", war in den USA zu hören, nachdem bereits Anfang Dezember die Hauptstadt Kabul und die Provinzhauptstädte Kunduz und Kandahar von Truppen der Anti-Taliban-Allianz besetzt waren. 24.576 tote Talibankämpfer. 21.200 Tote unter der Zivilbevölkerung.

Weil Elitetruppen der Amerikaner immer brutaler wurden im Umgang mit der Bevölkerung, erhielten die Taliban verstärkten Zulauf, was im gegenseitigen Austausch von Grausamkeiten der Spirale der Gewalt ständig neuen Antrieb verlieh.

Das texanische Bush-Abenteuer belief sich auf einhundert Milliarden US-Dollar jährlich und kostete 3.470 Koalitionssoldaten das Leben.

54 deutsche Soldaten der Bundeswehr kamen im Sarg zurück in die Heimat. Und ich kann mich nicht erinnern, dass Verteidigungsminister Peter Struck (SPD) seinen Satz, dass Deutschlands Sicherheit auch am Hindukusch verteidigt werden müsse, mit Bedauern zurückgenommen hätte.

Immerhin war Kanzler Schröder mutig genug, dem US-Präsidenten die Gefolgschaft zu verweigern, als dieser sich im März 2003 mit britischer Unterstützung dazu entschloss, auch noch den Irak anzugreifen.

Washington und Pentagon,
ein Herz und eine Seele.
Der Totengarten Arlington,
als Folge der Befehle.
Die braven Männer, die dort liegen,
könnten heut noch leben,
würde es nicht das System
der Weltbeherrscher geben.

20.März 2003

Seitenblicke
hinter die Kulissen der Macht

Willkommen im Klub der lustigen Krieger,
der Brandschatzer, Killer, Beinahesieger!
Willkommen im Dunstkreis von Malz und Hopfen
und ungehemmt heiterem Schenkelklopfen!

Hier sind sie vereint, die Sachverwalter,
nach Rang ungeordnet und nach Alter,
verantwortlich für Zerstörung und Tod,
für Fluchtursachen und weltweite Not.

Im Schatten bleiben die Auftraggeber,
die Waffenkonzerne und Erdölheber,
die Börsenjongleure und Manipulierer
und last but not least: Dividendenkassierer.

Und so war Reiner Schwalme nicht davon abzuhalten, das Ungeheuer zu porträtieren, das den Irakkrieg schon vor dem 11. September 2001 gewollt und geplant hat.

Das Neocon bedroht die Welt
Schattenmächtig
Unheilträchtig
Schlimmer als ein Minenfeld

Was verbirgt sich hinter dem Kürzel Neocon?
Nichts Gutes, wie sich inzwischen herausgestellt
hat. Es handelt sich um eine Gruppierung neo-
konservativer, inzwischen in die Jahre gekomme-
ner Herren, einst testosteronüberfüttert und der
Meinung, dass es nicht nur den Vereinigten Staaten vom Amerika gut täte, sondern auch der
restlichen Welt, den Planeten Erde unter US-
amerikanische Fürsorge zu stellen.
Über die Scheinheiligkeit der „Weltlenker" jedesmal aufs Neue amüsiert, hat sich noch ein zweiter
Satz erhalten, der ebenfalls schriftlich existiert
und mit Tränen in den Augen belacht wurde, als
auch dieser gedruckt dastand: „Eine multipolare
Welt hatte den Frieden bislang nicht abzusichern
vermocht und deshalb immer wieder zu Kriegen
geführt, weshalb es gut wäre, der Welt eine US-
amerikanische Führerschaft zu verordnen."
Die Denkergemeinschaft verlieh sich einen an-
sprechenden Titel: „Project for the New American
Century". Projekt für das neue amerikanische
Jahrhundert. Und wie sich das die Herren vor-
stellten, ist inzwischen auch bekannt: „Für die Regierung der Vereinigten Staaten von Amerika Kapital zu schlagen gelte es vorwiegend aufgrund
technologischer und wirtschaftlicher Überlegenheit. Diese nicht nur zu erhalten, sondern unangefochten weiter auszubauen, sei mit allen Mit-
teln, auch militärischen, abzusichern. Sollten diplomatische Bemühungen zum Erreichen US-amerikanischer Interessen fehlschlagen, seien Militär-
aktionen ein erprobter Ausweg. Das PNAC befür-
wortet die weltweite Errichtung eigener dauer-

hafter Militärstützpunkte, um die USA weitestgehend unangreifbar zu machen."

Vorsitzender der Denkfabrik war der Publizist William Christol, Herausgeber der Wochenzeitung *Weekly Standard,* die zum Imperium des Medientycoons Rupert Murdoch gehört, der außerdem auch noch Besitzer des Patriotensenders *Fox News* ist, der als Fernsehplattform der Bushregierung galt. Und klar, dass auch Angehörige der Regierung Bush zum Klub gehörten.

Einer der besonders aktiven Streiter im Dienst des Weltkapitals war und ist immer noch Paul Wolfowitz, der weltweit bekannt wurde, als er beim Besuch einer türkischen Moschee die Schuhe ausziehen musste und mit löchrigen Socken dastand. Dass er zu diesem Zeitpunkt nicht mehr stellvertretender Verteidigungsminister war, sondern inzwischen auch den Job als Direktor der Weltbank hinter sich gebracht hatte, gab der optischen Aussage besonderes Gewicht.

WOLFOWITZ (laut Zeitschrift DER STERN): „Der Pate, Godfather der Konservativen und zentraler Architekt des Irak-Waffengangs", war Stellvertretender Verteidigungsminister von 2001 bis 2005 und von 2005-2007 Direktor der Weltbank.

DONALD RUMSFELD
Als Verteidigungsminister Chef des Pentagon,
von Präsident Bush im Jahr 2006 entlassen

PRESIDENT BUSH
Commander in Chief, verkündete am 20. März 2003 den Kriegsbeginn gegen Irak.

DICK CHENEY
Vizepräsident 2001-2009
Alle schrieben ein Buch, aber keiner bekannte sich zu der Fehlentscheidung des Irak-Krieges.

DICK POWELL
Außenminister der USA von 2001 – 2005
Lediglich Colin Powell fand Worte des Bedauerns.
Seine Rede vor dem Weltsicherheitsrat der Vereinten Nationen am 5. Februar 2003, in der er für den Sturz Saddam Husseins plädierte, weil dieser mit Massenvernichtungswaffen die Welt bedrohe, bezeichnete Powell im September 2005 während eines Fernsehinterviews für den Sender ABC als Schandfleck seiner Karriere.

Nachtrag:

Bereits im Jahre 1999 hatte Paul Wolfowitz in einem Schreiben an Bill Clinton besorgt das bedrohlich abgesackte Militärbudget zur Sprache gebracht, das zuletzt im Jahr 1930 auf einem derart niedrigen Stand war. Eine Entwicklung, die der Rüstungsindustrie und dem Rest der Zulieferbetriebe allmählich Angst machte. Darum hatten sich die Mitglieder der neokonservativen Denkfabrik längst schon den Irak ausgeguckt und Saddam Hussein auf der Abschussliste. Was zählte da noch der Handschlag zwischen Rumsfeld und Saddam Hussein im Jahr 1983, weil es der Politik gerade so passte, die USA vom irakischen Öl profitierten und dem Irak Hubschrauber und Waffen lieferten? Wolfowitz dachte schon eifrig über die Kriegszerstörungen hinaus und schrieb: „Mit seinem Ölreichtum wird der Irak seinen Wiederaufbau selbst finanzieren können ..."

Bill Clinton, der 42. Präsident der Vereinigten Staaten von Amerika, bereits im zweiten Jahr seiner zweiten Amtszeit, hatte andere Sorgen, und die Medien seit Januar 1998 die Lewinsky-Affäre beim Wickel und ich die Gelegenheit, mich metrisch klappernd darüber auszulassen.

Einlassungen
zur Causa Lewinsky / Clinton

1
Empfiehlt uns hier ein Präsident
Mundhygiene mit Spermadent?
Wir kennen ihn noch, als er Saxophon blies,
er seine Praktikantin pries,
und sein Amtssitz noch nicht Oral-Büro hieß.

2
Zwar warnte die Ratio kurz und spitz:
Hände weg vom Hosenschlitz!
Doch der Sexualtrieb sprach:
Don´t worry, Bill, gemach, gemach!

3
Hormongesteuert fehlgeleitet,
hat sich die Sache ausgeweitet.

**Ach, wenn doch alles so harmlos bliebe,
wie dieser Fall von Lust und Liebe.**

Prognose

Es wird nicht so bleiben.
Darauf lässt sich wetten.
Die Welt kennt das Treiben.
Der Mensch kennt die Ketten
und das Getriebe
der Mörder und Diebe
in teurem Tuch.
Ihnen gilt dieser Fluch!

Es gibt nichts Gutes, außer man tut es.
Ein Satz, verkümmert, verstaubt inzwischen,
eingebohnert und mit Füßen getreten,
entlang der Regierungsbank des Deutschen
Bundestages nutzlos erbeten.
All das bislang Geschilderte aus dem Land
der unbegrenzten Möglichkeiten, muss
auf wundersame Weise den Herrschaften
entgangen sein, vielleicht nur entglitten,
aus Selbstschutzgründen verdrängt,
zum Entlüften ins Freie gehängt,
ausgeklopft, gewaschen, gebügelt, ausgeklügelt
abgestritten, und das alles ungezügelt
im Fahrwasser der Monopole, treu und bieder,
eingeschnürt im Wirtschaftsmieder,
mit Blick auf die Kohle,
und selbstverständlich nur zum Wohle
aller Bürger eingeleitet,
medial geschickt verbreitet,
nach christlich-frommer Denkungsart.
Die Geschäftswelt nennt es kurzum: Smart.

Heiligendamm, Anfang Juni 2007 – fünfzehn bequeme Autominuten westlich von Rostock entfernt – trafen sich im makellos weißen Nobelhotel am Ostseestrand die Staatsvertreter folgender Länder: Kanada (Stephen Harper), Frankreich (Nicolas Sarkozy), Deutschland (Angela Merkel), Italien (Romano Prodi), Japan (Shinzö Abe), Russland (Wladimir Putin), Vereinigtes Königreich England (Tony Blair), USA (George W. Bush). Unvergesslich das Bild, als kurz vor dem Mittagessen Präsident Bush hinter die Kanzlerin trat und sie beidhändig mit scherzhaftem Massagegriff zwischen Schultern und Nacken berührte. Angela Merkel reagierte – huch – gespielt erschauernd. Die Fernsehkamera hatte das festgehalten. Demnach nicht nachtragend zeigte sich Bush gegenüber Deutschland aufgrund der Absage Schröders, im Jahr 2003 nicht dabei sein zu wollen im Kreis der Willigen an einem Krieg teilzunehmen, dem der Sicherheitsrat der Vereinten Nationen die Zustimmung verweigert hatte. Auch Angela, die Gute, zeigte sich verlässlich vergesslich. Gerade darum erinnere ich an den Satz des Präsidenten: „Wenn die UNO nicht handeln wird, wenn Saddam Hussein nicht entwaffnet wird, werden wir eine Koalition anführen, um ihn zu entwaffnen." So sah sich Angela Merkel in der Pflicht, wenn schon nicht im Irak mitzuhelfen, so doch wenigstens in Afghanistan die Zahl der deutschen Soldaten aufzustocken.

Selbstgespräch der Kanzlerin
vor der Aufstockung mit 5.300 deutschen Soldaten
zur Stabilisierung Afghanistans im März 2011

Der Verfasssungsauftrag
zur Landesverteidigung
steht auf dem Papier des Grundgesetzes.
Der Satz steht da, er schaut mich an,
als wolle er sagen: Verletz es!

Das Grundgesetz verletzen?
Nun ja – obwohl – ich weiß nicht so recht.
Es wären keine guten Manieren.
Andererseits gute Freunde verlieren,
wäre auch wieder schlecht.

Moskau hassen – Washington lieben?
Ach wär ich doch bei der Physik geblieben!
Ich glaube, man sieht mir an, wie ich leide.
Egal wie auch immer ich mich entscheide:
Die Sache ist bös.
Und das macht mich nervös.

In Deutschland
war zwar schon Schlimmeres möglich.
Beim Freund sind Gesetzesverstöße alltäglich.
Verdamm mich, ja, ich muss halt regieren.

Die NATO hat es längst abgenickt?
Auch Barack Obama zeigt sich entzückt?
So hol mich der Kuckuck!
Ich muss es probieren!

Lohnenswerte Rückschau

auf zehn Präsidenten der Bundesrepublik Deutschland – der elfte Amtsträger ist immer noch für eine Überraschung gut.

Prof. Dr. rer. pol. Theodor Heuss,
zwei Amtszeiten, von 1949 bis 1959:
Unvergesslich für mich sind bis heute seine stets langsam vorgetragenen Schachtelsätze und die Kunst, noch am Ende zu wissen, wie diese begonnen hatten.

Heinrich Lübke
zwei Amtszeiten, von 1959 bis 1969:
Unfreiwilliger Pointenspender mit Mitleidsbonus. Notorisch dazu neigend, sich vom Redemanuskript zu lösen und frei sprechend sinnfreies Chaos anzurichten, ergaben sich legendär überlieferte Hochnotpeinlichkeiten auf internationalem Parkett und im afrikanischen Busch: „Sehr geehrte Damen und Herren, liebe Neger!" - Und in der madagassischen Hauptstadt Tananarive: „Sehr geehrter Herr Präsident, sehr geehrte Frau Tananarive!" - Und in der japanischen Stadt Osaka die Verwechslung mit dem Potenzmittel Okasa. - Über derart reiche Heiterkeitsgeschenke, sollten wir ihm postmortem seine Mitwirkung an Bauzeichenplänen für KZ-Baracken verzeihen.

Dr. rer. pol. Dr. jur. Gustav W. Heinemann,
eine Amtszeit, von 1969 bis 1974:

Bundespräsident Gustav Walter Heinemann erfährt in meiner Betrachtung aller elf Bundespräsidenten eine verdiente Sonderstellung. Schon im Jahr 1950 trat er als Innenminister aus Protest gegen Konrad Adenauers geheimgehaltenes „Sicherheitsmemorandum" zurück, mit dem sich Adenauer mit einem deutschen Militärkontingent beim US-amerikanischen Hochkommissar Jay Mc Cloy angedient hatte, ohne das Kabinett und die Öffentlichkeit darüber zu informieren. - Heinemann setzte sich für Kriegsdienstverweigerer ein, trat wegen der Wiederbewaffnung Deutschlands aus der CDU aus und gründete die „Notgemeinschaft für den Frieden Europas". Er strebte einen Verzicht der Bundesrepublik auf eine Verteidigungsarmee an sowie eine strikte Neutralität zwischen der NATO und dem Ostblock, um die Möglichkeit zur Wiedervereinigung offenzuhalten und die Tradition des deutschen Militarismus zu beenden. Gustav Walter Heinemann - in Kenntnis der DDR-Hymne von Hanns Eisler und des gelungenen Textes von Johannes R. Becher - bemühte sich als neu gewählter Bundespräsident ebenfalls um einen Verzicht der vom Nationalsozialismus belasteten alten Hymne, was Konrad Adenauer zu verhindern wusste.

Dr. h.c. Walter Scheel,
eine Amtszeit, von 1974 bis 1979 In die Geschichte
eingegangen als sangesfroher Präsident mit dem Lied
„Hoch auf dem gelben Wagen".

Prof. Dr. jur. Karl Carstens,
eine Amtszeit, von 1979 bis 1984
Vom SA-Mann (Hitlers Sturmabteilung) schrittfest
aufgestiegen zum Präsidenten der Bundesrepublik
Deutschland, und, „für Deutschland wandernd" medial
zum „Präsidenten der großen Schritte" aufgebaut,
schließlich zum „Wanderpräsidenten" erkoren und
geschichtlich verankert.

Dr. jur. Richard von Weizsäcker,
zwei Amtszeiten, von 1984-1994
Noblesse oblige – Adel verpflichtet,
wird über ihn nur Gutes berichtet. Aus seiner Rede
zur Wiedervereinigung am 3. Oktober 1990 blieb
bei mir folgender Satz hängen: „Sich zu vereinen,
heißt teilen lernen!" Von übernehmenswert Gutem aus
DDR-Zeiten wurde, wie zu erwarten, nichts geteilt,
demnach nichts übernommen. Erst nach Jahren, mit
Ach und Weh, das grüne Ampelmännchen, der
Abbiegepfeil und das Sandmännchen des
DDR-Fernsehens.
Weizsäcker 1992: „Das vorrangige Ziel der Parteien
sei, die nächste Wahl zu gewinnen und nicht
langfristig Probleme dieses Landes zu lösen."

Prof. Dr. jur. Roman Herzog,
eine Amtszeit, von 1994 bis 1999
„Durch Deutschland muss ein Ruck gehen!"
Des Präsidenten Satz vom 26. April 1997: Bemerkenswert kurz, bemerkenswert leer, erstaunlich langlebig.

Dr. Dr. h.c. Johannes Rau,
eine Amtszeit, von 1999 bis 2004
Johannes Rau erhielt zwischen 1985 und 2004 insgesamt 12 (in Worten: zwölf) Ehrendoktorwürden verliehen. Ich sah in ihm einen Arbeiterpräsidenten, der bemüht war, die Verelendung von Nordrhein-Westfalen aufzuhalten. Rau war dem christlichen Menschenbild tief verpflichtet. Sein Satz: „Wir stehen auf für Menschlichkeit und Toleranz."

Prof. Dr. rer. pol. Horst Köhler,
zwei Amtszeiten, von 2004 bis 2010
Bereits in der Rede anlässlich seiner Wahl zum Bundespräsidenten am 23. Mai 2004, verstand es Köhler aufzufallen, als er fragte: „Warum bekommen wir den Ruck noch immer nicht hin?" Und sich selbst die Antwort gab: „Weil wir noch immer darauf warten, dass er passiert!"
Doch dann plauderte der Präsident aus, was die Republik zwar praktiziert, aber mit so unverschnörkelt offenherzig klaren Worten nicht verbreitet hören wollte: „Meine Einschätzung ist, dass wir auf dem Wege sind, doch auch in der Breite der Gesellschaft zu verstehen, dass ein Land unserer Größe mit dieser Außenhandelsorientierung und damit auch Außenhan-

delsabhängigkeit auch wissen muss, dass im Zweifel, im Notfall auch militärischer Einsatz notwendig ist, um unsere Interessen zu wahren, zum Beispiel für freie Handelswege zu sorgen, ganze regionale Instabilitäten zu verhindern, die sonst mit Sicherheit auf unsere Chancen zurückschlagen würden, negativ auf Handel, Arbeitsplätze und Einkommen." - Und an dieser nun folgenden Stelle geriet der Präsident ins Rudern und Schwimmen: „Es wird wieder sozusagen Todesfälle geben. Nicht nur bei Soldaten, möglicherweise auch durch Unfall mal bei zivilen Aufbauhelfern. Man muss - auch um diesen Preis - sozusagen am Ende - seine Interessen wahren." (22. Mai 2010 in einem Interview, ausgestrahlt über Deutschlandradio). Jürgen Trittin (GRÜNE) wetterte: „Kanonenbootpolitik! Mit der Rechtfertigung bewaffneter Außenhandelspolitik steht der Präsident nicht mehr auf dem Boden des Grundgesetzes." Gregor Gysi sagte, was auch ich gesagt hätte, wäre ich gefragt worden: Dass diese Äußerung zu begrüßen sei: wurde doch endlich unmissverständlich ausgesprochen, worum es Politik und Wirtschaft wirklich gehe. Am 31. Mai 2010 trat Horst Köhler von seinem Amt als Bundespräsident zurück. Kolportiert wurde kurz danach, dass er durch Frau Merkel regelrecht aus dem Amt gemobbt worden sei. Auch sei es vom Bundespresseamt unfein gewesen zu schreiben, dass der Präsident das Gesetz zur Übernahme von Gewährleistungen im Rahmen eines europäischen Stabilisierungsmechanismus (bekannt als Euro- Rettungsschirm) bereits unterzeichnet habe.

Zu diesem Zeitpunkt habe Horst Köhler noch, aus Afghanistan kommend, im Flugzeug gesessen. Köhler sei gegen dieses Gesetz gewesen, habe schließlich auf Druck von Frau Merkel unterschrieben und kurz darauf in einer von ihm einberufenen Pressekonferenz seinen Rücktritt bekanntgegeben.

Köhler, ein Jahr später, in einem Gespräch mit der Zeitung *Die Zeit:* „Ich bin bewusst missverstanden worden. Es war die Rede von der Befürwortung von Wirtschaftskriegen und möglichem Verfassungsbruch. Kann man einem Bundespräsidenten angesichts deutscher Geschichte des 20. Jahrhunderts Schlimmeres vorwerfen?"

Christian Wulff,
eine Amtszeit, von 30. Juni 2010
bis Rücktritt am 17. Februar 2012
Die Umschau nach sauberen Westenträgern erwies sich schwierig. Wolfgang Schäuble hatte bereits Köhler weichen müssen, da durch die Schreiber-Affäre belastet. Exkanzler Helmut Kohl, wegen verheimlichter Spendengelder nicht minder befleckt, war ebenfalls aus dem Rennen. Und so entschied sich die sittlich angeschlagene CDU/CSU für den unbelasteten, auch seiner Jugendlichkeit wegen an Haltung und Verantwortung wohl unangreifbaren Kandidaten Christian Wilhelm Walter Wulff, seit dem Jahr 2003 Ministerpräsident des Landes Niedersachsen.
Der von SPD und BÜNDNIS 90/DIE GRÜNEN aufgestellte Gegenkandidat Joachim Gauck wirkte sich auf den Wahlvorgang verzögernd aus. Erst im dritten

Wahlgang erreichte Wulff mit 625 Stimmen knapp die absolute Mehrheit, während Gauck jeweils mehr als dreißig Stimmen über die 462 Sitze von SPD und Grünen erhielt.

Somit hatte die Bundesrepublik Deutschland nach Heinrich Lübke wieder einen römisch-katholischen Präsidenten, nach sieben protestantischen Amtsvorgängern, und obendrein noch eine für Bildjournalisten zur Ablichtung besonders geeignete Persönlichkeit, weil erst einundfünfzig und außerdem an der Seite einer jungen schlanken, blonden Ehefrau: das blanke Objekt der Begierde sensationslüsterner Boulevardblattfotografen im Dienst eines endlich modernen glamouröseren Deutschlands im Yellow-Press-Hochglanzformat.

Erfrischend bereits die ersten Äußerungen des jungen Bundespräsidenten, nur absolut gar nicht im Sinne von „Bild", die ihn gern weiterhin an der Seite seiner attraktiven Ehefrau homestory-gebügelt makellos glatt und schweigsam schön gehabt hätte.

Es begann mit der Rede zum Zwanzigsten Jahrestag der Deutschen Einheit am 3. Oktober 2010, als Christian Wulff als junger Präsident erwähnte, dass auch der Islam zu Deutschland gehöre. Dann der 31. März 2011 in Lindau am Bodensee: Wulff eröffnet den XIX. Deutschen Bankentag. Es ist der neunzehnte Bankentag, aber der erste Deutsche Bankentag nach Ausbruch der größten weltweiten systemischen Finanzkrise im Jahr 2008, und Christian Wulff sparte nicht an Wahrheiten. Hier ein Auszug seiner Rede: „Um den Blick klar nach vorn zu richten, müssen wir uns bewusst machen, dass Maß und Vernunft unsere Prämissen sind. Maßhalten ist eine Primärtugend. Für den Banken- und Finanzsektor heißt dies: Die Zeit unverhältnismäßiger Gewinne und schneller Profite ist vorbei und darf so nicht zurückkommen. Nicht für die Banken, die sich mit geringeren Renditen und höheren Sicherheitsvorschriften zurechtfinden müssen. Und nicht für die Sparer und Anleger, die anderen Ländern Opfer bringen und maßgeblich an der Rettung des Finanzsystems beteiligt werden mussten. Führen wir uns noch einmal die Dimensionen der Rettungsmaßnahmen vor Augen: In Deutschland wurden vierhundert Milliarden Euro staatliche Garantien für die Banken und weitere achtzig Milliarden Beteiligungen für notleidende Finanzinstitute bereitgestellt. Für die Euro-Länder wurde ein Rettungsschirm über insgesamt 750 Milliarden Euro aufgespannt, um unsere Währung – den Euro – vor den Folgen der Staatsschuldenkrisen in einigen Euro-Mitgliedsstaaten zu schützen. Dazu kommen weitere 110 Milliarden Hilfe für Griechenland. Das hat die Politik in schwierigste Begründungszwänge gebracht: Einerseits wurden Sportanlagen oder Bibliotheken aus Geldmangel geschlossen, andererseits wird über Hunderte Milliarden verhandelt. Das ist für sehr viele Bürger nur schwer nachzuvollziehen. [....] Was ich auch erwähnenswert finde: Die Akteure an den Finanzmärkten sind zumeist Männer. Es täte dem Finanzsektor gut, wenn auch in den Banken mehr Frauen in führende Positionen kämen. Frauen wird ein anderes Risikobewusstsein zugeschrieben. [....] Also frage ich mich: Wie groß ist der Lerneffekt? Ist er dauerhaft? Sind die Ursachen der Krise beseitigt? Haben wir aus den Fehlern wirklich gelernt? Ich möchte ganz offen sein, mein Fazit lautet: Nein – weder haben wir die Ursachen der Krise beseitigt, noch können wir heute sagen: Gefahr erkannt – Gefahr gebannt. [....] In fünf Jahren sollten gelassenere Töne zu hören sein. Es muss bis dahin ins Lot gebracht werden, was aus den Fugen geraten ist."

Heißajuchei! Auweia! Auwei! Genau so extrem zwiespältig dürfte der Widerhall gewesen sein, letztlich aber doppelt verwendbar, weil frohlockend auch für die Grundfestbewahrer einzusetzen, die bereits darüber nachdachten, wie der Heißsporn zu bremsen sei, nachdem obendrein noch die folgenden Äußerungen Wulffs gleich auf zwei Online-Portalen zu lesen waren, vermerkt mit dem Datum 30. Juni 2011 und den Zeilen: „Bundespräsident Christian Wulff beklagt die Entmachtung der Parlamente, fordert einen Beitrag der Banken in der Griechenland-Krise und kritisiert Berlins Alleingang in der Libyen-Frage." (*Die Zeit*) Und in der Berliner Zeitung *Der Tagesspiegel*: „Christian Wulff: Ich bin in Sorge um unser Europa".

Ich glaube nicht, dass Giovanni di Lorenzo heute noch stolz sein wird, unter den ersten Journalisten gewesen zu sein, die den Präsidenten in die Schusslinie der Printmedien geschoben hatten. Von Giovanni di Lorenzo zur Selbstzweifelfrage in die Zange genommen, hatte sich der Präsident wie folgt geäußert: „Es gab eine Ausnahme: Während der Parteispendenaffäre habe ich mich gefragt, ob ich im richtigen Metier, in der richtigen Partei bin, als damals immer mehr Verstrickungen und Rechtswidrigkeiten bekannt wurden. Wenn das beschönigt, als nicht so schwerwiegend oder ´kann doch mal vorkommen´ verharmlost worden wäre, dann hätte ich nicht weitergemacht. Wo kommen wir hin, wenn die Politik die eigenen Gesetze ignoriert?"

Zur Frage nach einem weiteren Moment des Selbstzweifels, antwortete Präsident Christian Wulff: „Dass heute zu viel in kleinen „Entscheider"-Runden vorgegeben wird, was dann von den Parlamenten abgesegnet werden soll. Darin sehe ich eine Aushöhlung des Parlamentarismus. Damit schwindet die Grundlage für Vertrauen, fehlt die Transparenz und Teilhabe für Bürger und Parlamentarier. Ich erlebe, dass Politikerverdrossenheit heute eine Ausweitung erfährt: nicht nur von Bürgern gegenüber Politikern. Inzwischen sind Politikerinnen und Politiker häufig verdrossen, verdrossen über ihre eigene Tätigkeit und ihre Rolle, die ihnen noch zukommt, verdrossen über ihren schwindenden Einfluss." Und schließlich der noch für Politik, Finanzwirtschaft und Medien besonders schmerzhafte Absatz, dass die Politik zu sehr den Interessen der Banken anhafte, sowie der Stimmung der Medien. „Sie darf sich nicht abhängig fühlen und sich am Nasenring durch die Manege führen lassen von Banken, von Rating-Agenturen oder sprunghaften Medien".

Das war wie Sturmglockengeläut in den Ohren der öffentlich Abgewatschten, schlimmer als Tinnitus und Gehörsturz. So etwas konnte nicht unbeantwortet bleiben. Doch weil sich nachweisbar Wahres zu jeglicher Art von Entgegnung sperrig erweist, war das

Signal zur Ahndung gegeben. Unheimlich konspirativ war dieses Aufgabenfutter ausgestreut worden. Die BILD-Zeitung in der Rolle der bösen Königin prägte später den Paternoster-Satz: „Wer mit uns nach oben fährt, muss damit rechnen, mit uns auch nach unten zu fahren." Und so wurde ein investigatorisch ausgeklügelter Schnüffelplan entwickelt, der gewiss einige Erfolgsprämien gekostet haben dürfte, aber allmählich zu wirken begann. Besonders hinterhältig erwies sich das Gerücht, dass die Präsidentengattin vormals im Rotlichtmilieu gearbeitet habe. Nachteilig erwies sich, dass Wulff nicht die Chance ergriff, seine kritischen Reden über Facebook verlinken zu lassen. Als dies dann im August 2011 nachgeholt wurde, waren es die Parteien im Bundestag, die dem Präsidenten Einmischung in Belange der Europäischen Zentralbank (EZB) vorwarfen. Weil Wulff zu diesem Vorwurf schwieg, wertete dies die Öffentlichkeit als Pluspunkt für die Beschuldiger.

Es waren Nichtigkeiten, die ausgegraben und den Medien als Skandalfutter auf die Schreibtische gekippt wurden. Christian Wulff, im Intrigantenmilieu unerfahren, auch nicht eiskalt genug im Umgang mit hinterhältig gestellten Fragen, ebenso raffiniert zu antworten beziehungsweise solchen Fallen auszuweichen, verstrickte sich bei Befragungen im Fernsehen in Widersprüche. Letztlich schafften es die Medien, nahezu die Mehrheit der Nation gegen Wulff aufzubringen. An den Vergehen von Kohl gemessen, waren dies letztlich nur Petitessen. Im Dezember 2011 hatte die Kampagne begonnen. Die Staatsanwaltschaft

Hannover verstieg sich soweit, die Aufhebung von Wulffs Immunität wegen Verdachts der Vorteilsnahme zu beantragen, was letztendlich zu Christian Wulffs Rücktritt im Februar 2012 führte. Die Herrschaften der von Wulff zu Recht beschuldigten und ermahnten Kreise des Bank- Regierungs- und Medienwesens, dürften sich befriedigt aufatmend zurückgelehnt haben. Dennoch verblieb die Peinlichkeit eines abgeschmackten Vorgangs, der sich bis zum Monat März des Jahres 2013 erstreckte. Um insgesamt einundzwanzig Verdachtsfälle zusammenzubasteln, hatte die hannoversche Staatsanwaltschaft dreizehn Monate gebraucht, um dann endlich den Vorwurf der Bestechlichkeit über 400 Euro zu erheben und schließlich den Erlass eines Strafbefehls per Zahlung von 20.000 Euro auszustellen, was Wulff nicht akzeptierte. Daraufhin sahen sich die eigensinnig eifrigen Staatsanwaltschaftsdiener in Hannover genötigt, am 12. April 2013 Anklage wegen Bestechung und Bestechlichkeit beim Landgericht gegen die Herren Wulff und Groenewold zu erheben. Das Gericht ließ die Anklage am 27. August 2013 zu, reduzierte den Vorwurf jedoch auf Vorteilsgewährung und Vorteilsnahme. Auch dieses Prozedere dauerte, fand aber letztendlich am 27. Februar 2014 ein Ende. Wulff und Groenewold wurden freigesprochen. Lediglich Groenewold wurde wegen einer falschen eidesstattlichen Versicherung verwarnt. Zusätzlich erklärte das Gericht, dass Herrn Wulff für die erlittenen Durchsuchungen eine Entschädigung zustehe. Dies regte die uneinsichtigen Trotzköpfe der Staatsanwaltschaft in

Hannover wiederum auf, weshalb am 15. März 2014 Revision gegen das Urteil eingelegt wurde. Zu diesem Zeitpunkt dürfte eine höhere Instanz die Empfehlung gegeben haben, mit der peinlichen Provinzposse doch endlich Schluss zu machen.

Dass der Entschluss zur Rücknahme der Revision trotzdem noch drei Monate dauerte, wertete inzwischen die Öffentlichkeit als letzten Strafstoß gegen Wulff.

Am 13. Juni 2014 war es dann endlich soweit. Die Staatsanwaltschaft Hannover nahm ihren Revisionsantrag zurück, so dass der Freispruch für Christian Wulff rechtskräftig wurde.

Ende der Intrigantenkomödie. Ein unbequemer Präsident war demontiert worden und der Nachfolger inzwischen seit dem 18. März 2012 wohlverankert im Amt und seitdem mehrfach auffällig geworden mit Reden, die Deutschland mit Bundespräsident Christian Wulff, derart rigoros offen in Form und Inhalt, erspart geblieben wären.

Joachim Gauck,
elfter Bundespräsident seit dem 18. März 2012, geboren am 24. Januar 1940 in Rostock,
evangelisch-lutherischer Pastor und
Kirchenfunktionär, leitete in der DDR die
Vorbereitung und Durchführung der beiden
evangelischen Kirchentage 1983 und 1988 in
Rostock, war während der Wendebewegung führendes Mitglied des Neuen Forums Rostock. Die erste neue Volkskammer der DDR wählte ihn am 21. Juni 1990 zum Vorsitzenden des Sonderausschusses zur

Kontrolle der Auflösung des ehemaligen Ministeriums für Staatssicherheit der Deutschen Demokratischen Republik und stand vom 3. Oktober 1990 bis Oktober 2000 als Bundesbeauftragter für die Unterlagen des Staatssicherheitsdienstes an der Spitze dieser Einrichtung, die von der Presse im sprachlichen Umgang verkürzt den Namen „Gauck-Behörde" erhielt.

Über Google informiert die Interneteinrichtung „Wikipedia", dass Gauck mit einem begründeten Antikommunismus aufgewachsen sei, da sein Vater, einer Nichtigkeit wegen, von einem in Schwerin geheim tagenden Militärtribunal zu zweimal 25 Jahren Freiheitsentzug verurteilt, in ein sibirisches Arbeitslager verbracht worden war, aber nach fünf Jahren aufgrund der von Moskau gewährten allgemeinen Kriegsgefangenenentlassung wieder freikam und zur Familie heimkehren durfte.

Bundespräsident Joachim Gauck: „Meine Heimat liebte ich seriös, meinen Westen wie eine Geliebte."

Bereits im Jahr 2010, im Zuge seiner Kandidatur zum Amt des Bundespräsidenten, erachtete es Gauck als einstiger Mann der Kirche für notwendig, dem Verfassungsschutz die Beobachtung der Partei „Die Linke" zu empfehlen, „weil noch immer keine Bindung der Linkspartei an das europäische Demokratieprojekt zu erkennen sei." Gauck begrüßte die Distanzierung der SPD von den Linken, „weil in den Radikalen der Linkspartei noch viele Bezüge zu altem bolschewistischen Gedankengut stecke. Da seien teilweise nicht nur marxistische, sondern gar leninistische Anklänge."

Nun hat Deutschland diesen lupenreinen Soffjet-Hasser, ganz im Stile Adenauers, an der Backe. Keine Ahnung, wie Herr Gauck auf die Idee gekommen war, sich als Linksliberalen zu bezeichnen. „Liberal" mit Sicherheit, einschließlich all der Untugenden, die den sogenannten Liberalen anhaften, die alles privatisieren möchten, am liebsten auch noch das Wasser und die Frischluft. Gauck warb für einen „verantwortungsvollen Kapitalismus". Wäre Harald Juhnke noch am Leben, sähe er sich, wie wir ihn kennen, garantiert veranlasst, für einen verantwortungsvollen Alkoholismus zu werben.

Gegen Ende des Jahres 2012 beriefen zwei Denkfabriken eine zukunftsweisende Versammlung ein. Voll im Stil der US-amerikanischen ThinkTanks firmiert die eine Gruppierung unter der Bezeichnung „Stiftung Wissenschaft und Politik" (CSWP), die andere unter dem Titel „German Marshall-Fund (GMF). Und herbei geeilt waren über fünfzig Politiker, Professoren, Vertreter des Auswärtigen Amtes und anderer Ministerien sowie des Kanzleramtes und – aus demokratischen Legitimierungsgründen – noch zwei Redakteure der Druckmedien *Die Zeit* und der *Frankfurter Allgemeinen Zeitung (FAZ)*, um über Außenpolitik nachzudenken. Finanziert wurde das Projekt vom Planungsstab des Auswärtigen Amtes. Und der Projektbericht im Herbst des Jahres 2013 stand unter der ungeschminkt aufschlussreichen Zeile „Neue Macht, neue Verantwortung". Bekannt wurde die Angelegenheit allerdings erst durch die Grundsatzrede des Bundespräsidenten Joachim Gauck am 31. Januar 2014 zur Eröffnung

der 51. Münchner Sicherheitskonferenz (MSC) zu Deutschlands neuer Rolle in der Welt. Mitgeteilt sei den Leserinnen und Lesern, dass diese Konferenz in München als zentrale Einrichtung des transatlantischen Meinungsaustausches erschaffen wurde, was Bundespräsident Gauck – selbst inzwischen Mitglied des Vereins „Atlantikbrücke" - zum Anlass nahm, etwas zu verkünden, das ihm, laut Verfassung, als Bundespräsident eigentlich nicht zustand. Gauck informierte die deutsche Öffentlichkeit und brachte damit auch der internationalen Welt zur Kenntnis, dass Deutschland sich fundamental neu auszurichten gedenke. Der Inhalt seiner Eröffnungsrede, die, kritisch begründet, als Plädoyer gewertet wurde, gipfelte in der Bekanntgabe, dass von der Verteidigung des Westens zur globalen Ordnungspolitik und von der Wehrkunde zum umfassenden Sicherheitsbegriff ein großer Bogen zu bewundern sei. „Heute treiben uns neue Spannungen und neue Kriege um: zwischen Staaten, innerhalb von Staaten, in der Nähe und in der Ferne."
Bereits an dieser Stelle wäre des Präsidenten Pflicht gewesen, den deutschen Bürgerinnen und Bürgern zu erläutern, dass es all diese Spannungen und Kriege nicht gäbe, hätten sich die Vereinigten Staaten von Amerika nicht eingemischt in Belange des Nahen Ostens und Nordafrikas unter Nutzung der NATO. Nur war es nicht das deutsche Volk, das im Saal des Luxushotels *Bayerischer Hof* saß, sondern mehr oder weniger alles Herren, die an Kriegen verdienen, direkt und indirekt in garantiert antiseptischer Unversehrt-

heit. Und so waren die Worte des einstigen Mannes der Kirche schon zielgenau gesetzt, wenn auch stets abgefedert durch verbale Sicherheitspolster wie diese: „Dies ist ein gutes Deutschland, das beste, das wir kennen. [....] Es ist eine stabile Demokratie, frei und friedliebend, wohlhabend und offen. Es tritt ein für Menschenrechte ...."

Und schaut geflissentlich weg, wenn die USA die Menschenrechte bombardierend verletzen, erlaube ich mir, der Wahrheit geschuldet, einzufügen.

Präsident Gauck erfüllt das Verhalten Washingtons mit Dankbarkeit und Freude, wie nachzulesen ist.

Dann folgten viele und lange Sätze zur Wichtigkeit weltwirtschaftlicher Interessen der hoch zu preisenden Wertegemeinschaft West an der Seite der Weltmacht USA. Die „regelbasierte Welt der Vereinten Nationen werde in hohen Ehren gehalten".

Auch dies sei im Fall amerikanischer Intervention im Irak zu widerlegen, da dieser militärische Eingriff ohne Genehmigung des Sicherheitsrates der Vereinten Nationen erfolgt war.

Und wieder der Präsident: „Just in diesem Moment überdenkt die einzige Supermacht Ausmaß und Form ihres globalen Engagements. Ihr Partner Europa ist mit sich selbst beschäftigt. Im Zuge dieser Entwicklung zu glauben, man könne in Deutschland einfach weitermachen wie bisher – das überzeugt mich nicht. [....] Wir fühlen uns von Freunden umgeben, wissen aber kaum, wie wir umgehen sollen mit diffusen Sicherheitsrisiken, wie der Privatisierung von Macht durch Terroristen und Cyberkriminellen."

Da klingelte aus den Präsidentenworten Feind-schaft gegen Snowden, der sich nach Moskau retten konnte, und Attacke gegen den Whistleblower und Wikileaks-Gründer Julian Assange, der seit 2012 auf nur zwanzig Quadratmetern der Botschaft von Ecuador in London lebt.

„Wir beschweren uns zu Recht", führte der Bundespräsident weiter aus, „wenn Verbündete bei der elektronischen Gefahrenabwehr über das Ziel hinausschießen. Und doch ziehen wir es vor, auf sie angewiesen zu bleiben und zögern, die eigenen Fähigkeiten zur Gefahrenabwehr zu verbessern."

Und erneut bedurfte es vieler Sätze, um sich langsam an den Kern des eigentlichen Anliegens heranzureden.

„Nun vermuten manche in meinem Land, im Begriff der 'internationalen Verantwortung' ein Codewort. Es verschleiere, worum es in Wahrheit gehe. Deutschland solle mehr zahlen, glauben die einen, Deutschland solle mehr schießen, glauben die anderen. Und die einen wie die anderen sind überzeugt, dass mehr 'Verantwor-tung' vor allem mehr Ärger bedeute. Es wird Sie nicht überraschen: Ich sehe das anders." Und damit kam Herr Gauck nach weiteren Beschönigungs- und Begründungsfloskeln endlich zum Grundanliegen sei-ner Rede: „Es ist ja richtig: Probleme zu lösen, kann Geld kosten. Aber nicht nur in der europä-ischen Krise haben wir bewiesen, dass wir bereit sind, weit zu gehen, Bündnisverpflichtungen einzu-halten und Unterstützungen zu leisten, weil das letztlich in unserem eigenen Interesse liegt. Manchmal kann auch der Einsatz von Soldaten erforderlich sein.

Eines haben wir gerade in Afghanistan gelernt: Der Einsatz der Bundeswehr war notwendig, konnte aber nur ein Element der Gesamtregie sein. Deutschland wird nie rein militärische Lösungen unterstützen, wird politisch besonnen vorgehen und alle diplomatischen Möglichkeiten ausschöpfen."

Auch dies darf inzwischen bezweifelt werden.

„Aber wenn schließlich der äußerste Fall diskutiert wird – der Einsatz der Bundeswehr –, dann gilt: Deutschland darf weder aus Prinzip ´nein´ noch reflexhaft ´ja´ sagen."

Elegant herausgewurstelt hatte sich Seine Exzellenz, sah sich aber dennoch veranlasst, „neben aufrichtigen Pazifisten" auch jene aufs Korn zu nehmen, „die Deutschlands historische Schuld benutzen, um dahinter Weltabgewandtheit oder Bequemlichkeit zu verstecken". Da passten die Worte des westwerte-verliebten Historikers Prof. Dr. Heinrich August Winkler bestens in Gaucks Rede, dass dies eine Haltung sei, die Deutschland ein fragwürdiges ´Recht auf Wegsehen´ bescheinige, „das andere westliche Demokratien nicht für sich in Anspruch nehmen" können. So könne, sprach der Präsident weiter, aus Zurückhaltung so etwas wie Selbstprivilegierung entstehen, was er immer kritisieren werde. „Denn für mich ist ganz klar: Wir brauchen das NATO-Bündnis."

Salbader-salbader-salbader. Dem Herrn Pastor im Ruhestand gelang es, sich nach allen Seiten hin absichernd, christlich sauber darzustellen, wohl vergessend, dass vor hundert Jahren evangelisch-lutherische Pastoren, wie katholische Priester ebenso, Waffen segneten, und Fotos Zeugnis ablegen, wie evangelische Kirchenvertreter nach 1933 artig den rechten Arm zum Hitlergruß erhoben.

Albtraum zur präsidialen Enttäuschung

Zum Glück bin nicht ich der zu Recht Beklagte.
Doch wäre es so, schlösse stumm ich mich ein.
Ich hielte nicht aus, was da an mir nagte:
Ein Freund des Bösen gewesen zu sein.

Als erstes entfernte ich sämtliche Spiegel,
In die Augen zu sehn, hätt ich mich nicht getraut,
Und bestätige gern mit Brief und Siegel:
Lug und Trug zu genießen, bin ich nicht gebaut.

„Gib nicht so an!", sprach zu mir eine Stimme.
Meine Antwort war, dass ich nicht dazu taug.
„Ich schieß dich ins Amt, über Korn und Kimme,
Mit Doktorhut, Schwefel, auch mit Klamauk.
Ich heb dich zu Ruhm. Ich weiß es zu fassen."
„Sorry", sprach ich. „bei dem Deal muss ich passen:
War weder Pastor noch heiße ich Gauck."

Es gibt einen offenen Brief an den Bundespräsidenten, der nach dessen Rede zur Eröffnung der 50sten Sicherheitskonferenz die Runde machte. Geschrieben hat ihn Jürgen Todenhöfer, promovierter Jurist, Autor, Bundestagsabgeordneter der CDU von 1972 bis 1990, und seit 2001 als Kritiker US-amerikanischer Einmischung in die Belange anderer Staaten in den Fokus öffentlichen Interesses geraten.

Lieber Herr Bundespräsident!
Sie fordern, dass Deutschland mehr Verantwortung in der Welt übernimmt. Auch militärisch. Wissen Sie wirklich, wovon Sie reden? Ich bezweifle es und habe daher vier Vorschläge.
Erstens: Ein Besuch im syrischen Aleppo oder in Homs. Damit Sie einmal persönlich erleben, was Krieg bedeutet.
Zweitens: Vier Wochen Patrouillenfahrt mit unseren Soldaten in afghanischen Kampfgebieten. Sie dürfen auch Ihre Kinder oder Enkel schicken.
Drittens: Ein Besuch eines Krankenhauses in Pakistan, Somalia oder im Jemen bei unschuldigen Opfern amerikanischer Drohnenangriffe.
Viertens: Ein Besuch des deutschen Soldatenfriedhofs in El Alamein in Ägypten. Dort liegen seit siebzig Jahren viertausendachthundert deutsche Soldaten begraben. Manche waren erst siebzehn. Kein Bundespräsident hat sie je besucht.
Nach unserem Grundgesetz haben Sie dem Frieden zu dienen. Angriffskriege sind nach Artikel 26 verfassungswidrig und strafbar. Krieg ist grund-

sätzlich nur für Verteidigung zulässig. Sagen Sie jetzt nicht, unsere Sicherheit werde auch in Afrika verteidigt. So etwas Ähnliches hatten wir schon mal. 100.000 Afghanen haben diesen Unsinn mit dem Leben bezahlt.

Wie kommt es, dass Sie als Bundespräsident nach all den Kriegstragödien unseres Landes bereits wieder deutsche Kriegseinsätze fordern?

Es stimmt, wir müssen mehr Verantwortung in der Welt übernehmen. Aber doch nicht für Kriege, sondern für den Frieden. Als ehrliche Makler. Das sollte unsere Rolle sein. Und auch Ihre.

Ihr Jürgen Todenhöfer

PS: Mir ist ein Präsident lieber, der sich auf dem Oktoberfest von Freunden einladen lässt, als einer, der schon wieder deutsche Soldaten ins Feuer schicken will. Von seinem sicheren Büro aus. Fast bekomme ich Sehnsucht nach Wulff. Der wollte Menschen integrieren, nicht erschlagen.

Bald werde ich mit unter den Allerletzten noch Lebenden sein, die den Wahnsinn und die Folgen eines deutschen verbrecherischen Angriffskrieges durchzustehen hatten. Ich war siebzehn, als ich das Glück hatte, ein Flächenbombardement amerikanischer Superfestungen zu überleben. Südöstlich von Wien sollte ich die Dritte Ukrainische Front aufhalten helfen. Ich weiß, wie sich tödliche Projektile und Granatsplitter anhören. Ein Schützengraben bietet nur eine begrenzte Überlebensgarantie. Und welch eine Fügung, nicht genötigt gewesen zu sein, jemanden totzuschießen.

So hatte der Herr Bundespräsident auch von mir einen Brief erhalten. Das war zu einem Zeitpunkt gewesen, als er im Oktober 2012 Prag besuchte, um mit der tschechischen Regierung Aussöhnungsgespräche zu führen. Also könne es hilfreich sein, dachte ich, ihm und seiner Lebensgefährtin die Romantrilogie *Der Irrtum* beizulegen, einen aufklärend spannenden Einblick in jene Jahre zwischen 1939 und 1945, als deutsche Truppen Böhmen und Mähren besetzten und die beiden Länder zum Protektorat wurden. Gauck hatte freundlich geantwortet, versprach, die drei Bücher zu lesen.

Dass ich ihn enttäuschen muss, weil er mich enttäuschte mit seinen Reden, die ihn als Steigbügelhalter im Dienst kriegerischer Expansionspolitik ausweisen, gehört zu den unausweichlichen Folgen politisch öffentlichen Tuns.

Ihn zu bekehren, wird nicht möglich sein. 2008 war er schon einmal in Prag gewesen, um dort eine Erklärung zu unterschreiben, die darauf abzielte, Nazideutschland und die Sowjetunion gleichermaßen für die Verbrechen des Zweiten Weltkriegs verantwortlich zu machen. Verursacher und Befreier auf einer Ebene. Gaucks verzerrtes Geschichtsbild, gilt es geradezurücken.

Im Sog der Ehrlichkeit

Den regierenden Parteien zugeeignet

Ja, es mangelt mir an Respekt.
Die Wende hat es mir anerzogen.
Ich genieße diesen Anstandsdefekt.
Besser so als regierend verlogen.

Euch Zierbändern apokalyptischer Reden:
Ausufernd windend, mäandrisch begabt.
Irgendwie seltsam, jenseits von Eden.
Hatten wir so was nicht schon mal gehabt?

Wer hat euch auf diese Bahn geschossen?
Hat Kriegsgott Odin euch vorprogrammiert?
Welch bösem Ungeist seid ihr entsprossen?
Enttäuscht sehe ich euch total deplatziert.

Christlich absolut fehlgeleitet.
Von Beelzebub kontrollierend im Blick.
Der Teufel wird wissen, wer wen da reitet.
Ich wünschte, es gäbe für euch ein Zurück.

Es gibt kein zurück, wie die Welt inzwischen weiß. Deutschland hat sich positioniert: Streng und dankbar treu im Fahrwasser der kriegerischen USA. Mit 17 Milliarden Dollar 1947 geschickt eingefädelt das Ganze. Operativ exzellent, ganz im Sinne von Winston Churchill, dem der Satz zugeordnet wird, dass es besser sei, an die Stelle von Zukunftsängsten das Vordenken und Vorausplanen zu setzen. Da waren der Marshallplan unter US-Präsident Harry S.Truman und die Durchführung der separaten Währungsreform genau die richtigen Instrumente, passend zum kolportierten Kernsatz des britischen Staatenlenkers im Kampf gegen Hitler: „Wir haben das falsche Schwein geschlachtet." Nur allzu gern hätte Churchill jenen auf dem Rost gesehen, den er vor kurzem noch als Kameraden im Kampf gegen die Hitlerkoalition gelobt hatte, aber bald verteufelte, und mit ihm den Kommunismus insgesamt.

Seit 1946 nicht mehr im Amt, weil unerwartet abgewählt und deshalb tröstend von Präsident Truman zu sich nach Hause in Jefferson im Staate Missouri eingeladen, durfte Churchill am Westminster College in Fulton (Missouri) eine geharnischte Rede halten, in der er untermauerte, was er von seinem „Kameraden" Stalin hielt und insgesamt von der kommunistischen Gefahr für Europa.

Churchills Rede war mit US-Politikern wohlabgestimmt. Ein Bruderbund der Englisch sprechenden Völker sei anzustreben und die Bildung einer internationalen Streitmacht im Dienst der vereinten Nationen. Hilfreich dazu sah Churchill die Milliardendollarhilfe zur Wiederaufrichtung eines europäischen Bollwerks gegen Russland. Die Rede war unschwer als ideologisches Manifest zu verstehen, dass die Sowjetunion als Hauptfeind des Westens zu gelten habe. Dass Stalin dies als Grundwunsch Hitlers erkannte und zur Kenntnis nahm, dass dies Churchill offenbar keineswegs peinlich war, kam folgende Antwort aus Moskau: „Dem Wesen der Sache nach zu urteilen, stellte Mister Churchill und dessen Freunde in England und in den Vereinigten Staaten den nicht englisch sprechenden Nationen eine Art Ultimatum, das unmissverständlich ausdrückte: Erkennt ihr unsere Herrschaft freiwillig an, so wird alles in Ordnung sein. Im entgegengesetzten Fall, ist mit Ärger, wenn nicht gar mit Krieg zu rechnen."

Für Stalin nichts Neues, und für Historiker mit neutralem Blick auf die Geschichte ebenso: Russland war schon immer ein Appetitshappen für imperiale Mächte und deren Finanzunterstützer gewesen. Dies galt für Großbritannien und erst recht für das Kaiserreich Deutschland während des Ersten Weltkriegs. Und nach dem Zweiten Weltkrieg sah Kommunistenhasser Churchill eine zweite Chance, diesmal im Verbund mit den Vereinigten Staaten von Amerika.

Die Vorausdenker im Dienst des Kapitals, waren schon immer beweglich. Besonders aktiv wurden sie vom 01. bis 22. Juli 1944, weitab vom europäischen Kriegsschauplatz, aber auch fern stickiger Großstadthitze. Vielleicht wollten die Amerikaner den Engländern eine Freude machen, vielleicht auch nur daran erinnern, wer seit 1836 in

Hampshire, der einstigen Kronkolonie Englands, das Sagen hat. Und so waren Teilnehmer aus vierundvierzig Staaten geladen. Wirtschaftsbosse, Finanzexperten und Politiker. Am Fuße der 1.917 Meter hohen Erhebung des Mount Washington im Hintergrund, und vor dieser Naturkulisse, im gleichnamigen Luxushotel mit Golfplatz, wurde den Herrschaften das bestmöglichste Einwickel-feeling geboten, dessen es wahrscheinlich heute noch bedarf, um ein geschäftliches Abkommen zu Gunsten des US-Ausrichters perfekt zu machen.

Eine Prise Russengrusel streuten die Gastgeber, als sie den internationalen Gästen die Höhen-region des Mount Washington im Winter mit si-birischen minus 40 Grad schilderten, was zwar stimmte, doch hinzuzufügen vergaßen, dass es dies, ein paar hundert Kilometer weiter nördlich, in Alaska ebenfalls gibt. Liebend gern hätten die US-Finanzstrategen auch die Sowjetunion einge-wickelt, doch Stalin sagte kurz und bündig: „Njet", als es darum ging, im Dezember 1945 das Bret-ton-Woods-Abkommen zu ratifizieren, was bedeu-tet hätte, die Dollarwährung als globale Leitwäh-rung anzuerkennen. An dieses Nein hatte sich der Westen über die Jahre gewöhnen müssen. In-zwischen wissen auch die Arbeitslosen in West und Ost, warum sich Stalin nicht über den Tisch ziehen ließ und die durchschauten US-Ameri-kaner in die Wüste schickte.

Stalin sagte damals dazu: „Churchill fordert von uns, unsere Unabhängigkeit abzugeben – oder so etwas in der Art. Aber wir haben nicht gegen Hitler gekämpft, um unsere Souveränität im Anschluss an Hitler abzugeben."

Sollte dies Stalin tatsächlich wörtlich so gesagt haben, würde dies bedeuten, dass er das schurkische Vorhaben Churchills bereits vor dessen Rede in Fulton kannte.

„Wir müssen diese Barbaren stoppen!" Auch ein Churchill-Satz. Im Westen wird nicht gern darüber gesprochen, aber Fakt ist, dass Winston Churchill auf Grund der sich abzeichnenden Erfolge sowjetischer Armeen nach Stalingrad, aber vielleicht auch in Kenntnis abschreckender deutscher Wochenschaubilder diesen Satz von sich gab und an einem Plan werkelte, mit noch intakten deutschen Divisionen und mit britischen und amerikanischen Truppen per Datum 01. Juli 1945 gegen die Sowjetunion vorzugehen.

Es war eine höchst unfeine Politik, die in westlichen Kreisen ein unbeliebtes Thema ist, wie umgekehrt Stalins Umgang gegen treue ehemalige Kampfgenossen unter Kommunisten ungern diskutiert wird. Was dem Generalissimus allerdings zugute gehalten werden muss, war seine Vertragstreue als Verbündeter der Antihitlerkoalition. So hätte er sagen können: Um Europa von der Nazipest zu befreien, hat das Sowjetvolk die größten Opfer erbracht, demnach Ruhe verdient. Jetzt seid ihr an der Reihe, um mit Japan aufzuräumen. Doch Josef Wissarionowitsch Dschugaschwili, genannt Stalin, erklärte am 09. August 1945 den Japanern den Krieg, was bis Ende August zur völligen Vernichtung der Hauptteile der japanischen Festlandsarmee führte.

Russophobe Schnelldenker werden an dieser Stelle sagen: Am 09. August 1945 war bereits die zweite Atombombe gefallen. Da behelligten Stalin berechtigte Ängste, gleichzeitig aber auch Wünsche nach den Sachalin-Inseln und noch weiteren von Japanern besetzten Gebieten.

Dazu sei jetzt nur noch zu entgegnen: Was lediglich bestätigt, dass diese menschenverachtenden Bombenabwürfe neben dem Wunsch eines sofortigen Kriegsendes vorwiegend der Adresse Moskaus gegolten hatten. Welch grausame Zweckhandlungen, die, wie wir heute wissen, erst der Auftakt zu weiteren Operationen war, bei denen Menschenleben unter „ferner liefen" rangierten, weltumspannenden Deals hingegen stets Vorrang eingeräumt wurde. Hegemonie unter Streifen und Sternen: Vorherrschaft der Vereinigten Staaten von Amerika mit dem Ziel, der Welt die Überlegenheit des Geldes zu demonstrieren und damit die Lenkungsgewalt auf wirtschaftlicher, politischer und kultureller Ebene.

$$€ : DM =$$

Jubel! Jubel! Heissajuchei!
Da wäre Deutschland gerne dabei!
Was heißt hier, wäre? Deutschland ist
anerkannter Spezialist.
Auch im Singen, Jodeln, Flöten,
selbst im schamhaften Erröten,
und bestimmt noch oft in *Nöten*,
wenn es um das Reimwort geht,
das hier nicht geschrieben steht.

Traurig, leider dennoch wahr: Deutschland produziert und exportiert alles, was schwimmt, rollt, schießt und explodiert. Auf dieser einzigartigen Ethikliste, rangiert Made in Germany gegenwärtig nach China an vierter Stelle und dominiert immer noch mit „Kleinwaffen" wie Gewehren, Pistolen und Handgranaten, die nicht selten in falsche Hände geraten. Sogar in Mexiko schießen inzwischen die Truppen der Drogenbosse mit deutschen Waffen.

Die Gewinne dieser deutschen Waffenfirmen und Zweckverbände bewegen sich in Milliardenhöhe. Es gibt zwar ein Kriegswaffenkontrollgesetz, es gibt einen Bundessicherheitsrat, der den Waffenfirmen, aber auch dem Bundeswirtschaftsministerium auf die Finger schauen soll, notfalls auch dem Außenministerium, wenn es sich, wie in einigen Fällen bereits zu beobachten war, friedensgefährdend darstellte. So zeigt bislang die Erfahrung, dass auch die parlamentarischen Kontrollen mehr oder weniger nur als Alibifunktion vorhanden sind, weil leider selten hilfreich.

Ehe mich hinterrücks die regierungsunfreundliche Rüge trifft, doch bitte keinen Blödsinn zu verbreiten, will ich schnell bestätigen, dass es selbstverständlich Exportkontrollen gibt, die nur leider enden, sobald die Waffen in den jeweiligen Empfangsländern angekommen sind. So ist zu bestätigen, dass uns das jeweilige Empfangsland zwar eine Endverbleibserklärung unterschreibt, mit der sich die verantwortlichen Instanzen in diesem unserem Lande gern und schnell zufrieden geben, weshalb immer wieder damit gerechnet werden muss, dass der Schwarze Peter politischer Verantwortung, wie man es auch dreht und wendet, dem Kanzleramt eines Tages doch noch auf die Türschwelle fallen wird. Empfangsländer haben zwar Eigenverantwortung, aber eben auch Eigeninteressen. Da mögen sich Geschäfts- und Bequemlichkeitsgründe in Berlin mit blauäugigem Vertrauen gut mischen, doch über kurz oder lang ein böses Erwachen zur Folge haben.

So what, werden dann die unter Druck geratenen Verantwortungsbereiche sagen. Wozu haben wir Qualitätsmedien und dort hochbezahlte Experten, die sich mit derlei Problemen auskennen?

Ja, wahrhaftig, solche Vertuschungsstrategen gibt es. Allerdings gibt es auch hellwache Kapazitäten auf der Gegenseite. *Tagesschau-aktuell* hat es seit geraumer Zeit immer schwerer, Nachrichten so hinzuschaukeln, dass sie letztlich, bei aller Schieflage der Fakten, doch noch irgendwie zugunsten transatlantischer Sichtweise vorzeigbar sind. Bei größeren Schwierigkeiten im Prozess glaubhafter Umgestaltung, wird seit kurzem der bequemste Weg praktiziert. Dumm nur - und für die Redaktionen peinlich - , dass auch dies bemerkt wurde.

Unschuldswalzer

Ein in schlichtem Volkston zu singendes Chorlied.
Der Redaktion von TAGESSCHAU aktuell zugeeignet.

Weglassen, weglassen,
welch ein Vergnügen!
Weglassen, weglassen,
welch ein Genuss!
Einfach vergessen
ist leichter als Lügen.
Totschweigen schwächt den Verdruss!
Schweigen! Schweigen!
Was nicht erscheint, spart Verdruss!
Schweigen! Schweigen!
Kein Kommentar, Punkt und Schluss!

Politbarometer
Kurzkommentar
zur Einschätzung von Meinungsumfragen

Demographie und Demoskopie
dienen nicht nur erhabenen Zwecken,
folgen mit lenkender Strategie
der staatlich verordneten Dramaturgie
und sind dann so nützlich wie Zecken.

*

Qualitätsjournaille heißt die Kanaille

Presstituieren,
vor sich Hinappellieren,
aus Gesichtern fallende Sätze.
Zu lesen, wie NATO-Apologeten
sich selbst in den Müll der Geschichte treten,
sind Sätze, die ich schätze.

(aus einer Dankadresse, die ich an Ulrich Gellermann,
den Herausgeber der RATIONALGALERIE schickte)

John Wayne ist wieder unter uns. Amerikas Revolverheld Nummer 1. Uncle Sams schießfreudiger Kommunistenjäger. Ja, er ist wieder da und war eigentlich niemals weg.

Zuletzt sah ihn Deutschland auf westberliner Seite vor dem sowjetischen Panzerdenkmal, wo er sich ablichten ließ, als sei er es gewesen, der, an dieser neuralgischen Ost-West-Stelle hinter dem Brandenburger Tor, den T-34-Panzer der Berlinbefreier mit seinem Colt zum Stehen brachte. Dabei war er zu diesem Zeitpunkt bereits tödlich getroffen. Nicht vom „Red Scare", dem gängigen Schlagwort in den USA für *Rote Angst, Roter Schrecken, Rote Panik*, sondern heimtückisch verletzt von jenen, deren unbegrenzte Freiheit zu preisen er sich zur Lebensaufgabe gemacht hatte.

Im Mai 1953 war auf dem Testgelände von Nevada eine „verbesserte" Atombombe gezündet worden. Die Wissenschaftler gaben dem Teufelsding den Namen Harry, das erst später die Namenserweiterung „Dirty Harry" erhielt, als festgestellt wurde, wie hinterhältig schmutzig diese Version war. Ich habe mir das von einem Fachmann erklären lassen: „Wer nicht den Vorzug hatte, als verschmorter Schmutzfleck an einer stehengebliebenen Stahlbetonwand verewigt zu werden oder gar spurlos nicht mehr vorhanden zu sein, war weit genug von tödlicher Glut entfernt, hatte aber Strontium in sich. Strontium 90 ähnelt der chemischen Zusammensetzung von Calcium und lagert sich demnach vorwiegend gern im Knochenmark und in den Knochen ein. Alles weitere erledigen dann die radioaktiven Substanzen."

Passend dazu, möchte ich die Öffentlichkeit daran erinnern, was Dwight D. Eisenhower einen Monat zuvor in seiner Präsidentenrede „Chance for Peace" verlauten ließ. „Jede Kanone, die gebaut wird", sagte er. „Jedes Kriegsschiff, das vom Stapel läuft, jede abgefeuerte Rakete bedeutet einen Diebstahl an jenen, die hungern und frieren."

Auch das ist Amerika: Gedacht, gesagt, vergessen - gegessen. Don´t worry, be happy! Das kernspaltungsreichste Bombenmonster, das je über US-amerikanischem Boden detoniert war, blieb unerwähnt. Es war das brutalste Eigentor, das sich je ein Staat zugefügt hat. So wälzte sich ein Jahr später John Wayne für Filmaufnahmen im kontaminierten Sand und Geröll des Snow Canyons im Staate Utah, östlich von Nevada. Dabei wussten die Verantwortlichen um die Gefahr des nuklearen Niederschlags. Warum hätten sie sonst auf die „günstige" Windrichtung gewartet? Lieber ein paar Farmer und deren Kühe und Schafe verseuchen, als aus der „strahlendsten Metropole des Goldenen Westens" ein nuklear verstrahltes Las Vegas zu machen. So hatte die Stadt St. George im US-Staat Utah eine gewaltige Ladung abbekommen, obwohl 160 Kilometer weit vom Testgelände entfernt. Eine Vorwarnung habe es nicht gegeben. Im Gegenteil, sagten Betroffene.

Die Atomic Energy Commission (AEC) tönte: „No Danger! Keine Gefahr für die Gesundheit!" Und so gelangte, trotz gesunder Windrichtung, dennoch nuklear verseuchte Milch befallener Kühe auch ins 190 Kilometer entfernte Las Vegas. Obwohl es heißt, dass Radioaktivität weder zu riechen noch zu schmecken sei, berichteten damals die Bewohner von Saint George, einen seltsam metallischen Geschmack auf der Zunge verspürt zu haben.

Das US-Verteidigungsministerium erfand den Slogan, für dessen Verbreitung das Radio und die Zeitungen sorgten: „Das Land, in dem die gigantischen Pilze wachsen!"

Klar, dass der Satz eines Farmers kaum Verbreitung fand, aber gerade deshalb eingerahmt gehört: „Unser Land hat uns zugefügt, was die Russen nicht geschafft haben!" Als hätten die Russen das jemals versucht. Und so fühlt sich bestimmt heute noch ein Großteil der US-Landbevölkerung von den Russen bedroht. Unglaublich, was eine imperiale Medienkette anzurichten vermochte, zumal sich auch noch die Kosmetikwerbung mit folgendem Satz in die Geschichte hineinhing: „Nicht die Bombe ist dein ärgster Feind, sondern die Sonne!" Teilwahrheiten, geschickt eingearbeitet, zeigen Wirkung.

Da können Wissenschaftler nicht mithalten, wenn sie verkünden, dass Untersuchungen ergaben, in den Milchzähnen von Kindern be
reits Spuren von Strontium 90 entdeckt zu haben, wie auch in den Schilddrüsen von Kindern in der

Gegend rund um St. George, den Nachweis hoher Strahlungsdosen zwischen 1,2 bis 4,4 Gray. Da habe ich mich erneut sachkundig gemacht und erfahren, dass bei geringer Strahleneinwirkung unter 0,5 Gray keine direkten Effekte gemessen werden, doch können - stochastisch betrachtet - (siehe unter Wahrscheinlichkeitsrechnung, Vermutung und Ratespiel – kann sein oder auch nicht sein), dass doch schon Schäden am Erbgut (DNA) auftreten könnten, die langfristig eventuell bereits Krebserkrankungen auslösen würden. Absolute Unwahrscheinlichkeit, so fügte der Experte noch hinzu, gelte erst am Würfelbeispiel, indem mit absoluter Sicherheit damit gerechnet werden darf, niemals eine Sieben zu würfeln.

Nuklearmediziner können erfrischend humorig sein. So bleibe nur noch nachzureichen, dass es erst ab einem Gray Ganzkörperdosis zu Blutbildveränderungen aufgrund einer Schädigung des Knochenmarks kommen könne. Ein Gray entspreche einem Siewert. Und die natürliche Exposition von Strahlen in Mitteleuropa betrage pro Jahr 2,4 tausendstel Siewert. Also cool bleiben und durchatmen.

Es gibt ein Zeitungsfoto, das John Wayne mit seinen beiden Söhnen zeigt. John mit einem Geigerzähler in der Hand. Und der Bericht zum Bild sagt aus, dass John Wayne zum aufgeregten Knistern und zum nervösen Ausschlagen des Zeigers lediglich bemerkte, dass es an dieser Stelle eine Erzmine geben müsse. Die Haupttragödie als Gipfel amerikanischer Desinformation: Produzent Howard Hughes wollte für spätere Studioaufnahmen alles besonders „echt" haben, weshalb er den nuklear verseuchten rötlichen Navajo-Sand tonnenweise aus dem Canyon nach Hollywood schaffen ließ.

Von den zweihundertzwanzig Mitarbeitern an diesem Film, der übrigens ein geschäftlicher Misserfolg war, waren nach dreißig Jahren neunzig Personen an Krebs erkrankt und bis zum Jahr 1981 schon sechsundvierzig der Beteiligten verstorben. Der Schauspieler Dick Powell war der erste aus der Crew, der starb. Bereits neun Jahre nach den Dreharbeiten in Utah. Dann Susan Hayward im Jahr 1975. Ein Jahr später Howard Hughes. Und schließlich auch John Wayne, der angesichts seines eigenen Schicksals dennoch der Lügenmaschine das Getriebe ölte, indem er verkünden ließ, dass seine Krankheit dem hohen Zigarettenverbrauch geschuldet sei und nicht der Bombe.

Bezeichnend für Amerika, dass erst ein Hollywoodstar elend sterben musste, um dem Durchschnittsamerikaner bis in die letzten Winkel der Staaten die tödliche Gefahr der Kernspaltung nahezubringen. Das Boulevardmagazin *Star* hatte 1979 die Geschichte enthüllt. Doch der „aufrechte" Wayne – nur noch mit einem Lungenflügel – hatte weiterhin widersprochen und sich lieber mit der Tabakindustrie angelegt.

Wayne war Anhänger des rechtsorientierten Hardliners Barry Goldwater. Wayne hasste Schwarze, hasste Rote, wobei anzunehmen ist, dass sein Hass auf Kommunisten noch stärker war als jener auf die Indianer, die er in seinen Filmen reihenweise in die Ewigen Jagdgründe zu schicken wusste.

Der langen Rede kurzer Sinn: Es hat sich nichts verändert im „Land of the Free".

Ein bissiges Grüß Gott,
Euch scheinheiligen Schreibern
Und auch den Weibern
An der Leine
Verlockend raschelnder Euro-Scheine
Im Dienst euch diktierten Gedankengutes.
Ihr wisst, es ist falsch, und dennoch: Ihr tut es.

Hat es Spaß gemacht, Euch bemerkenswert unsensiblen Wort- und Sinnverdrehern weiblichen und männlichen Geschlechts, in den Frühlingstagen des Jahres 1999 embedded einzutauchen in ein Geschehen, das es Schönzuschreiben und Schönzureden galt?

Als human sollte gelten, was hinterhältig mit ungutem Geld böse eingerührt worden war: ein Staatsgebilde zu zerschlagen, die gesäte Unruhe abwartend zu genießen, dann gegen die unpassend Starken vorzugehen, um das Unmenschliche mit noch Unmenschlicherem zu sühnen.

In mehr als fünfzehntausend Einsätzen flogen erstmalig seit dem Zweiten Weltkrieg wieder Deutsche über Jugoslawien und warfen Bomben. Diesmal im Dienst der von den USA geführten NATO.

„Serbien muss sterbien", sangen schon 1914 kriegslüsterne Deppen in Österreich und Deutschland. Und am Dirigentenpult standen imaginär – na wer wohl? - ebenso wie heutigentags auch wieder die nach wertvollen Rohstoffen hechelnden Großkonzerne der USA, Englands, Frankreichs, Belgiens, Hollands und selbstverständlich Deutschlands.

Was wäre aus Kosovo zu holen? Milliarden Tonnen Kohle, verrieten mir Experten. Außerdem Cadmium, Zink, Blei, Silber und Gold.

Wer es damals gewagt hätte, erhellende Hintergrundinformationen dieser Art ins Gespräch zu bringen, wäre unvermittelt den Leitmedien von Fernsehen und Qualitätspresse zum Fraß vorgeworfen worden.

Einer hatte es gewagt: der bis zu jenem Zeitpunkt Ende des vergangenen Jahrhunderts zu Recht hoch gelobte österreichische Schriftsteller und Bühnenautor Peter Handke. Sein Satz über gewisse Journalisten war den Druckmedien übel aufgestoßen. Sie seien „ein Rädchen in einem bösen Getriebe, das alle Wahrhaftigkeit unter sich begräbt".

Als ihn die *Süddeutsche Zeitung* provokativ fragte: „Wie ist es mit Titos Jugoslawien? Wie weit reichen da Ihre Sympathien?", erinnerte Handke an die Tötung von tausenden Zivilisten, darunter mehrere hundert Schüler, im Oktober 1941 durch die deutsche Wehrmacht im serbischen Kragujevač.

Derlei Erinnerungen passten schlecht ins bundesdeutsche Presseschema, knapp zehn Jahre nach der Wende.

Handke sagte außerdem noch: „Auf der Suche nach einem höheren Maß an Wahrhaftigkeit, über die Schuldzuweisungen hinaus, und das schließt die Politiker ein und all die Experten, die über das zerfallene Jugoslawien reden, kann ich diese

Wahrhaftigkeit nicht finden. Schon im Wort *Balkanexperte* rieche ich die Tendenz und die Ideologie."

Klar, dass Handke zum „Abschuss" freigegeben wurde.

„Österreichischer Märchenonkel" wurde er genannt, mit „manirierter Dummkopf, schlampig und peinlich", wurde er beschimpft; auch „hauptberuflicher Langweiler" kam vor.

Ulrich Gellermann, Betreiber der Internet-Plattform *Rationalgalerie*, schrieb mir zum Thema Jugoslawien: „Ende der 60er Jahre habe ich dreimal herrliche Urlaube in Jugoslawien verbracht. Von einer Nationalitätenspaltung des Landes war nichts zu bemerken. Die willkürliche Zerschlagung einer Vielvölkerhoffnung erfüllt mich heute noch mit Trauer."

Wie die propagandistische Vorbereitung zum völkerrechtswidrigen Kosovokrieg vonstatten ging, ist über www.rationalgalerie.de/besuche-aus-dem-kosovo-krieg.html nachzulesen.

Der damalige Außenminister Joschka Fischer warnte vor „Auschwitz" in Kosovo. Der Verteidigungsminister Scharping behauptete haltungs- und beweislos, schwangeren Frauen wären nach der Ermordung die Bäuche aufgeschlitzt und die Föten gegrillt worden. Die Gräuelpropaganda rund um einen angeblichen „Hufeisenplan", der beinhalten sollte, dass jugoslawische Kräfte planten, das Kosovo ethnisch zu säubern und die gesamte Bevölkerung zu deportieren, wurde von den Medien brav gedruckt und gesendet. Das Oberverwaltungsgericht Münster urteilte später:

„Für ein geheimes Programm oder einen auf serbischer Seite vorhandenen stillschweigenden Konsens, das albanische Volk zu vernichten, zu vertreiben oder sonst in der vorstehend beschriebenen extremen Weise zu verfolgen, liegen keine hinreichend sicheren Anhaltspunkte vor."

Und ein Insider, der Bundeswehrgeneral Heinz Loquai, äußerte: „Ich kann nur sagen, dass der Verteidigungsminister bei dem, was er über den *Hufeisenplan* sagt, nicht die Wahrheit sagt."

Zur Kenntnis der Leserinnen und Leser sei zusätzlich angemerkt, dass es eine vom Westdeutschen Rundfunk (WDR) produzierte Dokumentation gibt, die den unmissverständlichen Titel trägt: *Der Kosovokrieg begann mit einer Lüge.*

Klar, dass sich einige Kriegsbefürworter fanden, die gegen die Wahrheit anzuschreiben versuchten. Der Aufschrei großer Empörung fand ein Echo bei jenen Blättern, die sich überführt sahen. Umsonst. Lüge und Manipulation waren nicht wegzuwischen. Den Film gibt es heute noch: abrufbar im Internet. Ich habe ihn mir soeben noch einmal angesehen. Es lohnt, sich die Zeit zu nehmen. Allein schon, um Verteidigungsminister Scharping lügen zu hören und zu sehen. Weder er noch Außenminister Joschka Fischer hatten sich entschuldigt. Auch die Redakteure der Mehrheitsmedien möchten sich bis heute nicht zu ihrer Kriegspropaganda erklären.

Leid, Flucht und Eskalation in Jugoslawien waren erst Folgen der Bombardierung Belgrads durch Flugzeuge der NATO. Ein Mandat der Vereinten Nationen hat es nicht gegeben. Dennoch war bedenkenlos die Luftwaffe der Bundeswehr dabei. Ein großer Teil der nach dem Zweiten Weltkrieg mühevoll aufgebauten Industrie und Infrastruktur Jugoslawiens war zerstört worden. Darunter waren Krankenhäuser, Schulen, Regierungsgebäude, Brücken und Treibstofflager, Elektrizitätswerke, Wohnhäuser, Wasserwerke, sanitäre Anlagen. Unter den Toten waren auch Pendler in Zügen und Autobussen. Und als Bomben in Belgrad das Gebäude des staatlichen Fernsehens trafen, waren auch Fernsehmitarbeiter unter den Toten und Verletzten.

Siebzehn Jahre danach: Die Arbeitslosigkeit im „befreiten" Kosovo liegt bei 40%. Rund 50.000 Bürger der 1,8 Millionen Einwohner haben das Land in Richtung erhoffter Arbeit verlassen. Ganze Landstriche und Orte sind verödet. Zu den wenigen großen Arbeitgebern gehört das Camp Bondsteel. Es ist der größte Militärstützpunkt des Pentagon mit etwa fünftausend US-Soldaten außerhalb der Vereinigten Staaten von Amerika. Etwa vier Milliarden Euro Wirtschaftshilfe hat die Staatengemeinschaft West der Kosovoregierung von 1999 bis 2011 zukommen lassen. Ein Teil davon floss in den Bau einer teuren und obendrein unnützen Autobahn, die der amerikanische Baukonzern Bechtle realisierte. Nach Angaben von Interpol kommen 40% des in Europa verkauften Heroins aus dem Kosovo. Wie die *Mission der Vereinten Nationen zur Übergangsverwaltung des Kosovo* berichtet, betreiben gut organisierte kriminelle Albanergruppen mehr als einhundert Bordelle in Kosovo, in denen Zwangsprostitution,

Frauenhandel, Geldwäsche und Schleusung von Menschen lukrative Hauptgeschäftsfelder sind. Steuern werden natürlich nicht bezahlt.

1997 - zwei Jahre vor diesem völkerrechtswidrigen Bombenangriff der NATO auf Belgrad unter Beteiligung bundesdeutscher Piloten - entschuldigte sich Deutschlands Bundespräsident Roman Herzog anlässlich seines Besuchs in Spanien offiziell im Namen seines Landes für den Angriff deutscher Kampfbomber der Legion Condor auf die Stadt Guernica am 26. April 1937. Es war der erste Verstoß der deutschen Luftwaffe gegen das Kriegsvölkerrecht nach dem Ersten Weltkrieg. Zweiundsechzig Jahre nach dieser Untat folgte die zweite Verfehlung. In Spanien ging es einst gegen Kommunisten, in Jugoslawien gegen Titos Erben, also ebenfalls irgendwie gegen russlandfreundliches Rot. Nazi-Ideologie auf NATO-Ebene! Wenn das nicht wieder Aufruhr im deutschen Pressewald gegen Zeilen wie diese geben wird.

Auf den Kopf gestellte Wirklichkeit. Wie von Georg Baselitz gemalt. Leider nicht mit dem Hintersinn der Inhaltsleere. Die Billionenverwalter und Vermehrer organisierter Chaos-Operationen am offenen Herzen der Völker, wissen genau, was sie wollen. Auch Baselitz, der in Deutschbaselitz geborene Kamenzer, dürfte inzwischen ein anderes Weltbild haben als einst in der DDR an der Kunsthochschule in Berlin-Weißensee, wo er sich von einseitigen Kunstvorgaben malträtiert fühlte und in den Westen ausreiste.

Worin liegt die „Kunst" der Systemoperateure? Sie liegt in der Fertigkeit, alles so hinzudrehen und hinzuschaukeln, damit es leicht wird, der Welt einzureden, dass der Eingriff zum Erhalt des Weltfriedens so und nicht anders notwendig war, was mich an jenen Feuerwehrmann erinnert, dessen Neigung zum Feuerlegen mit der des Löschens in krankhafter Übereinstimmung stand. Pyromane und Löschheld. Während der zwanghafte Brandstiftungstrieb des nach Anerkennung strebenden Jungfeuerwehrmanns mit einer gehörigen Portion schlechten Gewissens belastet war, konnte bei den Kriegshandwerkern keinerlei kognitive Dissonanz festgestellt werden. Allgemeinverständlicher ausgedrückt: Eine abhanden gekommene Harmonie im Bewusstsein der Staatenlenker West war nicht erkennbar.

Wenn es darum ging, kommunistisch oder auch nur sozialistisch orientierten Regierungen mehr oder weniger zu schaden, waren die Pest- und Cholera-Rufer aus Pentagon und US-Wirtschaft weiterhin einfallsreich führend aktiv. Da wurde keine Gelegenheit ausgelassen. Also nicht wundern, wenn auch ich nichts auslassen möchte, dabei allerdings auf dem Pfad der Wahrheitsfindung bleiben werde und keinerlei krummen Touren folgen, wie dies die Meister der Verfälschung und Verheimlichung bis heute praktizieren.

August 1961: Die Westpresse zeigte sich einhellig empört, weil Ulbricht eine Mauer baute. Auch ich war seinerzeit „not amused", weil ich Berlin als Ganzes liebte, aber bald begriff, dass ein Überleben der DDR nur auf diese Weise möglich war und auch funktioniert hätte, wäre die Altherrenriege kreativ beweglicher gewesen. So wurde mächtig eingedroschen auf das kleine Land. An der Sektorengrenze in der Friedrichstraße standen US-Panzer russischen Panzern gegenüber. Die Welt sprach von einem drohenden Waffenkonflikt. Dennoch wurde, Quader auf Quader, die Abschottung vollendet, weil zwischen der Sowjetunion und den USA in Wien so abgesprochen. Da gab es bereits neuen Ärger. Moskau unterstützte Kuba mit einer Million Dollar täglich, außerdem war das Abenteuer Washingtons, über die Schweinebucht mit Exilkubanern und Pentagon-Waffen die Insel Kuba zurückerobern zu wollen, fehlgeschlagen. Dann entdeckte die US-Luftaufklärung auf der Karibikinsel Mittelstreckenraketen sowjetischer Bauart. Erneut stieg die Weltangst vor einem Atomkrieg, während nahezu unbeachtet im fernen Vietnam eine Menschenrechtskatastrophe eingerührt wurde, die sich für die Weltmacht USA über zehn Jahre hinweg zu einem Albtraum entwickelte und letztendlich zu einem für die USA beschämenden Ende führte. Was blieb davon bis heute hängen? Was wurde zu verdrängen versucht? Und was sollte der Öffentlichkeit im neuen jungen Jahrtausend unbedingt wieder ins „Wertegedächtnis" gedrückt werden?

Dass auch der bereits vor einem halben Jahrhundert erfolgte Einstieg der US-Kriegsmaschinerie in Vietnam auf einem inszenierten Zwischenfall beruhte, ist längst belegt, wenn auch durch die weltweit geführte Glorienkampagne Werbung unter der fleckenfrei ausgekochten Unschuldsfahne *Stars and Stripes* for *freedom and democracy* verfälscht in Umlauf gebracht und verlogen dargestellt, kann inzwischen nur noch als Beleg für die Peinlichkeit inszenierter US-Selbstherrlichkeit gelten.

Vizepräsident Lyndon B. Johnson, der nach John F. Kennedys Ermordung ins Präsidentenamt aufgestiegen war, hatte lediglich von einer kleinen Polizeiaktion gesprochen. Die Soldaten seien lediglich ausersehen, Vietnam Frieden und Demokratie zu bringen, hieß es. Ob dies Verteidigungsminister Robert McNamara vielleicht als eine Möglichkeit erachtete, ist nicht erwiesen. Fest jedoch steht, dass John F. Kennedy ihn einst mit gewissen Zähmungsgedanken hinsichtlich bedenklich kriegslüsterner Generäle in dieses Amt berufen hatte. Er hatte den erfolgreichen Industriemanager und Generaldirektor der Firma Ford regelrecht überreden müssen. Kennedy wollte keinen beamteten Berufspolitiker an der Spitze des Pentagon. Er wollte einen Umgestalter auf diesem Posten, der die Hitzköpfe unter den Militärs zügeln sollte. Bislang hatten die Generäle und Admiräle selbst entschieden, welche Waffen für welche Waffengattung anzuschaffen sind. So entwickelte jeder Armeebereich eigene Flugzeuge und Raketen. Milliarden waren auf diese Weise verschwendet worden. Kennedys Überzeugungskraft muss gewaltig gewesen sein. Immerhin galt es, auf ein Jahresgehalt von 410.000 Dollar zu verzichten und sich mit schäbigen 25.000 $ zu begnügen. Möglich, dass bereits ein später McNamara-Satz eine Rolle spielte: „Ich bin stärker daran interessiert, die Ursachen der Kriege zu beseitigen, als Kriege zu führen."

Dass ein Vertreter seiner Klasse im Amt eines Verteidigungsministers so etwas denken darf, mag sein. Dass ihm die Wirklichkeit das Gegenteil diktierte, zeigt, dass er bereits dieses Amt inne hatte, als Kennedy die Zustimmung zum missglückten Abenteuer in der Schweinebucht zur versuchten Rückeroberung Kubas gab.

Und dann kam es zu diesem von der US-Admiralität bewusst herbeigeführten Vorfall im Golf von Tonkin, vorbereitend inszeniert vom Geheimdienst NSA, mit dem es ein halbes Jahrhundert später das vereinte Deutschland noch ausgiebig zu tun bekommen sollte.

Am 31. Juli 1964 kreuzte das US-Kriegsschiff „Maddox" - ein Zerstörer unter dem Kommando von Kapitän John J. Herrick - frech und kühn in einem Teil des südchinesischen Meeres, und hatte, in gewohntem Übereifer weltumspannender

Allmacht, im nordvietnamesischen Grenzgewässer die international anerkannte Zwölfmeilenzone verletzt, um, wie spätere Untersuchungen ergaben, im Auftrag der bereits erwähnten NSA die Reaktionsfähigkeit nordvietnamesischer Radaranlagen zu überprüfen. Dass diese den Test bestanden, zeigte sich alsbald mit dem Erscheinen von Schnellbooten, worauf Kapitän Herrick in Panik verfiel, zu schießen begann und außerdem noch einen Hilferuf an den Flugzeugträger „Ticonderoga" sandte und um Luftunterstützung bat. Die Nerven der Sonarexperten auf der „Maddox" waren nicht gerade stark, die Angst vor einem Torpedotreffer hingegen schon in den Nächten, wenn die übermüdet lauschenden Sonarüberwacher Signale von Fliegenden Fischen empfingen und diese als sich nähernde Torpedos missdeuteten. So weitete sich die Geschichte am 4. August konzeptmäßig aus, nachdem sich ein zweites US-Kriegsschiff eingefunden hatte, die angeforderte Luftunterstützung erschien und eine der Airforce-Bomben eines der Kanonenenboote der Nordvietnam-Marine traf.

Klar, dass die Druckmedien, Radio- und Fernsehstationen im Schnellverfahren bestens über diesen „dreisten Überfall" auf „hoher See" informiert wurden, die Empörung weltweit großgehalten wurde, sodass der Kongress in Washington bereits am 7. August 1964 dem Präsidenten Lyndon B. Johnson die Generalvollmacht zur Kriegführung gegen Nordvietnam erteilte. Das eigentliche Hauptanliegen der USA – seit dem Jahr 1955 bereits, nachdem die Franzosen nach ihrer Niederlage bei Dien Bien Phu ihre bisherige Schutzmachtaufgaben an die Vereinigten Staaten von Amerika übertragen hatten – war das Ziel der militärischen Hardliner einzig und allein die Ausbreitung des Kommunismus auf Südvietnam zu verhindern.

Als Amerikas Generäle im Februar 1965 die Bombardierung Nordvietnams forderten, war Verteidigungsminister McNamara das letzte Kabinettsmitglied, das zustimmte.

Auf die Gefahr steigenden Blutdrucks, werde ich mir nicht ersparen können, erinnernd vorzuführen, was der Westen ungern hervorgezerrt sehen wird, zumal sich Washington seit 1973 bemüht, unter den dicken Pentagon-Unschuldsteppich zu kehren und dort zu belassen, was das ausgewogen schöne, weltweit beliebte, musikalisch unterlegte Hollywoodbild stören könnte.

Cool off, höre ich mich zeitnah sagen und sehe Jane Fonda vor mir, die in jenen Jahren bei Filmarbeiten in Paris überrascht feststellen musste, dass die Kommunisten, die es unter französischen Intellektuellen vermehrt gab, anders aussahen und überhaupt nicht in das Klischee einzuordnen waren, wie dies in den Staaten von den allmächtigen Medien dargestellt wurde.

Beeinflusst von Simone Signoret und Yves Montand, aber auch von linksorientierten Kolleginnen und Kollegen der beiden, auch von ihrem Mann Roger Vadim, dessen Vater Igor Nikolajewitsch Plemmianikow ein russischer Aristokrat war, wollte sie unbedingt Russland kennenlernen und war nach Moskau gereist.

Die Administration der Vereinigten Staaten von Amerika wird dies gewiss nicht gern gesehen haben, hatte aber inzwischen andere Sorgen. Es galt, die Handlungen Amerikas vor der Welt wieder einmal überzeugend schönzureden, was gar nicht schön war, wenn systematisch eiskalt Bomben auf Zivilisten fielen, die das Pech hatten, ausgerechnet dort zu sein, wo US-Strategen Wege, Straßen und Dörfer im Blick hatten, die dazu dienten, dem Wollen und Wünschen westlicher Interessen frech entgegenzustehen.

Die Nachrichten hoben ausschmückend die notwendige Wichtigkeit ihres Tuns hervor, systematisch strategisch wichtige militärische und wirtschaftliche Ziele zu treffen. Und wieder einmal waren Helden gefragt. Denn wer kannte sie nicht aus zahlreichen Kriegsfilmen, die an den erst vor zwölf Jahren beendeten Korea-Konflikt erinnern sollten. „Jet Pilot" hieß der US-Film aus dem Jahr 1957 mit John Wayne in der Hauptrolle. Der deutsche Filmtitel lautete „Düsenjäger". Korea, ein Land, das genau wie Deutschland nach dem Zweiten Weltkrieg geteilt hervorging. Der koreanische Norden war sowjetisch orientiert, der koreanische Süden amerikanisch. Da Korea vor der Okkupation durch Japan ein eigener Staat war, sollte Korea auch wieder ein eigener Staat werden. Klar, dass sich diesem Wunsch zwei Interessengruppen gegenüberstanden: die des Kapitals und die der marxistisch-leninistischen Vertretung des Volkes.

So hatte es bereits am 13. August 1948 eine Südkoreanische Regierung gegeben und am 9. September eine nordkoreanische, und beide Regierungen hatten nichts Besseres zu tun, als sogleich wortgewaltig zu verkünden, ihre Ansprüche für ganz Korea geltend machen zu wollen, notfalls auch militärisch. Nach dem Motto, wer zuerst kommt, malt zuerst, fühlte sich Nordkorea im Volksinteresse ermächtigt, am 25. Juni 1950 den 38. Breitengrad zu überschreiten und bereits drei Tage darauf die südkoreanische Hauptstadt Seoul einzunehmen.

Schock unter den Amerikanern, die Präsident Truman, ohne Einwilligung der UNO, aus Japan nach Südkorea hatte verlegen lassen. Geishaverwöhnt und nicht zahlreich genug, um eine Gegenwehr zu starten, weil vielleicht auch verstört, da die südkoreanische Bevölkerung die siegreiche Volks armee des Nordens mit Jubel empfangen hatte. Erst als die Genossen des Nordens eine Bodenreform einzuleiten begannen, regte sich unter den Besitzenden Widerstand. Wie Meinungsbildung wirtschaftsorientiert funktioniert, erlebt Europa und das vereinte Deutschland im neuen Jahrtausend an zahlreichen Beispielen.

Fünfzehn Staaten stellten sich auf die Seite der Vereinigten Staaten von Amerika. In New York verurteilte der UNO-Sicherheitsrat per Resolution 82 Nordkorea unter der Zeile „Bruch des Friedens" und autorisierte damit das militärische Eingreifen der USA. Da war die 7. US-Flotte von den Philippinen bereits auf dem Weg Richtung Südkorea. Die fünfzehn Staaten, die sich den USA verpflichtet sahen, stellten lediglich zehn Prozent der Gesamtstärke, die USA neunzig Prozent zur

Unterstützung der südkoreanischen Truppen. Das Kommando hatte Präsident Truman dem siebzig Jahre alten, aber immer noch bedrohlich verlässlichen Douglas MacArthur übertragen. Brigadegeneral im Ersten Weltkrieg, General of the Army im Zweiten Weltkrieg. In Deutschland als Feldmarschall zu verstehen. Gemeinsam mit Admiral Chester W. Niemitz hatte er den Oberbefehl auf dem hart umkämpften pazifischen Kriegsschauplatz und nach Kriegsende den Oberbefehl über die Besatzungstruppen in Japan. Allerdings im Schlepptau finsterer Erinnerung hatte der wackere Mac das sommerliche Geschehen des Jahres 1932, was anzumerken ich für wichtig halte. Da hatte bereits im Januar 1932 ein Protestmarsch stattgefunden. 25.000 Veteranen des Ersten Weltkriegs, Bauern und Landarbeiter mit ihren Frauen und Kindern, inzwischen im Zuge der Großen Depression verarmt, waren nach Washington gezogen, um Boni in Form von Zertifikaten einzufordern, die Ihnen laut Gesetz aus dem Jahre 1924 (World War Adjusted Compensation Act) zustanden, jedoch bislang nicht ausgehändigt wurden. So lagerten die Demonstranten entlang des Anacostia-Flusses in Zelten und notdürftig zusammengezimmerten Hütten, fühlten sich demokratisch gesichert durch dieses alte Gesetz aus dem Jahre 1776, als mit Entstehung der Unabhängigkeitserklärung den Soldaten als Bezahlung ihrer Dienste diese Boni zugesichert wurden, errechnet aus dem Sold des Soldaten und seinem möglichen Verdienst als Zivilist, der ihm während seiner Dienstzeit entgangen war.

Am 15. Juni 1932 beschloss das Repräsentantenhaus die Diskussion um das Wright-Patman-Bonus-Gesetz und den Termin einer vorverlegten Auszahlung zu behandeln und verkündete am 17. Juni, dass der Senat dieses Gesetz mit 62 zu 18 Stimmen abgelehnt habe. Die Veteranen belagerten das Kapitol erneut, verlangten eine Begründung und harrten weiter aus.

Inzwischen hatte die Niederlassung entlang des Flusses den Spottnamen Hooverville erhalten, in Anlehnung an den damals amtierenden 31. Präsidenten Herbert Clark Hoover. Doch mit dem Spott kam dann auch bald die Antwort, datiert mit dem Stempel 28. Juli 1932, dass unverzüglich das Flussgelände zu räumen sei, was noch am selben Tag mit dem Erscheinen von 800 Polizisten bekräftigt wurde. Dass diese „Bekräftigung" ausuferte, war eine Folge der langen Wartezeit und der großen Enttäuschung unter den Veteranen und mit achthundert Polizisten offenbar nicht einzudämmen, weshalb dringend Verstärkung angefordert wurde, womit wieder MacArthur ins Spiel kommt, der das 12. Infanterie- und das 8. Kavallerie-Regiment in die Hauptstadt beorderte und zur Unterstützung gleich noch sechs Panzer unter Befehl von Major George S. Patton dazu. Die Veteranen waren unbewaffnet. Vielleicht bedienten sich die zornigen Frauen ihrer Bratpfannen und die Männer ihrer Fäuste.

Jedenfalls wurde Tränengas eingesetzt und einiges mehr, weshalb es vier Tote und über eintausend Schwerverletzte gab.

Als Hoover von diesem Ergebnis erfuhr, gab er die Anweisung, die Aktion sofort abzubrechen. MacArthur jedoch – der Mann fürs Grobe und Perfekte – ließ erneut angreifen, was ihm später vorgeworfen wurde, er aber sofort mit dem nur schwer zu widerlegenden Satz entkräftete, dass den Sturz der Regierung zu verhindern, wohl stets Vorrang haben müsse.

Wie zu erkennen, gab es damals bereits dieses einseitige Demokratieverständnis und mit Mac-Arthur diesen erbarmungslos verlässlich zuschlagenden „Freund" der Arbeiter und Bauern, und demnach achtzehn Jahre später in Korea genau den richtigen Mann für diesen Job.

Also drängten unter MacArthurs Oberkommando die aufgestockte US-Army mit Soldaten aus fünfzehn UNO-Staaten und den Truppen Südkoreas die Nordkoreaner wieder über den 38. Breitengrad zurück bis hinauf in den Norden an die chinesische Grenze, was dann weder den Russen und erst recht nicht den Chinesen gefiel, weshalb sich das Kampfbild schnell wieder änderte. Sowjetische Piloten in chinesischen Uniformen unter nordkoreanischen Hoheitszeichen flogen in MIG-15-Maschinen Angriffe gegen amerikanische Jäger. Da dauerte es nicht lang und MacArthurs Truppen waren wieder zurück, wo sich am 38. Breitengrad die Front verfestigte und am 27. Juli 1953 zu einem Waffenstillstand führte.

Von diesem Krieg war im Gedächtnis der Deutschen nur Marilyn Monroe hängen geblieben, die im Februar 1954, frisch verheiratet mit Joe di Maggio, dem US-Baseballstar, die Flitterwochenreise nach Japan unterbrach und nach Korea flog, um dort, in einer von der Werbung weltweit hochgespielten „Wirbelwind-Tour" an vier Tagen zehn musikalische Auftritte zu bestreiten. Der Krieg war seit sieben Monaten vorbei, doch die Presse versäumte in keinem der Artikel die Frontnähe und die Gefährlichkeit zu erwähnen. Dabei waren weitaus gefährlicher die kalte Februarluft und eine Temperatur von zwei bis drei Grad unter Null und das dünne Kleid, das Marilyn trug, was die Soldaten mehr bewegte als Marilyns Gesang.

Acht Jahre später, in der Nacht vom 4. zum 5. August 1962 war Marilyn tot. Die leichte Lungenentzündung als Folge ihrer Truppenbetreuung hatte sie überstanden, die Ehe mit dem Schriftsteller und Dramatiker Arthur Miller, die vielen anstrengenden Hauptrollen ihrer Filmerfolge, ebenso die stressige Zusammenarbeit mit dem ihr gegenüber überheblich strengen englischen Regisseur und Schauspieler Laurence Olivier in dessen Film „Der Prinz und die Tänzerin", und schließlich die ungesunden Kontakte mit John F. Kennedy und dessen Bruder Robert, Auslöser ihres geheimnisvollen, tragischen Todes.

Jetzt waren es andere Filmgrößen, die ins gerade aktuelle Kriegsgebiet reisten, das heute noch Vietnam heißt und in den sechziger Jahren auf weitaus grausamere Art verstümmelt wurde, was den Filmstars aus dem „goldenen Westen" offenbar nichts ausmachte. Busenwunder Jayne Mansfield und Raquel Welsh kamen. Nancy Sinatra und Sammy Davis junior gaben Konzerte.

Und klar, dass Kommunistenhasser John Wayne ebenfalls angeflogen kam.

Jane Fonda in Paris sah die Tragödie aus Sicht einer jungen Mutter. Sie hatte ihr erstes Kind, wusste vom Krieg der Franzosen in Vietnam, der bereits zehn Jahre tobte, als schließlich die USA so verrückt war, in diesen Dschungelkrieg einzusteigen, aber allmählich zu begreifen schien, dass dieser Krieg verloren gehen könnte. Dass die Stimmen der Vernunft in Europa dominierten, während die Presse und Fernsehsender in den USA konzerndirigiert so operierten, wie wir es inzwischen auch zu erleben haben im vereinten Deutschland des jungen Jahrhunderts, ließ Jane Fonda immer deutlicher das Unrecht erkennen, das sich Washington auf den Rücken lud.

Am 6. November 1965 trug Leutnant Henry Howe auf einer Antikriegsdemonstration ein Transparent mit der Aufschrift *End Johnson´s Fascist Aggression in Vietnam!* - Beendet die faschistische Aggression von Präsident Johnson in Vietnam. Howe war der erste US-Soldat, der sich auf diese Weise öffentlich geäußert hatte. Die Antwort eines Militärgerichts darauf: Fünf Jahren Zwangsarbeit! Dennoch wurden es immer mehr, die diesem Beispiel folgten und inhaftiert wurden, was wiederum die Friedensbewegung in den Vereinigten Staaten beflügelte.

Der Französin Simone Signoret war zum Beispiel allein aus ideologischen Gründen die Einreise in die USA verweigert worden. Der Amerikanerin Jane Fonda konnte die Rückreise in die Staaten nicht verwehrt werden, obschon dies aus Sicht des Federal Bureau of Investigation (FBI) und speziell seines Chefs J. Edgar Hoover nur zu gern inszeniert worden wäre, nachdem Jane Fonda sich für die Rechte der Indianer einzusetzen begann und für die Black-Panther-Bewegung Partei ergriff. Den unglaublich finster und gleichzeitig dumm inszenierten Mord an Präsident John F. Kennedy, einschließlich der leicht durchschaubaren Vertuschungsoperationen für geistig Minderbemittelte, der Öffentlichkeit einzureden, dass dies das Schießkunststück eines Einzeltäters war, muss Jane Fonda zusätzlich in Rage gebracht haben. Auch dürfte ihr das „Free Speech Movement" der kalifornischen Studentenbewegung nicht entgangen sein, als bereits 1964 an der Universität Berkeley der Kampf für Meinungsfreiheit zu einem Zusammenschluss loser Studentengruppen führte. Dann die erneute Bombardierung Nordvietnams. Einen Hauch von Sympathie dürfte sie für Verteidigungsminister McNamara empfunden haben, als dieser am 29. November 1967 unvermittelt seinen Rücktritt erklärte, Jane Fonda aber zu diesem Zeitpunkt noch nicht die Hintergründe gekannt haben dürfte.

Das Mobbing gegen McNamara begann, als es diesen Begriff umgangssprachlich in Europa noch nicht gab. Der schwedische Arzt Peter-Paul Heinemann hatte den Ausdruck erst im Jahr 1969 für einen Vorgang geprägt, der sich mir schon dreißig Jahre zuvor in der Realschule zeigte, wenn Schülergruppen einen Mitschüler zu schikanieren begannen, nur weil dieser etwas anders aussah, bessere Noten hatte und sich von der Norm abweichend verhielt.

Bei Robert McNamara war es offensichtlich das Gewissen und sein ziviler Verstand, die im Doppel gegen Präsident Johnson zu rebellieren begannen, der wiederum unter Druck der Hardliner-Generäle stand. „Keine Verminung des Hafens von Haiphong", hatte McNamara verfügt. „Und unverzüglich Schluss mit der Bombardierung von Hanoi und anderen zivilen Einrichtungen. Einfrieren der Truppenstärke und den Kampf allein den südvietnamesischen Truppen überlassen."

„Nein", sagte Johnson, der noch den Zorn der kampfgeilen Generäle im Ohr hatte, dass es wohl nicht anginge, von einem Oberbeamten gegängelt zu werden, der, vom Militär geduldet, anstatt das Pentagon zu verwalten, sich vermessen erlaubte, den Generälen die Führung zu entwinden. Und zu den inzwischen fünfzehntausend toten amerikanischen Soldaten seit Beginn des US-Krieges gegen Vietnam, bekam Johnson noch den folgenden Satz zu hören: „Wenn Fragen der Taktik und Entscheidungen zu kriegerischen Verfahrensweisen von hilflosen Amateuren entschieden werden, sind Menschenopfer unvermeidlich."

Zu diesem Zeitpunkt war bereits in der *New York Times* zu lesen, dass in den Augen der Generäle McNamara gleich hinter Ho Tschi-minh stehe.

Derart massiv von den vier- und fünfsternigen Militärfalken unter Druck gesetzt, die zusätzlich mit dem Rücktritt der militärischen Führung drohten, arrangierte Johnson für seinen Verteidigungsminister den Posten des Präsidenten der Weltbank.

À la bonne heure, wird Jane Fonda nicht gedacht haben. Eher, bon jour, tristesse. Und diese Traurigkeit trat auch nach McNamaras Abgang unverzüglich ein. Zu allem Überfluss forderten die beiden Fünfsterne-Ex-Generäle Eisenhower und Bradley eine Aufstockung der Truppen in Vietnam um weitere 100.000 Soldaten. McNamaras Satz, „wir können Hanoi nicht an den Verhandlungstisch bomben", war vergessen. Also gingen die Bombardements von neuem los. Der militärisch-industrielle Bereich – in Zeiten US-amerikanischer Kriege stets die höchste Macht im Staate – hatte wieder das Sagen. Ebenso das Sprichwort „More danger - more honor" - im kriegerischen Deutschland gebräuchlich unter „viel Feind, viel Ehr". Und so wurde über Nordvietnam auf alles geschossen, was sich bewegte. Und wenn es immer noch einige Dschungelgebiete gab, die einen freien Blick aus der Luft verwehrten, wurden die Agent-Orange-Experten erneut geordert, die gern und unverzüglich mit ihren Hubschraubern angeknattert kamen, um ihr konzentriert hochgiftiges Entlaubungspulver hinabschneien zu lassen, das der Wind gelegentlich auch zu unschuldigen Dorfhütten trug, um den Kindern in Nordvietnam auch etwas von Bing Crosbys „Let it snow, let it snow" zukommen zu lassen.

Das Ansehen Amerikas in der Welt begann zu sinken. Die moralische Makellosigkeit, so sie je bestanden haben soll im Land der unbegrenzten Freiheit, wurde in intellektuellen Kreisen angezweifelt. In Paris meldete sich Charles de Gaulle zu Wort. Auch er begann zu zweifeln – man höre und staune: an der NATO. Dem Bündnis völlig Adieu zu sagen, verkniff er sich, enthielt sich aber der Einfügung in eine übergeordnete Kommandostruktur. Bereits im Jahr 1944 vermochte er den Amerikanern wenig abzugewinnen, sagte, sie seien arrogant und er, Charles de Gaulle, sei zu arm, um sich zu beugen. Als Paris und viele Franzosen im Jahr 1968 Gefallen am Kommunismus fanden, stellte de Gaulle sich dagegen, reiste aber dennoch ein Jahr später nach Moskau.

In den USA begann das Wahljahr 1968, und in Hanoi hockten inzwischen bereits mehrere US-Piloten in Angst, dass ihnen beim nächsten Airforce-Angriff womöglich einige der Explosivgrüße aus der Heimat auf den Kopf fallen könnten. Von zielsicheren Abwehrgeschossen waren die „Totmacher im Dienst des Kapitals" vom Himmel geholt worden. Ups, war da die Überraschung groß, dass die dummen Landeier so etwas können.

Im Jahr zuvor wollten neugierige Dokumentaristen aus Deutschland hören, was Piloten so denken, wenn sie mit einem Fingerdruck Wohnstätten und Menschen in glimmende Aschehaufen verwandeln.

Dass diese wissbegierigen Filmleute nicht aus der Bonner Republik kamen, dürfte wohl einleuchten. Dokumentaristen aus der DDR waren es, die von Berlin-Schönefeld nach Hanoi flogen, um dort die US-Piloten zu befragen und sie dabei zu filmen. „Piloten im Pyjama" hieß die mehrteilige Fernseharbeit, Walter Heynowski und Gerhard Scheumann hießen die Macher. Ihr Kürzel H&S galt über Jahre als Gütesiegel spannender Dokumentation. Mit von der Partie war der Kameramann Hans-Eberhard Leupold, der Fotograf Thomas Billhardt und außerdem noch der dreißig Jahre junge Folksänger Perry Friedman, der vierundzwanzigjährig aus Kanada emigriert war und an der Musikhochschule Hanns Eisler studieren durfte.

Der von Pete Seeger beeinflusste Musiker war nicht mitgekommen, um den Piloten im Pyjama Schlaflieder vorzusingen, sondern lediglich als Dolmetscher den Fliegern in vertrauter Sprache klarzumachen, dass es mit diesen Aufnahmen möglich sein würde, den Eltern oder Ehefrauen ein Lebenszeichen zu geben, weil dies weltweit ausgestrahlt werden wird. Ich erinnere mich, die vier Teile gesehen zu haben. *Yes, Sir! - Hilton Hanoi - Der Job – Die Donnergötter.* In meinen Tagebüchern fand ich die Titel und konnte über Google feststellen, dass es die Folgen zu kaufen gibt. Und klar, dass ich aus dem Jahr 1999 nichts Gutes über die beiden Dokumentaristen zu lesen fand.

Das *rororo-Lexikon, Regisseure und Kameraleute* vermerkt: *Damals für ihre analytische Schärfe und ihr politisches Engagement gelobt, werden Heynowski und Scheumann aus heutiger Sicht Polemik, grobe Agitation und Ideologie vorgeworfen,* schreibt die *DEFA-Stiftung. Auch die Arbeitsmethoden waren umstritten. Bei der Herstellung ihrer Filme verstoßen sie wiederholt gegen die Minimalregeln dokumentarischer Ethik, indem sie zum Beispiel ihre Identität verschleiern oder den Interviewpartner alkoholisieren.*

Bis auf den Alkoholvorwurf, passt dies wie maß-geschneidert auf die Praktik gegenwärtiger Nachrichtensendungen Öffentlich rechtlicher Rundfunkanstalten, wenn es um das Thema Schuldzuweisung geht. Da gilt immer noch die wertende Gegenüberstellung: Washington gut - Moskau böse. Nachzulesen auf dem Internet-Portal RATIONALGALERIE unter den Beiträgen der Herren Klinkhammer und Bräutigam, die sich dem Aufspüren von verfeinerten Agitationskniffen, Propagandaschüben bis hin zur derben Wahrheitsverdrehung widmen.

Inzwischen Eingaben über Eingaben und bereits über einhundert TV-Beschwerden zur aufdringlich übermütig einseitigen Situationsbetrachtung. Erstaunlich, wie die TV-Redaktionen und Rundfunkräte das über die Jahre aushalten. Eine Peinlichkeit jagt die andere, doch die Surfer zwischen Vermutung und kapitalorientierter Deutung werfen sich immer wieder kritikresistent ins Flachwasser ihrer Verunreinigung.

Kritikresistent zeigte sich auch lange Zeit Präsident Lyndon B. Johnson, obschon ihn bereits im Vorjahr 1967 Blutdruckschwankungen zu schaffen machten. Kein Wunder: Kalter Krieg – heiße Sommer. Studenten auf den Straßen, dunkelbraune bis schwarzbraune Menschen im Anmarsch auf Washington in derart hoher Beteiligung, weshalb sogar die Nationalgarde anrücken musste. Was das alles kosten wird, stöhnten die Verwalter des Staatshaushalts.

Mit 1,3 Milliarden Dollar hatte das Abenteuer Vietnam begonnen, 1967 waren es bereits 26

Milliarden. Inzwischen, im Frühling 1968, ratterten die Rechner und spuckten neue Unkostenzahlen aufs Papier, die vorausschauend sich der 30-Milliardengrenze näherten. Der USA einstiger Stolz: die Goldfestung Fort Knox, von Spaß-machern als Fort Nix verunglimpft, litt schon lange an Auszehrung. Da wälzten sich neue Proteste aufs Weiße Haus zu, und es war noch nicht einmal Sommer.

Die strahlende Zuversicht, die der Texaner Johnson immer vor sich hergetragen hatte, war erloschen. Parteifreunde der Demokraten aus siebenundzwanzig Bundesstaaten hatten in einem Brief dem Weißen Haus empfohlen, Johnson möge im Interesse Amerikas auf eine Bewerbung zur Wiederwahl verzichten.

Auch ich hätte ihn dazu gedrängt – sogar reimend und dabei sein Lieblingskürzel verwendend.

Hier hole ich dies gerne nach, post mortem für den Expräsidenten. Gerne würde ich auch „Post bellum" schreiben. Für die USA leider nicht zutreffend, weil bellum – der Krieg - sich für ein Weltmachtstreben nach Art des gegenwärtigen „Hauses Washington D.C." als systemrelevant erwiesen hat. Und so möge der Reim immer noch gelten.

LBJ, LBJ,
Leave this godforsaken way.
Warum weiter dich gefährden?
Hast ja noch die Rinderherden.
LBJ, LBJ,
Take a break and pray.

Im Januar hatte die Ted-Offensive nordvietname-sische Truppen in bedrohliche Nähe zur südviet-namesischen Hauptstadt Saigon getragen. Der neue Verteidigungsminister Clark Clifford rotierte, CIA-Direktor Richard Helms, Generalsstabschef Earle Wheeler, Außenminister Dean Rusk schlossen sich dem Panikreigen an; denn Oberbefehlshaber William C. Westmoreland an der Vietcong-Sandalen- und Reisbeutelfront, die den hochspezialisierten US-Truppen das Fürch-ten lehrte, forderte mindestens 100.000 neue Soldaten, mehr Flugzeuge und Hubschrauber. Die US-Zeitungen spotteten, dass der als Falke herbeigeholte Nachfolger McNamaras offenbar auch schon mit dem Taubenschlag liebäugele. Und am 31. März dann, im Fernsehen zur günstigen Sendezeit um 9 Uhr abends, Johnsons Rede, wie sie ihm von der Runde aufgedrückt worden war. Doch gegen Ende, womit er überraschte, folgten die einhundertund-fünfundsiebzig Worte, die unmissverständlich ausdrückten, dass er, LBJ, im Interesse des Weltfriedens und der nationalen Einheit nicht mehr für eine neue Amtsperiode zur Verfügung stehen werde.

Also das mit der nationalen Einheit würde so schnell nicht mehr zu reparieren sein, wie sich bereits vier Tage darauf verstärkt herausstellte. Memphis, Tennessee, 4. April 1968, 18 Uhr 01 Ortszeit: *Martin Luther King auf dem Balkon des Lorrain Motels erschossen.* So lautete der Text, der um die Welt ging. Und wie zu erwarten, kam es in über hundert Städten zu Krawallen. 39 Menschen kamen ums Leben, 2000 wurden verletzt, 10.000 Personen wurden arretiert.

Und zwei Monate später war auch Robert F. Kennedy tot, der, wie es am starken Zuspruch seiner Vorwahlauftritte auszurechnen war, alle Chancen gehabt hätte, der nächste Präsident zu werden.

So wurde es Richard Nixon, seit Januar 1969 der neue Chef im Oval-Office, der so neu nicht war. Als Vize-Präsident hatte er bereits acht Jahre lang Dwight D. Eisenhower dienen dürfen. Von 1953 bis 1961. Zweimal vertrat er Eisenhower, der wegen eines Herzanfalls unpässlich war. Beide Auftritte gestalteten sich spektakulär. An das Zusammentreffen Nixons mit Chruschtschow anlässlich einer Industriemesse in Moskau im Jahre 1959 kann ich mich noch gut erinnern. Die USA waren dort mit modernen Küchengeräten vertreten, und die Debatte der beiden zum Thema Kommunismus und Kapitalismus schlug Wellen in der Westpresse. Ein Foto steht mir vor Augen, das den Augenblick erfasste, als Richard Nixon mit ausgestrecktem Zeigefinger Nikita Sergejewitsch Chruschtschow respektlos gegen die Brust tippte. Dann der zweite Auftritt in Südamerika, als Nixon im Tomatenhagel bewusst wurde, dass der Kapitalismus nicht überall willkommen ist. Nun saß er in Washingtons Edelgelass und hatte, um dies weniger edel auszudrücken, als Erbe den Vietnamkrieg aufgeklatscht bekommen.

Dass er außerdem noch Henry Kissinger als Erblast mit aufgeschnallt erhielt, hinterließ eine für ihn mehr als peinliche Blutspur, für die es sogar einen phonetischen Beleg gibt, dessen aufgezeichneter Mitschnitt von jedermann nachzulesen ist, aber für die Verantwortlichen bislang ohne gerichtliche Konsequenzen blieb.

Nixon: „Wir sollten die Deiche bombardieren."

Kissinger: „Dann würden zweihunderttausend Menschen ertrinken."

Nixon: „Ach so. Dann lieber die Atombombe."

Kissinger: „Also, ich denke, das wäre zu viel."

Nixon: Beunruhigt Sie das?"

Kissinger (unverständliches Brummen)

Nixon: „Herrgott, Henry, Sie sollten im großen Stil denken."

Da wäre man fast geneigt, Kissinger zu loben. Zu dumm nur, dass inzwischen das finstere Gesamtpaket seiner Machenschaften öffentlich geworden ist, weshalb es keinem verübelt werden kann, ihn fortan als Unsicherheitsberater zu bezeichnen.

Der beschämend unredlich eingerührte Krieg gegen Nordvietnam zeigte redliche Ergebnisse einer für die USA verdienten Niederlage, was ebenso für die Unruhe in der US-Armee galt – ein peinliches Novum für die Pentagonhengste in ihren klimatisch angenehm geregelten Büros; denn nahezu die Hälfte der in Vietnam eingesetzten Truppen begann gegen den teuflischen Dschungelkrieg zu meutern. Viele Soldaten desertierten, einige suchten Schutz in der DDR. Dean Reed, als Schauspieler, Drehbuchautor, Sänger und Regisseur beim Fernsehen in Berlin-Adlershof und in Babelsberg beim Film freischaffend tätig und von der Politik dankbar aufgenommen, hatte in den Vereinigten Staaten, anlässlich eines öffentlichen Protestes, die Staatsflagge der USA gewaschen und war demnach dort in Ungnade gefallen. Gegen James W. Pulley – ehemals G.I. und für Vietnam vorgesehen - stand ich im Boxring für ein scherzhaftes Musikbild, das ich für die TV-Serie „Mit Lutz und Liebe" geschrieben hatte. Und Dean Reed durfte ich in der von mir moderierten TV-Sonnabendreihe „Spiel mir eine alte Melodie" präsentieren.

Im Monat März 1970 war Richard Nixon der Empfehlung Kissingers gefolgt und verfügte, den Krieg auf die kommunistisch regierten, aber neutral gebliebenen Nachbarländer Kambodscha und Laos auszuweiten. Daraufhin kam es zur bislang größten Antikriegsdemonstration in den USA. An der Kent-State-University wurden am 4. Mai 1970 vier Studenten erschossen. Die Nationalgarde war erschienen und hatte das erledigt.

Das brutale Vorgehen der amerikanischen Militärjustiz gegen erste Proteste Einzelner, vermochte nicht aufzuhalten, dass es immer mehr wurden, die sich auflehnten.

Als ich auf einem Foto über dem Eingang zu einem Militärgefängnis folgenden Text in Großbuchstaben las, musste ich an Buchenwald denken. Am KZ-Tor ist heute noch das infam verlogene „Arbeit macht frei" zu lesen. Über dem Eingang zum US-Gefängnis Fort Dix stand:

OBEDIENCE TO THE LAW IS FREEDOM

Gehorsam gegenüber dem Gesetz ist Freiheit

Die Kriegsverweigerung griff dennoch um sich. Das Pentagon sah sich genötigt, unter dem Siegel strengster Verschwiegenheit, eine Untersuchungskommission zu bilden, die mit einem beängstigenden Ergebnis die Militärs erblassen ließ: „Über die Hälfte der in Vietnam kämpfenden Soldaten sind gegen den Krieg, 44% der Truppe sind Heroinsüchtig, 20% sind anderen Drogen verfallen." Folgender Spruch von Bertolt Brecht, des in Ostberlin verstorbenen Dramatikers, machte die Runde:

General, man is very useful.
He can fly and he can kill.
But he has one defect: He can think.

General, ein Mann ist sehr zu gebrauchen.
Er kann fliegen, und er kann töten.
Aber er hat einen Fehler: Er kann denken.

Aus dem offiziellen Militär-Werbespruch
Spaß – Reisen - Abenteuer
Fun – Travel - Adventure
FTA

war inzwischen „Fuck the Army" geworden.
Scheiß auf die Armee, war nicht gerade das, was die Auftraggeber der Untersuchung hören wollten. Erst recht nicht den flapsigen Satz: „Wir werden von Leuten kommandiert, die schon nüchtern einen an der Klatsche haben."
Auch Henry Kissinger hatte mit Nixon einiges auszuhalten, der eines Tages sagte: „Listen, Henry, I´ll tell you, who our enemy is and don´t forget it - never: Die Presse ist der Feind, das Estab-

lishment ist der Feind, die Professoren sind der Feind! Die Professoren! Schreib das hundertmal auf die Tafel. Und vergiss es nicht – niemals!"
Nixons Satz „Wir besiegen Vietnam an einem Nachmittag", hatte inzwischen der folgenden verfeinerten Änderung weichen müssen: „Wir werden in Vietnam nicht besiegt."
Kissinger antwortete: „Den Krieg mit mehr Würde zu verlieren, wird jetzt unsere vordringliche Aufgabe sein."
Was Nixon darunter verstand, ist wörtlich dokumentiert, weil am 14. Dezember 1972 der Stabschef des Weißen Hauses, General Alexander Haig dabei war. „Wir werden sie bombardieren", sagte der 37. Präsident der Vereinigten Staaten von Amerika, und er sagte es mit lustvollem Verlangen. „Wir werden sie bombardieren. Über Weihnachten wird so richtig was los sein."
Schon vier Tage später war es so weit. Gewaltige Luftschläge, ausgeführt von B-52-Bombern, erschütterten die Städte Hanoi und Haiphong.
Ach ja, dieser brave Heinz aus Fürth, der mit seinen Eltern noch rechtzeitig vor Hitler hatte flüchten können und im Land unbegrenzter Freiheiten als Henry K. seltsam formatiert worden war, eingebunden in ein System, das ihn, den Begabten und Willigen zum dienstbaren Geist machte, der mit mephistophelischem Geschick sich Personen und Gruppierungen zu bedienen wusste und so zum verführten Verführer aufsteigen konnte und es perfide perfekt verstand - in gerade tückischer

Vollendung, um es deutsch zu sagen – andere zu Schurken der Ausführung zu machen.

Unsicherheitsberater nannte ich ihn schon. Auch als Ideenschöpfer und akrobatischen Formulierer bezeichnete ich ihn bereits, als er etwas Fürchterliches mit noch Fürchterlicherem zu vollenden, mit dem Prädikat Würde versah.

Dieses „würdevolle Unternehmen" bezahlten im neutralen Nachbarstaat Kambodscha 600.000 Zivilisten mit ihrem Leben. Und im ebenso neutralen Laos mussten 360.000 Zivilisten sterben.

Für das „Bombastically Christmasbombard" auf Hanoi und Haiphong und Umgebung, das sich vom 18. bis 29. Dezember 1972 erstreckte, wurden nahezu dreimal mehr Bomben auf den Weg gebracht als für das gesamte Vietnam-Unternehmen zuvor. 207 vierstrahlige B-52-Bomber und 2000 taktische Flugzeuge waren an diesem Teufelswerk beteiligt. 741 Einsätze waren befohlen, 729 wurden ausgeführt.

Doch da hatte Henry K. schon wieder eine neue Aufgabe ins Auge gefasst. Schließlich hatte ihn Richard Nixon, sein Objekt der Nützlichkeit, zum Jahr 1973 als Außenminister vorgesehen. Mephis, der Zerstörer, und Tophel, der Lügner, hatten ein neues Betätigungsfeld gefunden, was er unter Nutzung der Schmutztruppe CIA in Angriff zu nehmen gedachte: Chile. Und als nächstes Projekt hatte er sich bereits Kuba ausgeguckt, wie überhaupt alles zu vernichten galt, was den Ideen von Karl Marx anhing.

Viel wird er noch zu tun bekommen, wenn erst Nixon, der faustische Tölpel, über die Watergate-

Affäre stolpern wird, und er, der gewitzte Henry aus Fürth, seinem nächsten Objekt der Verfügbarkeit wird „dienen" dürfen: dem 38. Präsidenten der USA, Gerald Ford. Unter dieser neuen US-Führung authorisierte Außenminister Kissinger die völkerrechtswidrige Invasion Indonesiens in Ost-Timor (1975-76) bei der 60.000 Menschen ermordet wurden.

Und was ist mit dem Friedensnobelpreis, der dem Meister des Unfriedens bereits am 16. Oktober 1973 verliehen wurde?

Was soll damit sein? Le Duc Tho und Henry, der Friedensengel mit Hörnern, hatten den Preis für die Herbeiführung eines Waffenstillstands in einem Krieg bekommen, der noch nicht beendet war. Aus diesem Grund hatte Le Duc Tho – Mitglied des Politbüros der kommunistischen Partei Nordvietnams die Auszeichnung gar nicht erst angenommen, weil er ja noch Saigon einnehmen und die Amerikaner aus Vietnam hinauswerfen wollte. Während Henry, Freund des Kapitals und Feind aller friedliebenden Menschen, nach dem Fall Saigons und dem überhasteten Abflug der US-Teilnehmer aus Vietnam, Diplom und Medaille an das Nobelpreiskomitee in Oslo zurückschickte, mit der Bitte um Angabe der Kontonummer des Amtes für die Rücksendung des Preisgeldes.

Auf diese Anfrage soll bis zum heutigen Tag keine Antwort erfolgt sein.

Henry Kissinger sitzt heute noch in verschiedenen Thinktanks, so zum Beispiel im auserlesen anrüchigen Defence Policy Board unter Führung von Richard Perle, dem Architekten des Irak-

Krieges, der als informeller Berater amerikanischer Waffengänge regelmäßig alle vier bis sechs Wochen mit George W. Bush zusammentraf, um über aktuelle und künftige Destabilisierungen lohnender Interventionsobjekte Überlegungen anzustellen.

Die rührige Jane Fonda hatte sich mit ihrer Visite in Nordvietnam keine Freunde in Washington geschaffen. Fotos, auf denen sie mit Stahlhelm auf dem Kopf zu sehen ist, umgeben von Soldaten Nordvietnams, hinter einem Geschütz sitzend, mit dem tief fliegende US-Air-Force-Maschinen abgeschossen wurden, hatten ihr den Beinamen „Hanoi-Jane" eingebracht. Ungeachtet dieses Pressesturms, blieb sie ihrem Engagement gegen den Vietnamkrieg treu, fand in David Sutherland, dem zur Weltberühmtheit aufgestiegenen Filmschauspieler aus Kanada, einen Mitstreiter, drehte mit ihm gemeinsam FTA (Fuck the Army), der ihre Agitationstour zu Standorten der US-Army rund um die Welt dokumentierte.

7,8 Millionen Bomben fielen auf Nordvietnam, Napalm verbrannte unschuldige Frauen, Kinder, alte Männer, und schließlich das Entsetzlichste, das einem Land zugefügt werden kann: das Besprühen gesunder Wälder und Felder mit einem Giftkonglomerat, das in seiner Konzentration fünfzigmal stärker war als zu einer handelsüblichen Unkrautvernichtung erforderlich.

All diesen Begebenheiten Raum zu geben, war mir wichtig. Reichlich Platz einem Geschehen einzuräumen, das ich „Die amerikanische Krankheit" nenne, die längst Europa infiziert hat.

Was wir Europäer und vor allem wir Deutschen wissen sollten, zumal wir gegenwärtig, US-wirtschaftlich bedrängt, einer Freihandelszone zustimmen sollen, mit der auf uns verstärkt eine Giftwelle zurollen könnte, die uns bereits mit Glyphosat erreicht hat.

Das im Vietnamkrieg in überhöhter Konzentration von der US-Armee verwendete Entlaubungsgift mit Spätfolgen an Mensch und Natur, stammte aus Tochterfirmen des noch heute existierenden Gemeinschaftsunternehmens von *Monsanto* und der *Bayer AG.* Erst als die US-Firmen *Dow Chemical* und *Mobay* dem enormen Bedarf nicht mehr nachkommen konnten, war die deutsche Firma Boehringer Ingelheim bereit auszuhelfen.

Etwa eine Million Vietnamesen litten noch im Jahr 2002 an Spätfolgen dieses Entlaubungsgifts, das die Militärs AGENT ORANGE nannten, nach dem orangefarbenen Streifen auf jedem der Fässer. Die Bezeichnung „Agent" stand in diesem Fall für „Mittel", ein verbrecherisches Mittel, das Kinder in der dritten Generation immer noch missgebildet auf die Welt kommen lässt.

Während die Herstellerfirmen sich erst nach gerichtlichen Auseinandersetzungen bereit erklärten, ehemalige US-Soldaten mit nachweisbaren Nachfolgeleiden finanziell zu entschädigen, gingen die zivilen Giftopfer in Vietnam bis zum heutigen Tag leer aus. Die abgewiesene Sammelklage und die juristisch spitzfindige Begründung aus dem Jahr 2005, sollte uns im Hinblick der angestrebten Freihandelszone eine Warnung sein. Der Richterspruch lautete: „Da der Einsatz von

Agent Orange keine chemische Kriegsführung war, hat es deshalb keinen Verstoß gegen internationales Recht gegeben."

So einfach geht Stark gegen Schwach, wenn das Syndikat das Sagen hat.

Aber die Erkenntnis, dass auch die Schwachen zu Starkem befähigt sind, sollte uns die Zeit für diesen mehrseitigen Beitrag wert gewesen sein.

Dem Syndikat ins Gewissen geredet

Zur Vermeidung gibt es Wege.
Es gibt auch Stege
abseits von Axt, Sense und Säge.
Es gibt sogar Pfade zum Verstehen.
Ihr wollt sie nicht gehen?
Die Welt sagt: Schade.
Ihr geht sie nicht, ihr traut euch nicht
auf die einladend breite, unendlich weite
Tartbahn zur Startbahn gesunder Entscheidung?
Ihr bleibt auf dem Weg
kranker Wahrheitsvermeidung?
Das Volk wird euch fragen:
Seid ihr geistig malade?
Was werdet ihr sagen,
frei heraus grade?
Nein, wir sind nur abgrundtief schlecht?
So kurz vor Weihnacht wär das gerecht!

Im vereinten Deutschland wird verstärkt die Meinung beworben, dass wir Amerika dankbar zu sein hätten.

Die Bonner Republik hat allen Grund, dies so zu sehen, aber deshalb noch lange nicht das Recht, mit der uns Deutschen von den Russen geschenkten Wiedervereinigung all den historisch klar sehenden und denkenden Menschen diesen Sichtwinkel aufzwingen zu wollen.

Wir wissen um den Plan, den seinerzeit zwei Beamte des US-Außenministeriums erarbeitet hatten. Auch die Namen sind bekannt. Es waren die Herren William L. Clayton und George W. Kennan. Und das Vorhaben trug den Namen des Generals, der zum Staatsmann aufgestiegen war. Nein, es war nicht Morgenthau. Der war 1944 USFinanzminister und hatte vor, nach der Niederlage des Dritten Reichs, Deutschland in einen Agrarstaat umzuwandeln, damit niemals wieder ein Deutscher oder gar Österreicher auf die Idee käme, einen Angriffskrieg zu führen.

Höre ich da ein Seufzen und den Satz: Ach wäre es doch so gekommen?

Das Seufzen ist berechtigt, aber auch noch aus einem zweiten Grund: Es gilt dem Plan, der nach Außenminister George Marshall seinen Namen erhielt, und der Politikern und der Öffentlichkeit einst Folgendes mitzuteilen hatte: „Das moderne System der Arbeitsteilung, auf dem unsere Wirtschaft aufgebaut ist, steht vor dem Zusammenbruch. Da ist es ganz logisch, dass die Vereinigten Staaten alles Mögliche leisten müssen, um zu alten gesunden wirtschaftlichen Strukturen zurückzufinden.

Ohne diese kann es keine politische Stabilität und keinen gesicherten Frieden geben. Unsere Politik ist nicht gegen irgendein Land gerichtet, sondern gegen Hunger, Not, Armut und Chaos." Diesen letzten Satz sollten wir uns merken, weil er längst zur Folge US-amerikanischer Kriegsund Außenpolitik gehört, allerdings mit gegensätzlichen Folgen.

Die beiden Marshall-Plan-Ausarbeiter Clayton und Kennan hatten Wert auf den Hinweis gelegt, dass darauf geachtet werden müsse, nicht den Fehler zu wiederholen, der nach dem Ersten Weltkrieg durch die harten Auflagen der Sieger gegen Deutschland bereits den Keim zum nächsten Krieg gelegt hatte.

Am 3. April 1948 war der Marshallplan unterzeichnet worden, und am 21. Juni 1948 wurde die Deutsche Mark eingeführt. Am 24. April 1949 kam der Nordatlantikpakt zustande. Gut eingekauft, kann ich da nur loben. 16,2 Milliarden ließen sich das die USA kosten.

„The krauts needs our help because we need them", hieß es. „Die Sauerkrautesser brauchen unsere Hilfe, weil wir sie brauchen." Against Russia. Gegen Russland. Und selbstverständlich gab es auch dafür ein Schlagwort: Containment. Eindämmung. Die Imperialisten West gebrauchten „Imperialismus" als Schimpfwort gegen die Sowjetunion und gaben der Angst vor den Russen Tag um Tag Nahrung mit Schlagzeilen wie „Stalin überrollt Europa. Die Soffjets in vier Tagen am Atlantik".

Inzwischen stehen die Amerikaner einhundert Meter vor der russischen Westgrenze, und die Europäer wundern sich, wenn Präsident Putin das nicht schmeckt.

Deutschland ist längst wieder obenauf. Wir haben eine Kanzlerin, die den Kasatschok noch in den Beinen hat, aber nach Washingtons very patriotic tune marschieren muss. Stars and Stripes forever. Und wir haben eine Verteidigungsministerin, die ich bislang noch nicht metrisch würdigen konnte: Ursula Gertrud von der Leyen, geboren in Belgien im Jahr 1958, deutsche Politikerin der CDU, Mitglied der evangelisch-lutherischen Kirche, ehemalige Bundesministerin für Familie, Senioren, Frauen und Jugend, seit dem 17. Dezember 2013 Bundesministerin für Verteidigung.

Fragen und Antworten
zum Problemfall Ursula von der Leyen

Sprach die Dame, als sie schlief,
von „angemessen defensiv"?
Nein, sie war hellwach und dachte,
dass wir blöde sind und lachte
diabolisch offensiv.

Ja, das kann sie, scheel entspannt,
dennoch kernig militant,
einmalig im Sätze drechseln,
auch verblüffend beim Verwechseln:
Russland mit Phantasialand.

Hochgelobt im Pentagon,
beruhigend wie Estragon,
doch keineswegs bei uns zu Hause;
darum, Uschi, mach mal Pause:
Stopp die Bundeswehraktion!

Hoffst du, „Freunde" werden helfen?
Weder Washingtoner Elfen
noch ein Bundesdiakon,
und erst recht nicht Gottes Sohn.

Im Jahr 2010 war Ursula von der Leyen noch Familienministerin und überraschte den Bundestag im Wonnemonat Mai mit einer neuen Frisur, worauf im Magazin der *Süddeutschen Zeitung* ein Foto zu sehen war und Eckhart Nickel respektlos dazu schrieb:

„Wie ein frisch geföhnter Afghane am Fuß eines Five-o´Clock-Teetisches."

Böser, böser Eckhart! Einen frisch geföhnten Afghanen aufs Papier zu bringen, wird ein Leichtes sein. Der britische Teetisch zum Fünf-Uhr-Tee hingegen, der wird Schwierigkeiten machen.

> Metamorphosen
> gehn in die Hosen,
> falls überhaupt
> bei Uschi erlaubt.

Vorsicht, noch gibt es ihn, den Majestätsparagraphen, über den sich kürzlich erst Sportmoderator und erfolgreicher „heute-show" Betreiber Oliver Welke kühn hinwegsetzte und Verteidigungsministerin Frau von der Leyen brutal zur „Flinten-Uschi" degradierte.

Sehen wir beide Verwandlungen kafkaesk. Auch mit den Schönheitsverehrern mitfühlend zu leiden, darf erlaubt sein. Sähe ich die zarte Mittelblonde auf einer Parkbank, stumm und lächelnd spielenden Kindern zuschauend, dächte ich gerührt: Welch liebliche Kindergärtnerin! Auch mit dieser Einschätzung auf Widerstand zu stoßen, muss gerechnet werden. Es ist ein Trauerspiel. Der Redefluss der Dame, meist aus vorgefertigten Bausteinen zusammengesetzt, ist in Gesprächsrunden kaum zu bremsen. Auch die mimische und verbale Härte, mit der vorgebrachte Rechtfertigungen unterlegt werden, verleiten sogar sanfte Gemüter, dem Bildschirm ein verärgertes „kusch, Usch!" entgegenzurufen.

Was verärgerte den neutralen Beobachter im Frühjahr 2014? Seit Beginn der sogenannten Krim- und Ukrainekrise, wird eine Bedrohung Europas durch Russland herbeigeredet und Putin als Verursacher an den Pranger gestellt. Einer Schwächung Deutschlands wird das Wort geredet, weil doch per erstem Juli 2011 die Aussetzung der Wehrpflicht Gesetz wurde. Karl-Theodor von Guttenberg (CSU) hatte den Gedanken einer Freiwilligenarmee angeschoben. Da war er noch Deutschlands jüngster Bundesminister für Verteidigung, hatte seinen Doktortitel noch, durfte Äußerungen wagen, besonders jene eine, für die Bundespräsident Otto Köhler sein Amt zur

Verfügung gestellt hatte, weil er sich zu sagen traute, dass Deutschlands wirtschaftliche Interessen militärisch abzusichern seien. Da bemerkte Karl-Theodor Anfang April 2010 auch noch angesichts der drei toten Bundeswehrsoldaten und weiteren teils schwer verletzten Männern nach einem Gefecht bei Kunduz, dass umgangssprachlich als Krieg bezeichnet werden müsse, was bislang nur als militärischer Konflikt gegolten hatte. Am besten gefiel mir der Satz des jungen Barons, dass ein Studium der Jurisprudenz sich allein schon deshalb lohne, weil man dann wisse, dass nicht alles, was unanständig ist, strafbar sei. Die abgeschriebene Doktorarbeit ließ sich nach Beweisen nicht mehr wegreden, Guttenberg trat zurück, Lothar de Maizière übernahm das undankbare Amt, auf dessen Schleudersitz sich inzwischen die Freifrau eingerichtet hatte und bemüht war, mittels Werbung die Freiwilligenaufstockung zu forcieren, nachdem verzeichnet werden musste, dass zwanzig Prozent von jenen, die sich freiwillig gemeldet hatten, nach drei Wochen wieder abgesprungen waren. Kommandorufe am frühen Morgen und Nötigung zu Dienstleistungen, die dem körperlichen Wohlgefallen abhold waren, dürften die Hauptursachen des Ausstiegs gewesen sein.

Verweichlichte Sippschaft, werden die einst knochenharten und inzwischen gichtgequälten, zahnlosen Kämpfer schimpfen und daran erinnern, dass ein zweihundert Jahre alter Ehrendienst ein Ende fand und nun dringend gelte, eine schlag-

kräftige Armee neu aufzubauen, zu Ruhm und Ehre Deutschlands.
Dazu die Tagesfragen des Wehrbeauftragten mit Antwortchor:

„Wem prägen wir das Sprüchlein ein:
Es ist so schön Soldat zu sein?"

„Den Armen und den Kindern!"

„Und was, wenn keiner auf euch hört
oder gar die Werbung stört?"

„Das müssen wir verhindern!"

„Und wisst ihr, wann und wo und wie?"

„Sofort vor Ort, mit Energie
und keinesfalls mit Zaudern!"

„Aufs Maul hauen, ja, doch moderat!
Wer fragt – wir sind ein Friedensstaat!
War schön, mit euch zu plaudern!"

Die Verärgerung geht weiter
Elmau
Der Gipfel der Verschwendung

Zwei Tage Bergblick mit Vollpension für knapp 360 Millionen €uro. Welch ein Schnäppchen! Dieses Treffen von sieben Regierungschefs – Deutschland, USA, Kanada, England, Frankreich, Italien und Japan – unter unfreundlicher Ausklammerung von Russland und China – fand am 7. und 8. Juni 2015 statt. Lediglich 28 Stunden hatte die Merkel-Show auf Schloss Elmau gedauert. 700 Tonnen Schadstoffausstoß wurde gemessen. 200.000 Liter Treibstoff wurden verbraucht. Und allein die Flugeinsätze verschlangen 4,5 Millionen €uro.

Da ich drei Jahre lang meinen Wohnsitz in Garmisch-Partenkirchen hatte, die oberbayerische Mentalität kenne, mir auch das in der Nähe von Garmisch gelegene Schlosshotel Elmau vertraut ist, vermochte ich mich gut in die Stimmung der Werdenfelser Landbewohner zu versetzen, als sie sich über Gebühr behelligt fühlten.

Da flogen mir die gereimten Zeilen im Hackbrett-Rhythmus einer zünftigen Hausmusi nur so zu, als säße ich im Wirtshaus zu Krün und lauschte dem zweistimmigen Männergesang mit folgendem Text:

Lied zu Elmau
dem Gipfel der Verschwendung
Im zünftigen Hackbrett-Rhythmus vorzutragen

Uneingladen einigschneit
san die hintafotzad Leit.
Na, koa Oanzger tat sich reißn
um die Graisliche aus Preißn.
Jodeldodel-holerie! Jodeldodel-holero!
Freit eich, übermorgen scho
san mia wiada froh!

Übersetzung

Uneingeladen hereingeschneit
sind die hinterlistig-heuchlerischen Leute.
Nein, kein Einziger hat sich um die
Widerliche aus Preußen gerissen.
Jodeldodel-holerie! Jodeldodel-holero!
Freut euch, übermorgen schon
sind wir wieder froh!

Poesie zum Elmau-Gipfel

Ein teures Siebengeißleinspiel,
Regie: Angela Merkel.
Mit Lirum, Larum, Löffelstiel,
Wolf Putin war das Racheziel.
Missglückt war das Gewerkel.

Zu offensichtlich war der Zweck
der ganzen Inszenierung.
Wer Grips im Kopf hat, lacht sich weg.
Die Reichen essen weiter Speck.
Uns bleibt die Finanzierung.

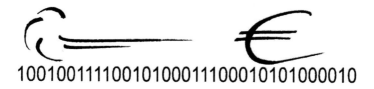

10010011110010100011100010101000010

Bereits im September 2014 hatte die NATO den Aufbau einer superschnellen Eingreiftruppe beschlossen und dies mit einer Bedrohung Europas durch Putins Russland begründet. Mit der Annexion der Krim und der Aggression im Osten der Ukraine, habe Putin das internationale Sicherheitssystem zerschlagen. So zeigt sich das von regierungsnahen Zeitungskonzernen und systemgetreuen Fernsehanstalten Europas verbreitete Zerrbild.

Der objektive Blick hingegen zeigt Wladimir Putin in Schwierigkeiten mit dem Paradigmenwechsel, der durch Gorbatschows leichtgläubigen Umgang mit dem Weltkapital zustande gekommen war. Zerschlagen wurde dadurch die Einheit der Sowjetrepubliken und die im Verbund mit Moskau garantierte Sicherheit. Vermehrt hatten sich damit US-amerikanische Stützpunkte, von denen sich Putin zu Recht eingekreist sieht.

Gipfel dieser Zumutung ist das Heranrücken der NATO an Russlands Westgrenzen über Polen und die Baltischen Staaten.

Am 18. Juni 2015 übernahm die Bundeswehr eine Führungsrolle beim größten NATO-Manöver seit Ende des Kalten Krieges. Das Panzergrenadierbataillon 371 aus dem sächsischen Marienberg war dabei.

Dem NATO-Winkel Marienberg
mitfühlend zugeeignet

„Es ist kein Mensch, es ist kein Tier,
es ist ein Panzergrenadier!"
Der Satz allein spricht Bände.
Marienberger Poesie:
mit „Arzjebirch, wie bist du schie!"
Damit hat´s wohl ein Ende.

Vergesst den Tannennadelduft,
die würzig atembare Luft
der heimatlichen Berge.
Ihr seid jetzt „Spitze eines Speers",
Vertreter eines Worldwide-Heers.
Vergesst die „Sieben Zwerge".

Statt dessen dürft ihr in die Welt,
Verteidiger von Macht und Geld!
Die NATO wird euch lenken!
Die sagt euch, wen ihr schützen müsst
vorm Russenbär, der euch sonst frisst.
Den Rest könnt ihr euch denken.

Bereits am 16. Februar 2015 hatte Frau Ursula von der Leyen in Brüssel vor Journalisten der Druck-Medien und des Fernsehens das militärische Vorhaben Deutschlands erläutert.

Ulrich Gellermann reagierte auf seiner Internet-Plattform RATIONALGALERIE mit dem Beitrag „Die Spitze des Speeres ist deutsch – NATO schafft neue Ost-Eingreiftruppe", und ich widmete das passende Reimkonstrukt dazu, angelehnt an Heinrich Heine, zugeeignet der Bundesministerin für Verteidigung.

Sobald sie vor die Kamera tritt,
durchströmen sie Zaubersäfte.
Als hätte der Speer sie kühn berührt,
wachsen ihr neu die Kräfte.

Die Jungfer Europa fühlt sich verlobt
mit dem Sternenbanner-Verdrusse.
In seinem waffenstarrenden Arm
schwelgt sie im ersten Kusse.

Und fehlt des Volkes Segen dabei,
die Ehe wird gültig nicht minder.
Mir graut vor Bräutigam und Braut
und deren künftigen Kinder.

Von: post@rationalgalerie / Datum: 16. 02. 2015 / 10:57
Lieber Lutz Jahoda,
Sie schenken mir einen heiteren Wochenanfang in einer
düsteren Zeit, und Heinrich H. würde sich freuen.
Danke, Uli Gellermann.

Zur Lage der Nation

Nicht nur Moderator Kleber
braucht die US-Stichwortgeber.
Alle auf der Regierungsbank
sind latent entscheidungskrank.

Dabei wäre es ein Leichtes,
auszurufen: Boys, uns reicht es!
Unserem Volke allemal!

„Sorry!", sagt das Kapital
und befiehlt Frau von der Leyen:
„Los, räum auf in deinen Reihen!
Halte die Waffen frei von Rost!
Frag Opa,
er kennt noch den Weg Richtung Ost!"

Hört meinen Ratschlag,
er wird nicht erfreuen:
Im Osten wird's glatt!
Nehmt Sand mit, zum Streuen!

Claus Kleber war zwölf Jahre als ARD-Fernseh-korrespondent in den USA, ist seit Februar 2003 Moderator des „ZDF-heute-journals", das er bis 2009 auch leitete. Er will die Sendung kontinuierlich verbessern, damit das „heute-journal" auch in Zukunft etwas Besonderes bleibt.

(Auszug aus www.zdf.de)

Die Nachrichtenredaktionen der Öffentlich Rechtlichen Fernsehanstalten stehen seit geraumer Zeit im Kreuzfeuer öffentlicher Kritik. Wer da nicht im Sinne der interessenbetonten CDU/CSU-Fernsehratsmehrheit spurte, musste mit Schwierigkeiten rechnen. Ich erinnere mich noch gut der Angelegenheit Nikolaus Brender. Er war Chefredakteur und obendrein bei den Mitarbeitern sehr beliebt, nur der Mehrheit von CDU/CSU im Verwaltungsrat des Zweiten Deutschen Fernsehens (ZDF) war er ein Dorn im Auge erwünschter Selbstbedienung. Was galten da gebündelte Vorzüge an Fähigkeit, Sachverstand, Zuständigkeit und verfasssungsrechtlich gebotener Unabhängigkeit für Hessens ehemaligen Ministerpräsidenten Roland Koch? Nichts. Selbst Brenders gediegene Haushaltsführung nebst Einsparungen zählten für Koch nicht. Hörigkeit war gefragt, auch Weghören und Wegsehen auf der Kungelmatte parteiinterner Gefälligkeiten. Sogar Angela Merkel übte Einflussnahme, enthielt sich der Vokabel „unberechenbar" und entschied sich in ihrer Einschätzung gegen Brender für die Bewertung „undiplomatisch", zumal gegen den Meinungsstrom „keine parteipolitischen Machtspiele zum Schaden des Senders" schwer etwas öffentlich zu sagen war. Entsprechend reagierte Kurt Beck, Ministerpräsident von Rheinland-Pfalz und Vorsitzender des ZDF-Fernsehrates damals feinsinnig geschmeidig: „Dieser Appell geht tief ins Kanzleramt." Da nützte sogar die positive Einschätzung Frank Schirrmachers in der Frank*furter Allgemeinen Zeitung (FAZ)* nichts mehr. Die verdeckt gehaltene Anschuldigung, dass Brender, verantwortlich für Politik und Zeitgeschehen, eine amerikafeindliche Berichterstattung zum Krieg im Irak zugelassen habe, wog schwerer. Und so erfuhr Chefredakteur Nikolaus Brender, dass, laut Abstimmungsergebnis vom 7. November 2009, er seines Amtes enthoben sei und am 1. April 2010 ein anderer diesen Posten einnehmen werde.

Fritz Pleitgen, der ehemalige Chef des Westdeutschen Rundfunks (WDR) mit Sitz in Köln bemerkte knapp und gleichzeitig voraussagend: „Das hat mit Staatsferne nichts mehr zu tun. Das ist ein Fall für das Verfassungsgericht."

Und so kam es auch. Die Länder Rheinland-Pfalz und Hamburg erhoben in Karlsruhe Klage gegen bestehende Regelungen im vorliegenden ZDF-Staatsvertrag zugunsten von regierenden Politikern und staatsnahen Personen.

Als Nachfolger wurde Dr. Peter Frey ins Auge gefasst. Als Leiter des ZDF-Hauptstadtbüros sei er, obschon linksfreundlich, immerhin ein Mann, der sich an Spielregeln halte.

Das Bundesverfassungsgericht nahm sich der Sache an und erklärte am 25. März 2014 mehrere Regelungen des ZDF-Staatsvertrages für verfassungswidrig. „Bis Ende Juni des Jahres 2015 sind folgende Änderungen vorzunehmen: Im Verwaltungs- und Fernsehrat muss der Anteil von Politikern und staatsnahen Personen von derzeit 44 Prozent auf ein Drittel reduziert werden. Es darf keine bestimmenden Einflüsse mehr geben. Auf einen staatsnahen Vertreter müssen mindestens zwei dem Staat nicht zuzurechnende Mitglieder kommen."

Brender konnte aufatmen. Endlich wurde von höchster Instanz verkündet, dass die Politik bislang zu viel Einfluss auf den Mainzer Sender hatte. Immerwieder seien irgendwelche Polithansel auf dem Lerchenberg erschienen, um massiv Änderungen oder gar Striche zu verlangen. Nicht selten hatte sich Brender genötigt gesehen, den Beeinflussungsversuchen mit folgender Drohung zu begegnen: „Wenn das noch einmal vorkommt, veröffentliche ich das!"

Vom Sozialdemokraten Kurt Beck war noch dies zu hören: „Wenn man dem Urteil für die Zukunft bereits jetzt entsprechen wollte, würde das in der Konsequenz heißen, dass zehn der jetzigen Mitglieder gar nichts mehr machen dürften."

Inzwischen zeigt das Kalenderblatt Ende Juni 2016, es gibt seit einem Jahr die verfassungsgerichtlich verordnete Mitgliederordnung des Fernsehrates, aber geändert soll sich nicht viel haben, berichten Beobachter. Claus Kleber beklagt sich immer noch über die Proteste der Zuschauer, die ihn einseitiger Berichterstattung bezichtigen, worauf er schon einmal zu antworten wusste: „Wenn die Berichterstattung von jemand bestimmt würde, dann hätte der oder die ja irgendwann mit mir sprechen müssen. Das ist aber nie passiert. Nie."

So wird Fernsehen den Dummen erklärt. Wer ein Jahresgehalt von 480.000 €uro bezieht, weiß selbst, wie er zu funktionieren hat. Frau Marietta Slomka weiß das sogar schon mit nur 280.000 im Jahr.

Und wie sieht es bei der ARD aus? Einen Born sprudelnden Ärgers schenkt uns alltäglich Dr. Kai Gniffke, Chefredakteur von „Tagesschau aktuell" und „EinsExtra". Mich regt die zunehmende Einseitigkeit der Meldungen schon seit Jahren auf. Zwei Herren vom Fach, inzwischen in Rente, doch zuvor viele Jahre für den Norddeutschen Rundfunk tätig, wozu Hamburg mit der „Tagesschau" gehört, bestätigten inzwischen meinen Eindruck und die Berechtigung meines Unmuts.

Friedhelm Klinkhammer, Jurist, arbeitete 32 Jahre beim NDR. Volker Bräutigam, Journalist, hatte 35 Berufsjahre in Unternehmen der Medienbranche verbracht, zehn Jahre davon, 1975 bis 1985, in der „Tagesschau"-Redaktion Hamburg, und beide fühlen sich verpflichtet, im Interesse der Öffentlichkeit, aber auch aus journalistischer Grundhaltung zur Wahrheit und Verantwortung, aufzuzeigen, wie in der Nachrichtenredaktion sprachlich an Meldungen manipuliert wird. Seit zwei Jahren beobachten sie und analysieren korrekt, schreiben Beschwerdebriefe und Hinweise an die Adresse NDR-Rundfunkrat, Rothenbaumchaussee 132, 20149 Hamburg, und staunen über die Antworten. Mehr als einhundert Schreiben sind es inzwischen geworden, und ich bin deshalb Zeuge, weil ich als regelmäßiger Leser des Internetblogs „Rationalgalerie" unmittelbar Kenntnis dieser berechtigten Protesteingaben erhalte. Da sich inzwischen noch weitere Internetplattformen dieser fachlich präzisen Einlassungen angenommen hatten und sie ins Netz stellten, möchte ich von Wiederholungen absehen und lediglich kurz aus dem Internet zitieren, was aufmerksame Tagesschau-Konsumenten bewegt und aufregt. So ist im Blog für Desinformation der Internet-Plattform *Propagandaschau* und auch bei *Telepolis* zu lesen: *„Es macht sprachlos, wie aggressiv und dümmlich der hysterische Staatsfunk versucht, den Krieg der Kiewer Junta gegen die Ostukraine, Russland in die Schuhe zu schieben. Dahinter steckt die pure Verzweiflung transatlantischer Mächte, die gedacht haben, sie könnten in der Ukraine putschen wie in einer Bananenrepublik. Doch selbst dort hatten sich die Menschen gegen die militärischen Interventionen der USA oft unter hohem Blutzoll gegen die rechten Todesschwadronen gewehrt. Dass Putin der westlichen Falle in der Ukraine nicht mit einem Einmarsch auf den Leim gegangen ist, macht die Transatlantiker rasend vor Wut. Ihnen dämmert, dass sie am Ende auf einer Restukraine sitzen bleiben werden, die über Jahre mit Milliarden wird durchgefüttert werden müssen."*

Den Herren Klinkhammer und Bräutigam dankte ich bereits herzlich auf dem Zuschriftenweg der RATIONALGALERIE mit diesem Achtzeiler:

Wo keiner klagt,
braucht niemand zu richten.
Drum unverzagt
weiterhin sichten.
Blitzgescheit hinhören,
zur Einsicht bewegen,
das Konzeptmuster stören
und widerlegen.

Und bevor ich es womöglich vergesse:
Zum Ärgernisfall *Tagesschau-aktuell* noch dies:

Sie fahren nicht nur auf falschem Gleis,
sie rumpeln sogar schon auf Schotter.
Sie hoffen auf den Grimme-Preis,
und kriegen, was noch keiner weiß,
von uns den für Ausfluchtsgestotter.

Diagnose-Song
(frühlingshaft munter vorzutragen)

Oh, wie schrecklich! Oh, wie klar!
Was nicht sein darf, ist nicht wahr.
Was nicht wahr ist, das darf sein.
Doktor Gniffkes Jagdlatein:
Schmerzhaft wie ein Nierenstein!

Dr. Kai Gniffke (* 20.11.1960, Frankfurt am Main),
Politikwissenschaftler und Journalist, seit 2006
Chefredakteur von *ARD-aktuell*
und somit verantwortlich für die zugelieferten Bilder
und Textinhalte an die Hauptnachrichten von
Tagesschau und *Tagesthemen*.
Inzwischen gibt es das Buch MACHT UM ACHT,
herausgegeben vom Papyrossa Verlag, Köln,
akribisch verfasst vom Autorenteam Klinkhammer und
Bräutigam, kommentiert von Ulrich Gellermann.
Erscheinungsdatum: Februar/März 2017.

An „Tagesschau" Hamburg

Warum nur, warum?
Das treibt mich um,
Schon seit Wochen und Tagen
euch dies hier zu fragen:

Womit bloß seid ihr imprägniert?
Wieso bemerkt ihr nicht eure Nacktheit?
Was wohl hat euer Hirn perforiert,
dass ihr so kleinkariert schwadroniert,
bei äußerlicher Intaktheit?

Ich fürchte, euch hat das Geld versaut.
Wann kommt ihr mit euch endlich ins Reine?
Der Dienstauftrag hat eure Sicht verbaut,
hat euch Ehre und jeglichen Anstand geklaut.
Gestattet, dass ich für euch weine.

Kurzinformation
(leicht ausufernd, aber wichtig)

Die Redaktion von ARD aktuell wurde 1977 gegründet, um „Tagesschau" und „Tagesthemen" zu produzieren.
Dieter Gütt, Erfinder des Bereichs „Tagesthemen", leitete den gesamten Nachrichtenkomplex. Wegen angeblich „mangelnder politischer Ausgewogenheit" war er häufiger Kritik ausgesetzt und verließ bereits 1980, wegen der ständigen Einmischung der Parteien in die Programmgestaltung, enttäuscht diesen Posten.
Über „Zeit online" ist im Nachruf auf Dieter Gütt (1924-1990) zu lesen: „Gütt war ein erstklassiger, streitbarer Journalist, bürstete wider den „politischen Strich". Und im Nachruf des Nachrichten-Magazins „Der Spiegel" (Ausgabe 6/1990) steht geschrieben: „In seinen Kolumnen der letzten Jahre betete Dieter Gütt geradezu darum, der deutsche Mensch möge doch diesmal aus der Geschichte lernen. Als er aber den Eindruck hatte, sein stetes Mahnen wider den Rückfall in geschichtslose Deutschtümelei verhalle, wuchs in ihm das Gefühl, gescheitert zu sein. In der ihm eigenen Kürze verabschiedete er sich schriftlich von seinen Freunden: ´Das war´s, Gütt!´"
Da ist Dr. Kai Gniffke, Chefredakteur von ARD-aktuell, aus anderem Material gebaut: weich und biegsam, formbar nach Wunsch und Ansage.

Das Internet-Portal RATIONALGALERIE weiß in der Woche zweimal darüber zu berichten.

Golineh Atai, seit 2013 Korrespondentin im ARD-Studio Moskau, auffällig geworden durch eine verzerrte Ukraine-Berichterstattung, so dass selbst Chef-Redakteur Dr. Gniffke dazu Stellung nehmen musste. Er tat dies im mild sparsamen Waschgang, und ich kommentierte unter den Zuschriften so:

Das ist ein Kommentar
Keine Nachricht

Sie kann es nicht lassen, drum bleibt sie dabei.
Das hat inzwischen auch Gniffke begriffen.
Der Tagesschau-Chef konstatiert verkniffen:
„Es hat sich halt so eingeschliffen
bei unserer Frau Golineh Atai."

Wäre sie nur russophob euphorisch,
könnte ich Frau Atai noch ertragen.
Doch derart desinformierend notorisch,
liegt sie mir bösartig schwer im Magen

Den Damen und Herren
Qualitätsjournalisten ins Stammbuch

Die Absicht quillt aus Ritzen und Falten,
beleidigt den gesunden Verstand.
Macht Schluss, uns derart für blöde zu halten,
uns zu verunsichern und zu spalten.
Wir leben nicht im Dummerland.

Kann sein, dass Washington sich freute.
Ich sage: Ihr habt es mal wieder vergeigt.
Was lasst ihr mit euch machen, Leute
von „Tagesthemen" und von „heute"?
Sprecht endlich ein Machtwort oder streikt!

O Tagesschau

(mit oder ohne Blockflötenbegleitung zu singen)

O Tagesschau, o Tagesschau,
du Star im Schwadronieren!
Du spinnst nicht nur zur Abendzeit,
nein, auch tagsüber, lang und breit.
O Tagesschau, o Tagesschau,
schwer, dich zu ignorieren.

O Tagesschau, o Tagesschau,
du magst das Wort „verschärfen".
Auch „eskalieren" hast du gern,
gibst gern die Schuld dem Russenstern.
O Tagesschau, o Tagesschau,
du kostest uns viel Nerven.

Sonett zur Rarheit der Wahrheit (II)

Hinzufügend, weglassend anzupassen,
wird man sich weiterhin Mühe geben,
die Lügen verschachtelt zusammenzukleben,
um sie wie Wahrheit erscheinen zu lassen.

In giftgrün schimmernden Bleikristallkrügen,
alphabetisch sortiert und lupenrein,
werden sie einst zu bestaunen sein
als eingedickt deutsche Regierungslügen.

Sie laufen durchs Wasser, zwischen den Fischen,
mit gut einstudierten Unschuldsmienen.
Der Grund ihres Tuns ist leicht zu erraten:

Im Wasser lassen sich Spuren verwischen.
Köstlich zu sehen, wie beflissen sie dienen,
die hochbezahlten Soziopathen.

Zur Schlapphut-Affäre, mit Lust und mit Liebe,
den Mächtigen körnigen Sand ins Getriebe.

Als ich ein Foto von Edward Snowden aus dem Jahr 2013 sah, dachte ich: Der Bursche könnte gut unter die Nerds der Comedy-Serie „The Big Bang Theory" passen.

Unter Nerd versteht die Computerfachwelt im 21. Jahrhundert einen überdurchschnittlich intelligenten, aber sozial isolierten Informatikspezialisten, der sich unter Programmierparadigmen und Algorithmik zu bewegen weiß, wie unsereins zwischen Bett, Bad und Küche.

Im Hochglanzmagazin *Stern* war schon im Jahr 1996 in einem Text von Peter Glaser zu lesen: „Nerds sind unattraktive neurotische Bürschchen, die aussehen, als könne man sie mit einem Löschpapier erschlagen." Wohn- und Arbeitsort dieser Spezies ist das Silicon Valley, dem High-Tech-Geburtsort rund um die Stanford-Universität mit all jenen genialen Errungenschaften, die Deutschland verschlafen hatte. Einigen dieser Nerds ist ein wesentliches Teil zur gegenwärtigen Struktur eines Herrschaftswissens anzulasten, das der Positionierung der USA rund um die Welt einen Zusatzschub verlieh. Microsoft, Google, Facebook, Apple, Intel, Yahoo, Amazon.

Edward Snowden gehörte nicht zu dieser Schöpfergemeinde, war allerdings Informatiker und als technische Fachkraft für die US-Geheimdienste CIA, NSA und DIA tätig. Die DIA (Defense Intelligence Agency) ist die Dachorganisation der militärischen Dienste von Armee, Luftwaffe und Marine. Bis Mai 2013 arbeitete Snowden im Auftrag der NSA als System-Administrator auf Hawaii für die Beratungsfirma Booz Allen Hamilton, die der NSA nahestand. Snowden hatte ein eigenes Büro, ein üppiges Jahresgehalt und ein Haus auf der Insel, aber ein schlechtes Gewissen. Ihn quälte, dass er Teil einer Maschinerie geworden war, die mehr schadete als nutzte. Dem Journalisten Glenn Greenwald von der britischen Tageszeitung *The Guardian* sagte Snowden: „Ich möchte nicht in einer Welt leben, in der alles, was ich tue und sage, aufgezeichnet wird. Solche Bedingungen bin ich weder bereit zu unterstützen, noch will ich unter solchen leben." Das sagte er ihm erst in Hongkong, nachdem er mit einer ausgebufften Spezialsuchmaschine, einem Web-Crawler, abgeerntet hatte, was nur abzuernten war und auf einen Massenspeicherstick übertrug, wovon er dann Brisantes an die Dokumentaristin Laura Poitras und an Glenn Greenwald zur Veröffentlichung freigab. Am 09. Juni 2013 wurde auch noch ein Interview ausgestrahlt. Die linksliberale britische Zeitung *The Guardian* und in Amerika die *Washington Post* veröffentlichten Dokumente und Informationen über die bislang unbekannten US-Ausspähprogramme zur weltweiten Überwachung der Internetkommunikation.

PRISM und *BOUNDLESS* - zwei Top-Secret-Begriffe, die unter höchster Geheimhaltung standen und nun rund um den Globus bekannt geworden waren. Eine worldwide shameshow, deren Wellen gewaltig bis an den Bundestag klatschten.

Im Geheimdienstjahr Nulldreizehn
ließ ein Mann uns tief und weit sehn
in die ruinös pompösen
Abgründe der Schnüffelbösen.

Als Champion im Runterloaden
erwies sich Mister Edward Snowden.
Knapp ein-komma-acht Millionen
Datenseiten, die sich lohnen,
brachte er in Sicherheit,
zur Kurzweil seiner Rentnerzeit.

Ein paar Daten ließ er gucken,
für Frau Merkel was zum Schlucken,
die, verärgert und verstört,
zugab: „Ich werd´ abgehört."

Langer Rede, knapper Sinn,
hört, was uns die Kanzlerin,
tief betroffen von der Schwere
dieser NSA-Affäre,
damals sagte und beklagte:
„Ja, ich kenne die Beschwerden."
Und sie kommentierte schlicht:
„Einfach abgehört zu werden,
Freunde, das geht wirklich nicht!"

Antwort aus Übersee

Yes, it´s true, dear German friends.
Fivehundred million documents
überwacht die NSA,
day and night and night and day,
zu Deutschlands Sicherheit und Schutz
vor linkem Propagandaschmutz.

Entschuldigungstelefonat aus Berlin

„Oh, da ist uns was entgangen ....“
- - - - - - - -
„Sorry! Wen soll´n wir belangen?“
   - - - - - - -
„Well, I see, you mean this balla -
balla – crazy guy Ronald Pofalla?“
   - - - - - - -
„Sure, it´s clear! Ich kann´s beteuern:
Morgen schon werd´ ich ihn feuern!“

Die Namen der Teilnehmer dieses Gesprächs
wurden geschwärzt.

Nach Bekanntwerden dieser US-Überwachungs- und Spionageaktionen in Deutschland, verwies Bundeskanzlerin Angela Merkel explizit, wie zu lesen war – in aller Deutlichkeit also – auf die Zuständigkeit Ronald Pofallas als Chef des Bundeskanzleramtes und Bundesministers für besondere Aufgaben, worauf Pofalla, nach Rückkehr aus den Vereinigten Staaten, der Presse mitteilte, dass alle gegen die Geheimdienste erhobenen Vorwürfe vom Tisch seien und es keine millionenfache Grundgesetzverletzungen in Deutschland gegeben habe. Vielmehr hätten ihm die Geheimdienste zugesichert, sich an Deutsches Recht zu halten.

Die Satiresendung *Extra3* verlieh daraufhin Ronald Pofalla für seine Rolle in der Überwachungs- und Spionage-Affäre den Negativpreis „Silberner Hilfssheriff-Stern", dessen Annahme der Chef des Kanzleramtes undankbar ausschlug.

Als im Oktober 2013 enthüllt wurde, dass auch ein Mobiltelefon der Kanzlerin vom US-amerikanischen Geheimdienst National Security Agency (NSA) abgehört worden war, äußerte sich Pofalla empört vor der Presse, sprach von einem schweren Vertrauensbruch der USA.

Am 13. Dezember 2013 war dann zu lesen, dass sich Herr Ronald Pofalla aus allen Ämtern zurückziehen werde. Am 17. Dezember 2013 wurde Peter Altmaier, Pofallas CDU-Parteifreund, Chef des Bundeskanzleramtes und Minister für besondere Aufgaben.

Im Juni 2014 gab Bahnhofschef Grube bekannt, dass Pofalla zum 1. Januar 2015 zur Deutschen

Bahn wechseln werde und spätestens 2017 in den Vorstand berufen werden soll.

Demnach auch keine erfreuliche Zukunft für die ohnehin angeschlagene Deutsche Bahn.

Dieter Süverkrüp, linker Liedermacher und tapferer Standpunktverfechter in schwierigen Bonner Regierungszeiten, verwendete gern bekannte Melodien und Titelzeilen, um mit frechen Neutextierungen den Klassenfeind pointiert abzuwatschen.

Innerhalb der DDR-Fernseh-Unterhaltungsreihe „Mit Lutz und Liebe" bediente ich mich ebenfalls dieser Rezeptur, dämpfte allerdings nur harmlos lustig alte Schlagerhüte auf und baute mit handlungstreibenden Texten kurzweilige Musikbilder, die Märchenerzählungen lustig verfremdet aufleben ließen, Szenen aus 1001 Nacht und Wilhelm-Busch-Geschichten musikalisch umsetzten, auch die Abenteuer des Lügenbarons von Münchhausen zum Beispiel sowie die Geschichten des braven Soldaten Schwejk.

Da hätte ich nicht gedacht, im Alter noch einmal diese Verfahrensart anzuwenden.

Als ich vom getarnten Abhörturm auf dem Gebäude der US-Botschaft am Brandenburger Tor erfuhr, kam mir die Peter-Kreuder-Melodie aus dem UFA-Film „Hallo, Janine" in den Sinn und Marika Rökks Stimme mit der Zeile „Auf dem Dach der Welt, da gibt's ein Storchennest".

Wenn Sie umblättern, finden Sie meine Version.

Auf dem Dach der Welt

Auf dem Dach der Welt
gibt es ein Abhörnest,
dort hocken lauschend NSA-Agenten drin.
Auch wenn´s nicht gefällt,
hilft leider kein Protest:
Die größte Macht, das Geld,
hat diesen Dienst bestellt.
Ihr braucht nicht allzu traurig sein,
es tut doch gar nicht weh:
Wir hör´n und schau´n bei euch nur rein,
und schon ist alles okay.
Auf dem Dach der Welt
gibt es ein Abhörnest,
da hocken CIA und NSA darin.
Cin! Cin!

Horch und Guck in eigener Sache

Stille Unruh

Angeklagt mit dieser Ode,
in feierlichem Hassgesang,
sei die freche Schlapphutmode
der Zewa-wisch-und-weg-Methode
der Putzkolonne Panzerschrank.

Verfassungsschützend aufgeschrieben,
im Pressewald auch gern benannt,
wen wir hassen soll´n, wen lieben,
wen ins dunkle Aus zu schieben.
Diese Tricks sind uns bekannt.

Seid gewarnt, ich sag es schnöde:
Vorsicht, nicht zu früh gelacht!
Bleibt allein in eurer Öde!
Wenn ihr meint, das Volk sei blöde,
habt ihr wieder falsch gedacht!

Es gibt drei bundesdeutsche Geheimdienste:
den Verfassungsschutz (BfV),
den Bundesnachrichtendienst (BND)
und den
Militärischen Abschirmdienst (MAD)

Wurzel dieser Dienste war die Organisation Gehlen, die unter CIA-Kommando alte Nazi-Geheimdienst-Seilschaften wiederbelebte und somit den peinlichen Grundstock für den Bundesnachrichtendienst legte.

Unter der im Gedicht verankerten „Öde" ist Pullach bei München gemeint, wo die Hauptquartiermitarbeiter des BND auf die Bezugsfertigkeit des gewaltigen Neubaukomplexes in der Innenstadt Berlins warten.

Mein Kurzkommentar dazu:

> Gehlen ist zwar längst verstorben,
> doch der Ruf, er bleibt verdorben.

So wurde längst aufgedeckt, was der amerikanische Geheimdienst CIA gemeinsam mit der Organisation Gehlen plante: Elite-Divisionen der Hitler-Wehrmacht neu zu beleben, falls die Sowjetunion die Bundesrepublik angreifen sollte. So war es unter Billigung der US-Armee zu heimlichen Waffenlagern, aber auch zu diesen obskuren Wehrsportgruppen gekommen, die öffentlichen Ärger machten. Bis in die jüngste Vergangenheit fallen Schatten auf die Untersuchungsvorgänge, wie auch Lichter auf die Vertuschungs-

bemühen, die der Öffentlichkeit weismachen wollten, dass die zum Oktoberfest am 26. September
1980 explodierte Rohrbombe auf der Münchner
Theresienwiese das Werk eines Einzeltäters gewesen sei, obwohl nicht abgestritten werden
konnte, dass der 21jährige Student und Bomben-
leger Gundolf Köhler Sympathien für die Wehr-
sportgruppe Hoffmann hegte, die erst seit dem
30. Januar 1980 verboten war.
Schon damals wurde geschreddert, wie später
auch nach den Verbrechen des „Nationalsozia-
listischen Untergrunds", weil es Spuren gab, die
ins Rechte Milieu bis hin zum Staatsschutz führten.

Dem Dienst ist offenbar nichts mehr peinlich.
Erschreckend, wie er sich selbst entblößt.
Besserung ist unwahrscheinlich.
Der Laden ist alles andre als reinlich.
Störfälle werden schreddernd gelöst.
Vergesslichkeit liebt die westliche Welt.
Hilfreich dabei sind Schweigen und Geld.

Daniel Ellsberg, ein US-amerikanischer Ökonom, Friedensaktivist und einstiger Whistleblower der Pentagon-Papiere 1971 - im Sommer 2013 bereits 82 Jahre jung - nahm zu Snowden wie folgt Stellung: *Snowdens Whistleblowing gives us a chance to roll back what is tantamount to an „executive coup" against the US-constitution.*
Frei übersetzt; „Snowdens Whistleblowing gibt uns die Chance, aufzurollen, was gleichbedeutend mit einem Putsch der Regierung gegen die US-Verfassung bezeichnet werden kann."
Und präzisierend ergänzte Ellsberg: „Seit den Anschlägen vom 11. September 2001 auf die Zwillingstürme in New York, hat in den USA eine Entwicklung begonnen, die das Gesetz der unveräußerlichen Rechte, der Bill of Rights, außer Kraft setzt, wofür die Menschen zweihundert Jahre lang gekämpft hatten, und besonders Punkt vier auf der Liste der Zusatzartikel zur Verfassung durch die Geheimdienste der Regierung aufgehoben wurde: Schutz von Person, Wohnung, Papieren und Eigentum vor willkürlicher Durchsuchung und Beschlagnahme."
Und am 12. Juli 2013 schrieb Barry Grey auf der *World Socialist Website:* „Diese wohlhabenden, selbstgefälligen reaktionären Figuren sind repräsentativ für die oberen Ränge der Medien. Sie lassen jedes demokratische Bewusstsein vermissen, stehen den arbeitenden Massen feindlich gegenüber und verhalten sich sklavisch loyal zur herrschenden Elite und dem Staat. Sie sind Beispiele für Medienvertreter, die als verlängerter

Arm des Staates dienen und der Auffassung sind, dass dies ihre legitime Mission ist."

Da fielen mir die redaktionellen Nachrichtenverfasser unseres deutschen Öffentlich Rechtlichen Fernsehens ein.

Wie sich Demokratie nach US-Art gebärden kann, demonstrierte der Vorfall, der sich in der Nacht von Dienstag, dem 02. Juli, auf Mittwoch, den 03. Juli 2013, ereignete. Die Präsidentenmaschine des bolivianischen Staatschefs Evo Morales befand sich auf dem Heimflug von Moskau nach La Paz, als ihr von der französischen Luftsicherung mitgeteilt wurde, dass der Luftraum über Frankreich vorübergehend gesperrt sei. Während der Copilot die Möglichkeit einer Ausweichtrasse prüfte, folgte die nächste Hiobsbotschaft, dass auch der Luftraum über Spanien und Italien gesperrt sei. Irgendein Land, ich glaube, es war Frankreich, faselte etwas von einem zu klärenden Eigentumsrecht des Flugzeugs. Da der Jet, auf welcher Route auch immer, auf Gran Canaria zum Auftanken hätte zwischenlanden müssen und die Insel zu Spanien gehört, sah sich die Crew genötigt, den Flughafen Wien-Schwechat anzusteuern, wo sich dann der Grund der Nötigung herausstellte: „Ein Tentakel der Krake NSA hatte die Tupolew-154 vom Himmel geholt ...". Ein trefflicher Satz, den ich mir merkte, aber nicht mehr weiß, wer ihn geschrieben und wo ich ihn gelesen hatte. Und so vollende ich den Satz: „rachsüchtig hoffend, Edward Snowden in der Präsidentenmaschine vorzufinden. Ein Foto vom Tag darauf ließ mich den Flugzeugtyp erkennen:

Es war tatsächlich eine TU 154. Mit einer Maschine dieser Bauart war ich 1973 im Frühling von Berlin nach Moskau unterwegs. Die drei am äußersten Heck befindlichen Zweikreisturbinen-Luftstrahlwerke: je eine seitlich, und die dritte, mit dem Leitwerk kombiniert, huckepack obenauf, führten meine Gedanken vierzig Jahre zurück, als ich während des Fluges die erstaunlich komfortable Stille im Kabinenraum genießen durfte. Später gab die NATO diesem russischen Flugzeugtyp die Spottbezeichnung „careless" (sorglose Nachlässigkeit), offenbar aufgrund einiger Unfälle, die aber nicht der Konstruktion geschuldet waren.

Dieser „Zugriff", der zum Missgriff geworden war, brachte den USA zu den bereits vorhandenen Kellernotierungen zusätzliche Minuspunkte auf der Bewertungsskala „ugly" (hässlich-böse), was den Burschen zu gönnen war. Selbst die Vereinten Nationen missbilligten das Unternehmen und ersuchten Frankreich, Spanien und Italien, sich bei der Regierung Boliviens zu entschuldigen.

Erst am 27. Juni hatte US-Präsident Obama weltweit verkündet, keine diplomatischen Kungeleien zuzulassen, aber zeitgleich seinen Vizepräsidenten angewiesen, unverzüglich dafür zu sorgen, die Führer der Nationen unter Druck zu setzen, Snowdens Asylanträge abzulehnen.

Brasiliens Staatschefin Christina Fernandez de Kirchner sagte, nachdem sie eine außerordentliche Sitzung des Regionalbündnisses UNASUR einberufen hatte: „Es sind definitiv alle verrückt geworden! Mutter Gottes, was für eine Welt! Fuerzo, Evo! Viel Kraft, Evo Morales!"

Nicolas Maduro, Präsident des Staates Venezuela, kommentierte: „Snowden hat den Schutz der Welt verdient. Er hat der Menschheit einen Gefallen getan. Wir werden über seinen Asylantrag nachdenken."

Und in Frankreich rief Daniel Cohn-Bendit, der Europa-Abgeordnete der Grünen: „Einerseits sagt Hollande den USA in Bezug auf das Abhören: Das geht nicht! Und andererseits verweigert er den Überflug aus Angst, dass uns die Amerikaner die Ohren lang ziehen, nachdem sie uns Tag und Nacht abgehört haben. Das ist doch völlig verrückt!"

Der bolivianische Vizepräsident Álvaro García Linera konstatierte ohne Umschweife: „Vom Imperialismus gekidnappt!" Und Innenminister Carlos Romeros: „Ein Akt der Aggression!"

Etwas anderes erwartet?, hätte ich zu antworten gewusst. Die UNO formulierte den Vorgang in einer Resolution sanfter: „Das Vorgehen der Europäer verletzte die grundlegenden Normen und Prinzipien internationalen Rechts, wozu auch die Unverletzlichkeit von Staatschefs gehört."

Und die sozialistisch orientierte überregionale Tageszeitung *neues deutschland* aus Berlin schrieb am 4. Juli 2013 originell: „Auf Zuruf Washingtons wurden internationale Rechte und völkerrechtliche Standards außer Kraft gesetzt."

Die Snowden-Story wurde inzwischen verfilmt. So weiß die Welt, wie ihm die Flucht über Hongkong geglückt war. Die USA hatten Snowdens Pass für ungültig erklärt, so dass er denTransitbereich des Flughafens nicht hatte verlassen können. Dann war eine Aufenthaltsgenehmigung erteilt worden, doch aufgrund der von Putin gestellten Bedingungen, dass er aufhören müsse, weiterhin Dokumente über die USA zu veröffentlichen, hatte Snowden abgelehnt.

Dass Snowden inzwischen bald das vierte Jahr in Russland verbringen wird - längst nicht mehr in der Isolation fensterloser Transiträumlichkeiten, sondern in einer wohnlichen Datscha in einem gut abgeschirmten Waldgebiet und in Anwesenheit seiner amerikanischen Freundin, spricht dafür, dass es ein Arrangement mit Putin gegeben haben muss.

So konnte Sarah Harrison, Snowdens Schutzengel in Hongkong und auf dem Flug nach Moskau, nach 39 Tagen „Himmelsferne" endlich wieder Wolken und das Grün von Bäumen sehen und das Zwitschern von Vögeln hören, wie sie sich ausdrückte, und Snowden in ein abgeschirmt sicheres Asylquartier begleiten, wo sie bis Ende Oktober des Jahres nicht von seiner Seite wich. Am 31. Oktober 2013 saß sie im Geheimquartier noch mit am Tisch, als der Bundestagsabgeordnete der Grünen, Christian Ströbele, Snowden befragen durfte. Panorama-Reporter John Goetz und der einstige Chefredakteur des „Spiegel", Georg Mascolo, waren dabei. So sicherheitsbetreut, wie die Herren im Hotel *Marco Polo* im Zentrum von Moskau abgeholt worden waren, wurden sie nach den drei Gesprächsrunden auch wieder in dem unauffällig grauen Kleinbus mit verdunkelten Scheiben ins Hotel zurückgebracht.

Am 2. November 2013, Samstag Mittag, landete in Berlin-Schönefeld eine Linienmaschine aus Moskau: An Bord Sarah Harrison, die von WikiLeak-Freunden abgeholt und abgeschirmt wurde. Anwälte hatten ihr dringend angeraten, England zu meiden.

Um der Menschheitstat Snowdens einen zuversichtlichen Abschluss zu verleihen, sei angemerkt, dass der mutige Journalist Glenn Greenwald, mit Wohnsitz in Brasilien, einen Mäzen fand, der nichts dagegen hatte, Geldvermehrung und Wahrheitsverbreitung friedvoll miteinander existieren zu lassen. Pierre Omidyan, mit persischen Wurzeln, studierter Informatiker und Geschäftsmann, verzichtete klug auf den Kauf der *Washington Post* und spendierte stattdessen dem Aufbereiter investigativer Neuigkeiten eine eigene großzügig gestaltete Internet-Plattform.

Drücken wir dem Pressefreiheitsunternehmen der Gruppe Glenn Greenwald, Laura Poitras und Jeremy Scahill die Daumen, aber auch dem wackeren Edward Snowden in dessen bestimmt von Birken umstandenen Holzhütte bei Moskau, mit hoffentlich bester Internet-Anbindung zur Welt.

Leda

Greco nennen die Sizilianer den kalten Nordost-
wind, der gelegentlich von Griechenland herüber-
weht. Für uns Mitteleuropäer Ende April, Anfang
Mai kein Schrecken, zumal die Sonne bereits
wärmt, die Zitronen gelbe Punkte ins Grün der Le-
monenhaine setzen und die Gemeindevertreter
des romantischen Städtchens Taormina, hoch auf
dem Hügel über dem Bahnhof Giardini, die Oran-
gen der letzten Ernte auf der Flaniermeile entlang
der Kirche San Giuseppe für die Touristen noch
hängen lassen.
Und so fällt mir Frühling um Frühling der griechische Kunstmaler ein, der mir während seiner
Arbeit an der Staffelei im Rund des Amphie-
theaters am Fuß des Monte Tauro von seiner Heimat Griechenland erzählte und aus jener Zeit, als
für Sizilien im fünften Jahrhundert vor Christi,
nachdem die Griechen in der Schlacht von Hi-
mera im Jahr 480 vor unserer Zeitrechnung die
Karthager besiegt hatten und die ersten griechischen Siedler auf Sizilien bei Tauromenion an
Land gingen und der einladend wirkenden Bucht
den Namen Naxos verliehen.
Andrónikos Diamantis war unter den Bildern des
Malers zu lesen. Ein Name, mit dem sich Karriere
machen lässt, dachte ich, so sich eine Gesangs-
stimme dazu eignet und die Fingerfertigtigkeit hin-
zukommt, eine Bouzouki zum Klingen zu bringen.
Am 27. Februar 1953 lag noch Schnee im Werdenfelser Land und ich bereits gemütlich im Bett
am Fuß des Hausberges in Garmisch, ein Pro-
spekt vor mir mit der Aufschrift *Primavera Sicili-
ana,* aus dem Radio die Stimme des Nachrich-

tensprechers, der verkündete, dass am heutigen Tag Vertreter der USA, der westeuropäischen Staaten und der Bundesregierung Deutschland das Londoner Schuldenabkommen unterzeichnet hatten. Für Deutschland sei damit eine Schuldenkrise zu Ende gegangen, die mit der Wirtschaftskrise 1929 in den USA begonnen und Deutschland besonders hart getroffen hatte, als den deutschen Banken im Frühjahr 1931 die kurzfristigen Auslandskredite entzogen wurden.

Seit 1952 arbeitete ich – der Not gehorchend, nicht dem eignen Triebe – für die amerikanische Post Exchange in Garmisch-Partenkirchen, wo mir ein Chefsupervisor die Finanzwelt zu erklären versuchte. Seine Frau war Wienerin, sah in mir ein Stück Heimat, während er sich in der Pflicht sah, dem „Pfiffikus Mehrgleisig", wie er mich zu nennen pflegte, die Vorzüge des Zigarrerauchens beizubringen. Präsident Herbert Hoover brachte er in seine Ausführungen, der, als vertrauensbildende Maßnahme der Weimarer Republik gegenüber, alle politischen Schulden als Folge des Ersten Weltkriegs für ein ganzes Jahr ruhen ließ, was wenig geholfen habe. Deutschland sei zahlungsunfähig geworden, 1932, auf der Konferenz von Lausanne, war die Streichung der Reparationen gegen eine Restzahlung von drei Milliarden Goldmark vereinbart worden, wodurch schon damals den Deutschen eine Schuldsumme von 110 Milliarden Mark erlassen worden war. Die internationalen Anleihen seien noch offen geblieben, hörte ich. Doch die neue Reichsregierung unter Hitler, habe bereits im Juni 1933 auf die Bedienung der fälligen Zinszahlungen gepfiffen, so dass durch Zinseszinsen die Außenstände rechnerisch auf astronomische Höhen geklettert seien.

An dieser Stelle waren mir Zweifel gekommen, ob der „keep-smiling-supervisor in chief" nicht eher Professor an der Intelligence School der CIA war, die es im Recreation-Center Garmisch auch noch gab. Vom Schuldenerlass übers Radio zwar vorinformiert, vom Experten der Post Exchange detaillierter in Kenntnis gesetzt, erfuhr ich, dass bei der Wertberechnung der ausstehenden Schuldsummen durch die Gläubigerstaaten alle seit dem Jahr 1934 aufgelaufenen Zins- und Zinseszinsforderungen mit mehr als 14 Milliarden DM der Bundesrepublik erlassen wurden. Hinzu würden allerdings die Nachkriegsschulden kommen, die die drei westlichen Besatzungsmächte geltend machen: die Zahlungen des Marshallplans und die Kredite zur Wirtschaftshilfe, die den Menschen im Westen und Westberlin unmittelbar nach dem Krieg gewährt worden waren. Diese Schulden seien anfangs auf über 15 Milliarden DM beziffert worden. Somit schlug zu Beginn der Verhandlungen eine Gesamtforderung in Höhe von 29,7 Milliarden zu Buche. Trotz günstiger Berechnung und eines großzügigen Schuldennachlasses. Dass in mir an dieser Stelle leichte Übelkeit aufstieg, wäre der Summenhöhe und der Strenge der Aussage zuzuordnen gewesen, hätte ich nicht die spendierte Zigarre höflichkeitshalber noch dampfend zwischen den Lippen gehabt.

Da war dieser Hermann Josef Abs - schon unter Hitler ein aufstrebender Bankexperte -, aber entnazifiziert, was damals mehr galt als heiliggesprochen, delegiert von Adenauer und lobgepriesen vom krankhaft vergesslichen Bundesbürger, weil er, der geniale Geldmanipulierer es geschafft hatte, den Dollarscheindruckern die Bewertung der Rückzahlung nach dem Goldstandard auszureden, der Bundesrepublik die Zahlung von Zinseszins zu ersparen und so die deutschen Vorkriegsschulden von 13,5 Milliarden auf 7,3 Milliarden herunterzuhandeln.

Dass dies doch ein wenig anders war, hätte mir damals schon das wissende Schmunzeln des Vienna-Lovers sagen können. Besonders gegenwärtig heute, dreiundsechzig Lenze danach im Jahre 2016, steht es an den blutroten Westhimmel geschrieben:

<u>Es war keine Mildherzigkeit oder gar liebende Zuwendung, euch Krauts derart viele Bucks zu erlassen. Wir brauchten euch Höllenhunde - und brauchen euch im neuen Jahrtausend erst recht - als Pufferstaat zum Ostblock, aber auch weiterhin als lockendes Schaufenster wirtschaftlicher Stabilität und westlicher Kreditwürdigkeit.</u>

Derart informativ angereichert war ich seinerzeit nicht im sizilianischen Frühling, aber aufnahmebereit wie ein Schwamm und lauschte dem gut deutsch sprechenden Griechen, der mir tröstend versicherte, dass Griechenland schon immer mit Schulden hat leben müssen.

Heute hätte ich für den lebensfrohen Andrónikos einen zeitlos traurigen Gegenwartsspruch, angeregt durch eine alte Sprichwortzeile, die ich an den Anfang setze und mit vier Zeilen ergänze:

Der Schuldner ist des Mahners Knecht.
Wir sehen das an den Griechen.
Der deutschen Oberschicht geht's gut,
den Griechen insgesamt geht's schlecht:
Athen trainiert das Siechen.

Auch dieser Tragik wusste sich Reiner Schwalme trefflich anzunehmen und schenkte den Griechen mehrere Zeichnungen. Eine erste aus der Reihe glänzte bereits am Anfang dieses Beitrags und strafte den deutschen Umgang mit Griechenland. Die zweite Zeichnung ziert bereits die nächste Seite, und ich frage mich, wann wohl die Technik so weit sein wird, zu Text und Bildern in einem Buch die passende Hintergrundmusik beizusteuern.
Ich hole mir schon heute an dieser Stelle den schleppenden Beginn der Sirtaki-Melodie ins Gedächtnis, wie sie der geniale Mikis Theodorakis einst zum Film *Alexis Sorbas* komponierte.

„Seit Jahren latent", so ist der deutschen Presse zu entnehmen, „von 2010 an offenkundig, und per Stand Juli 2015 festgeschrieben als ungelöste Krise des Staatshaushalts und der Volkswirtschaft der Republik Griechenland." Rezession nennen das die Fachleute, Rückgang der Konjunktur, also der Wirtschaftsentwicklung, worauf ich im Chor unparteiischer Wirtschaftswissenschaftler Zweifel anmelde, obschon die Anklagepunkte massiv sind. Überdimensionierter und ineffizienter Staatsapparat. Also übermäßig aufgeblasen nach Länge, Breite, Höhe und unergiebig leistungsfähig. Traditionell sei dies, so ist zu lesen, also herkömmlich in bestem Sinne einer Selbstbedienung, dass die jeweils Regierenden den Mitgliedern ihrer Partei Arbeitsplätze in der Verwaltung verschaffen. Beeindruckend ist das Ergebnis einer erstmals im Juli 2010 durchgeführten Zählung: Griechenland gönne sich präzise 768.009 staatlich Angestellte. Gemessen an den insgesamt 4.389 Millionen Erwerbstätigen in Griechenland, wären dies demzufolge 17,49%, die beim Staat angestellt sind. Laut Wirtschaftsprofessor Panajiotis Petrakis soll es sich sogar um 24% aller Arbeitnehmer handeln, da viele mit Zeitverträgen, also ohne Beamtenstatus für den Staat arbeiten. Vierzehn Monatsgehälter versüßen den Staatsbediensteten die Jahresfron fünfmal wöchentlich ins Büro zu müssen und nicht an den Strand zu dürfen. Genüsslich melden deutsche Zeitungen das Vorhandensein von griechischen Phantomrentnern über den Tod hinaus. Ob dies unter Zuhilfenahme von Kühltruhen praktiziert wird oder durch Mumifizierung in gut durchlüfteten Höhlen, entzieht sich meiner Kenntnis. Mit 21.000 Phantomrentnern habe man gerechnet. 63.500 himmlischen Pseudoruheständlern wurden die monatlichen Rentenbezüge entzogen. Jährliche Einsparung: 450 Millionen.

Den strebsamen Deutschen das blanke Futter zum festgeschriebenen Urteilsspruch „die faulen Griechen". Die Qualitätsjournalisten bereiten das Beet und erfreuen sich der sprießenden Verbalinjurien aus dem Volk, was wiederum zur journalistischen Auswertung herhalten muss; denn zur Aufarbeitung des eigentlichen Übels fehlen Schneid und Möglichkeit. Und wer möchte schon gegen ein Konzernblatt anschreiben, um danach mit seiner Familie aus dem Penthousedomizil im Herzen Berlins in einen Plattenbau am Stadtrand umziehen zu müssen.

Als Freischaffender - neudeutsch „Freelancer" geheißen – darf ich mich bereits zur „Neuen Armut" einordnen und übernehme gern den undankbaren Job.

Pro und Contra

Selber schuld, ihr faulen Säcke.
Streckt euch lieber nach der Decke,
die euch Brüssel vorgegeben.

Griechen, wollt ihr besser leben,
müsst ihr schon die Beine heben
und euch etwas mehr bemühn,
dann wird Hellas wieder blühn.

———

Hört gut zu, ihr Börsendeppen:
Mögen euch beim Geldsackschleppen
Hosennaht und Bruchband reißen.
Möge Zeus euch früh beim Scheißen,
zornig Volksverderber heißen
und sein Blitz die Banken lähmen.
Dann gäbs Zeit für euch zum Schämen.

Rundfunk, Fernsehen und Mainstream-Presse verbreiteten im Sommer 2015 zu wiederholten Malen das Märchen von den faulen Griechen und die Heldensaga von den arbeitsamen Deutschen, die für die Trägheit der Griechen zahlen müssen.

Die Wahrheit ist, dass vom Geld der Rettungspakete nur wenig beim Volk der Griechen angekommen war und auch weiterhin ankommen wird.

Vorrang hatten die vier Hellas-Banken, woran sich bis auf weiteres nichts ändern wird.

Zur Wahrheit gehört auch, dass der deutsche Fiskus von der Griechenlandkrise ungemein profitiert hat. Das stellte eine Untersuchung des *Instituts für Wirtschaftsforschung (IWH)* fest. Aber auch das *Institut für Weltwirtschaft* kam in einer Studie zum selben Ergebnis. Die aufgrund der Krise gesunkenen Zinsen auf deutsche Staatsanleihen, machten das „Wunder" möglich. Innerhalb von viereinhalb Jahren konnte die deutsche Staatskasse 100 Milliarden Euro einsparen. Diese Einsparungen übertrafen die Kosten der Krise selbst dann, wenn Griechenland keinen einzigen Cent seiner Schulden zurückzahlen würde.

Christdemokrat Wolfgang Schäuble, Finanzminister der Bundesrepublik Deutschland, wäre der richtige Ansprechpartner.

Da wir seine Vorgehensweise inzwischen kennen, sei ihm die folgende Seite zugeeignet und reinen Herzens gegönnt.

Für Griechenland ein besseres Leben?
Schäuble könnte Auskunft geben,
falls er wollte, wie er sollte,
aber leider niemals will.

Drum sieht er sich lieber still;
denn in süffisantem Schweigen
lässt sich selten was vergeigen.

Statt einer Antwort

(frei nach „Couplets des Orest" von Peter Hacks)

Schäuble belächelt Griechenlands Schwächen,
zeigt uns stets die leere Hand.
Wer wird am Ende die Zeche blechen?
Das brave Volk von Griechenland.

Kapital ins Ausland zu verbringen, auf eine dieser Finanzoasen zum Zwecke von Steuervermeidung und Verschleierung krummer Geschäfte, gehört unter Eliten inzwischen zu einer Art Sportdisziplin, der ich die Fachbezeichnung *Monetäres Turnen* verleihen möchte. Fördert die heimische Kontengesundheit: Abspecken, Verschlanken, das Übergewicht an optisch auffällig störende Zahlenreihen dezimieren und deshalb besser auf robustverträglichere Positionen verlagern, ist ein Heilmittel, das sich zum Wohle imperialer Allmacht eines Jahrhundertfriedens hat erfreuen dürfen.

Dass sich dies unter der hässlich entschleiernden Bezeichnung *Briefkastenfirma* inzwischen auch beim bislang unwissend gehaltenen, brav Steuer zahlenden armen Volk, herumgesprochen hat, brachte Unruhe in die Idylle der Moneymaker-Suchtgemeinde.

Wenn ich früher „Stiftung" las, wurde mir warm ums Herz, weil ich an Mildtätigkeit dachte. Doch inzwischen gelangte an die Öffentlichkeit, dass nach liechtensteinschem Recht, es den dort errichteten Stiftungen erlaubt ist, ein Vermögen von seinem tatsächlichen Eigentümer zu trennen und somit unauffällig still und leise in die Anonymität zu verpflanzen.

> In ein Eckchen auf ein Fleckchen,
> wo keine Behörde mäht,
> wo nach Gold- und Silberbarren
> keine Hühner suchend scharren
> und kein Hahn nach Steuern kräht.

Offshore-Financial Place, sagen die Experten und fühlen sich immer noch über dem Gesetz stehend und sicher, obwohl Politiker etwas anderes sagen. Offshore bedeutet wörtlich Küstenferne, doch verstehen sollten wir darunter besser die juristische Deutung, die besagt, dass die finanziellen Vorgänge außerhalb üblicher Rechtsnormen liegen. Warum geht es Griechenland so schlecht? Und eigentlich auch Spanien und Italien im europäischen Verbund? Weil in den Ländern ansässige Banken und Konzerne einen Großteil ihrer unsauberen Geschäfte offshore abwickeln. Über Briefkastenfirmen an Standorten mit besonders niedriger Besteuerung, mitunter sogar völliger Steuerbefreiung. Unternehmensberater, denen es auffällig gut geht, sind mit Sicherheit auf diesem Wege reich geworden, indem sie ihren Kontrahenten Steuergeldschlupflöcher empfohlen hatten, diese natürlich so nicht bezeichneten, sondern lediglich sagten, dass es sich um einen Unternehmensplatz handle, der garantiert absolute Diskretion wahre, Rechtssicherheit und Stabilität. Durch den Fortfall dokumentierender Formvorschriften werde es selbstverständlich möglich sein, im Zuge von Rechtsgeschäften Kapital und Unternehmensanteile undurchsichtig einfach zu verschieben. Der Berater wird gewiss auch auf Offshorebusiness trainerte Rechtsdienstleister zu benennen wissen, die Firmen oder auch nur privat Reichen helfen, systematisch klug und sicher Steuerzahlungen zu vermeiden.

Dem bekannten Anwalt der Liberalen, der sich zu diesem Thema bereits mehrfach in Gesprächs-

runden geäußert hat und unverhohlen zugab, Wege zu kennen, sogar gesetzestreu Besteuerungen
zu entgehen, schenke ich gern diesem Reim:

Möglichkeiten gibt es viele:
Hauptsache, man kommt zum Ziele!

Die Faxen dicke, wie die Berliner zu sagen pflegen, hatte das griechische Volk im Januar 2015 und entschied sich vielstimmig für Alexis Tsipras und dessen linkssozialistische Partei Syriza, die allerdings einer Verstärkung bedurfte, um ein Kabinett Tsipras bilden zu können. Dass es eine national konservativ rechtspopulistische Partei sein musste, dürfte rechnerische und auch strategische Gründe gehabt haben. Schließlich gibt es in Griechenland auch eine Sozialdemokratische Partei und sogar zwei kommunistische Gruppierungen. Diese Problematik gibt es auch in Deutschland, wo sich leider auch nichts zusammenschiebt, was doch eigentlich zusammengehören sollte.

In Griechenland hatte der konservative Samaras das Sagen gehabt, war mit der europäisch diktierten Sparpolitik einverstanden gewesen, aber mit der rücksichtslosen Härte der Brüsseler zugunsten der Banken auch nicht so recht zufrieden. Im Dezember 2014 hatte es Schwierigkeiten bei der Präsidentenwahl gegeben. Selbst nach drei Wahlgängen im Parlament war keine Mehrheit erreicht worden. Laut Athener Verfassung bedeutet dies: Auflösung des Parlaments innerhalb von zehn Tagen und Neuwahlen innerhalb eines Monats. Das war eine Situation, die den vom wachen Großkapital gesteuerten Brüsseler Obermachern absolut nicht in den Kram gepasst hatte. Das Angstkorsett Links, das für alle Neoliberalen gleichbedeutend mit Profiteinschnürung ist - Gewinnlähmung bis zur Bewusstlosigkeit - löst, zu welcher Zeit auch immer, Panikschübe aus, da

Brüssel sich hatte ausrechnen können, mit der Klarsichtpartei Syriza nach gewonnener Neuwahl eine Menge Ärger zu bekommen.

Präzise vorausgesehen: Yanis Varoufakis - im Tsipras-Kabinett Finanzminister geworden - zeigte erwartungsgerecht kämpferische Qualitäten. Im Anschluss an die gewonnene Parlamentswahl, stellte die neugebildete Regierung am 19. Februar 2015 einen Antrag auf Verlängerung der Finanzhilfen. Doch Brüssel, wie zu erwarten, stellte sich taub. Statements hingegen gab es reichlich: EU-Parlamentspräsident Martin Schulz sagte ungerührt: „Griechenland steht finanziell am Abgrund. Kurzfristig ist es so, dass zwei bis drei Milliarden erforderlich sind, um die laufenden Verpflichtungen Griechenlands aufrechtzuerhalten."

Finanzminister Wolfgang Schäuble: „Das aktuelle Hilfsprogramm der internationalen Geldgeber läuft nur bis zum 28. Februar." Nahezu unisono tönte es nervig aus den Fernsehkanälen: „Griechen, bringt euren Haushalt in Ordnung!" Oliver Welke in der ZDF-„*heute show*": „Die Griechen – eine schrecklich bankrotte Familie!"

Schließlich gab es immerhin ein Treffen Merkel-Tsipras. Die Bundeskanzlerin äußerte sich nach dem Gespräch mit folgenden Worten: „Die Begegnung war sehr freundlich. Die neue linksgerichtete Regierung Griechenlands will neben der Troika auch die Hilfsprogramme der internationalen Geldgeber loswerden. Deutschland, als der größte Einzelkreditgeber der Eurozone, muss auf Einhaltung der Vereinbarungen bestehen."

Unter „Vereinbarungen" ist das „Memorandum of Understanding" zu verstehen. Diese politische Stellungnahme unter der freundlichen Zeile gegenseitigen Verstehens oder Verständnisses - in der Kürze des englischsprachigen Originals nahezu liebevoll sanft -, hätte, aus sozialer Sicht betrachtet, besser „Auflage" heißen sollen, weil mich das ganze Prozedere in Griechenland schmerzhaft an den Ausverkauf der DDR erinnerte.

Während die DDR-Bürger nach dem Wegfall jeglicher Eingrenzung wie benebelt noch jubelten und erst allmählich die Schatten des freien Marktes erkannten, stürzte das Volk der Hellenen fallgrubenartig ins Elend. Ein Buchprüfer im Dienst der „Troika" schilderte das so: „Ansehen zu müssen, wie die Menschen leiden, war furchtbar. Während wir in teuren Hotels logierten und mit dem Taxi zu den jeweiligen Kontrollen gefahren wurden, brachen zur selben Zeit die Jobs der Bürger weg, sanken bei jenen, die noch Arbeit hatten, die Löhne, indes die Mietpreise stiegen."

Saubere Arbeit, systemgesteuertes Europa! Die Menschen in Süditalien, in Spanien und Portugal werden Ähnliches zu berichten haben. Nun klagen sogar die Engländer, fühlen sich von Brüssel bevormundet, und ein Großteil der Briten möchte raus aus dem Verbund der Europäer.

„Was mag die Griechen an der doch so bildhaften Bezeichnung „Troika" stören, dass sie derart dagegen wettern?", fragte sich der Europa-Rat naiv in Brüssel.

Nun, ich bin kein Grieche, aber wenn ich „Troika" höre, sehe ich den von drei Pferden gezogenen

Schlitten oder Wagen, höre gleichzeitig „Nagaika", diese kurzstielige Peitsche mit rundem Griff und geflochtenen Lederstreifen und einer kleinen in Leder eingebetteten Metallkugel am Ende, zur Aufmunterung der Rösser, aber auch zur Gegenwehr, falls Wölfe Rast und Notdurft der Reisenden stören sollten.

Während Brüssel, zum Wohle der Reichsten unter den Reichen, in den Griechen die Wölfe sahen, sah Yanis Varoufakis, der Finanzbeauftragte des Tsipras-Kabinetts, die schmerzhafte Peitsche der groben Hauptverursacher allen Elends in Europa: die Geißel des auferstandenen, alles verschlingenden Molochs Großkapital.

Am Sonntag, dem 15. März 2015, konnte Günther Jauch nicht umhin, sich unter der Veranstaltungskuppel des umfunktionierten historischen Gasometers in Berlin-Schöneberg dieses Themas anzunehmen. Der unter Denkmalschutz stehende Bau, einst Wahrzeichen der „Roten Insel", im Herbst des Jahres 1912 von Lyonel Feininger futuristisch festgehalten, war seit 2011 Jauchs Domizil seiner Nebeninsel Politjournalistik geworden. Zu diesem Anlass hatte er sich, neben eines Aufgebots verlässlicher Unterstützer, per Videoschaltung Yanis Varoufakis zum öffentlichen Abwatschen eingeladen. Es war die Sendung, in der die Jauchredaktion die „Mittelfinger-Präsentation" hinterhältig gegen Varoufakis einsetzte, was Günther Jauchs bereits schwelenden Entschluss festigte, seinen über viele Jahre hinweg erarbeiteten und gefestigten Status zu erhalten und zum Jahresende aus der rufschädigenden Nervenmühle journalistischer Überforderung auszusteigen.

Doch noch war es nicht so weit. Das schmale kippelige Glas seines journalistisch angeschlagenen Ansehens bedurfte offenbar noch einiger Tropfen. Hannah Pylarczyk schrieb auf *spiegel-online, kultur*:

„Statt mit Varoufakis die sachliche Auseinandersetzung zu versuchen, ließ sich Jauch von seiner Redaktion CSU-Hetzer Markus Söder und *BILD*-Trompete Ernst Elitz in die Runde setzen. Neben Gästen, die unverdächtig waren, das Niveau der Sendung zu heben, fühlte sich Jauch stets am wohlsten."

Mit der fehlerhaften Ankündigung seines aus Athen zugeschalteten Gastes Yanis Varoufakis war das Unheil nicht mehr aufzuhalten. „Manchem gilt er als italienischer Bruce Willis", sagte Jauch und schaffte es damit, einen Versprecher und einen misslungenen Vergleich im Doppelpack unter die 8,5 Millionen Zuschauer zu platzieren. Und dann vollzog sich das Grand-Malheur des Abends, das sich vorerst ganz im Sinne der Verleumder gestaltete: Jauch, seiner Trumpfkarte siegessicher, präsentierte Varoufakis mit einem Satz aus dem Jahr 2013, als er als Wissenschaftler und scharfer Kritiker der damaligen griechischen Regierung sagte, dass er vor fünf Jahren bereits die Bedingungen, die von Deutschland und Europa für die sogenannte Rettung Griechenlands gestellt wurden, abgelehnt hätte. „Ich wäre lieber den Weg Argentiniens in den Staatsbankrott gegangen und hätte im Januar 2010 erklärt, dass Griechenland pleite ist und insofern den Deutschen den Finger gezeigt und gesagt: Ihr könnt das Problem jetzt alleine lösen."

Hier die englische Originalfassung: „ … and stick the finger to Germany and say: Well, you can now solve this problem by yourself!"

Und genau dieser kurze Ausschnitt wurde gezeigt und in der deutschen Präsentation so dargestellt, als hätte Varoufakis diesen Satz bereits als Finanzminister zum aktuellen Geschehen gesprochen.

Jauch, siegessicher und deshalb mutig: „Der Stinkefinger für Deutschland, Herr Minister. Die Deutschen zahlen am meisten und werden dafür mit Abstand am meisten kritisiert. Wie passt das zusammen?"

Yanis Varoufakis erklärte auch sofort das Gezeigte als manipuliert, sprach von Fälschung, was ihm aufgrund der vorgeführten Sequenz keiner glaubte, wie überhaupt das Publikum im Gasometer mehr oder weniger an den falschen Stellen klatschte.

Natürlich wurde auch an diesem Abend die Populistenkarte gespielt.

„Wir sind eine antipopulistische Partei", konterte Varoufakis. „Bei uns greift der Hunger um sich."

Und als der Vorwurf wiederholt wurde, dass Deutsche Griechenlands Schulden bezahlen müssen, und Jauch auch die Korruption erwähnte, konterte Varoufakis berechtigt: „Deutsche zahlen für deutsche Banken, damit diese nicht pleite gehen. Wir sind gegen korrupte Regime. Reden Sie nicht mit mir, als wäre ich ein Vertreter der alten Regime.

Geld, das geplündert worden ist, liegt in den USA und London."

An derlei unfreundlichen Wahrheiten wurde ratzfatz vorbeigesteuert. Hier einer von Söders Einwürfen: „Bei Griechenland brennt der Kittel!"

Und Ernst Elitz, einst Gründer von Deutschlandradio, inzwischen rentenaufbessernd für das Boulevardblatt BILD schreibend, voll im Haudraufstil: „Mir scheint, der Minister hat Weichspüler geschluckt und Kreide gefressen!"

Varoufakis wehrte sich tapfer gegen die Angriffe: „Die wahren Heuschrecken kommen ungeschoren davon!" Am Idealeuropa sei sehr viel Schaden angerichtet worden, ergänzte er und bezeichnete die Sparprogramme als übles „waterboarding", womit er die CIA-Verhörmethoden ansprach, jemandes Kopf bis kurz vorm Ersticken unter Wasser zu drücken.

Ulrike Herrmann, Wirtschaftsjournalistin der *taz,* war der erfreulich ruhende Pol in der Runde, lächelte zufrieden, wenn Varoufakis sprach und erklärte die „schwarzen Löcher" der Herren Söder und Elitz als identifizierbare Kartenhäuser, die aufgrund eindeutiger Bankenfehler zusammengefallen waren.

Am Tag darauf, am Montag, dem 16. März 2015, gab es ein waterboarding anderer Art: Die Druckmedien schossen sich dankbar auf Varoufakis ein. Führend darin, weil geübt, das Flaggschiff schneller Exekutionen: die BILD-Zeitung: „Varoufakis verliert gerade den letzten Rest Vertrauen in Deutschland, indem er der Lüge vor einem Millionenpublikum überführt wird." Auch die seriöse

Frankfurter Allgemeine Zeitung (FAZ) ließ es sich nicht nehmen, auf den Abstrafungszug mit aufzuspringen. In der *BZ* breitete sich Matthias Mattusek *sophistisch* genüsslich aus und ritt dabei selbst das Pferd der Spitzfindigkeit, unter dessen Hufe er bereits in wenigen Tagen liegen wird, in Gesellschaft von CDU- und CSU-Politikern, mit an der Spitze Volker Kauder (CDU-Obermacher und Shameshow-Experte): „Es ist nicht akzeptabel, dass ein Regierungsmitglied im deutschen Fernsehen so lügt, wie es der Herr Finanzminister gemacht hat."

Doch bereits vier Tage später das Echo auf die Nachtsendung der Satire- und Kulturshow *Neo Magazin Royale* mit Jan Böhmermann, der mit dieser Ausgabe im Zweiten Deutschen Fernsehen (ZDF) zum „König umstürzlerischen Humors" aufstieg, indem er offenlegte, wie schnell und leicht ein Millionenpublikum in die Irre geführt werden kann. Er zeigte, wie seine Redaktion im Internet einen Mitschnitt entdeckte: den Ursprung der Fingerszene anlässlich eines Gastauftritts Yanis Varoufakis´am 15. Mai 2013 in Zagreb (Kroatien) beim *Subversive Festival,* einer kapitalismuskritischen Veranstaltung, in der Varoufakis auf eine Zuschauerfrage antwortete und tatsächlich den Mittelfinger hochreckte, aber unter einem anderen Bezug, der nachzulesen ist.

Als Varoufakis bei Jauch mit dieser Aufnahme konfrontiert wurde und den verfälscht manipulierten deutschen Text übersetzt bekam, reagierte er berechtigt mit dem Einwurf „doctored" - manipuliert, was bezüglich des aus dem Zusammenhang gerissenen Textes stimmte, der den Eindruck vermittelte, dass Varoufakis dies bereits als griechischer Finanzminister sagte. Dies hätte Varoufakis erläutern müssen. Stattdessen erklärte er fälschlicherweise die gesamte Szene optisch für manipuliert bearbeitet, was nicht stimmte und somit den notorischen Gesamtverleumdern Auftrieb gab.

Richtig konfus, und damit gleichzeitig für Jauch und dessen Redaktion beschämend peinlich, wurde es erst durch Jan Böhmermanns satirische Neufassung der Zagreb-Sequenz, bei der anschaulich gezeigt wurde, wie einfach es ist, einen besonders schön lang und deutlich hochgereckten Mittelfinger einzukopieren.

Am darauffolgenden Morgen, Donnerstag, dem 19. Mai 2015, ergoss sich eine Gegenwelle auf die bereits noch aktuelle Woge der Varoufakis-Vernichter.

„Jauch under water", schrieb ich in mein Diarium. Und: *„Ein Lob den Journalisten, die sich dem Mainstream widersetzen und folgende Stellungnahmen veröffentlichen: Die Empörungsrepublik Deutschland im Spiegel ihrer Fratze. Die Wirkungsweisen öffentlicher Debatten entlarvte Böhmermann auf diese Weise besonders köstlich. - Die griechische Tragödie juckt keinen. Es wird nicht hinterfragt. Draufhauen ist angesagt."*

Im *Handelsblatt* schrieb der frühere NDR-Chefreporter Christopher Lütgert: „Dass der RTL-Quizonkel Günther Jauch wochentags die ARD-Quote zerschießt und am Sonntag als ARD-Dampfplauderer unsere 'Glaubwürdigkeit' beschädigen darf, ist unerträglich."

So wurde Jan Böhmermanns Manipulations-Satire für Jauch zum Kraut höchster Unbekömmlichkeit.

Yanis Varoufakis schickte per Twitter eine Dankadresse an Jan Böhmermann und dessen Team: „Humour, satire and self deprecation are great solvents of blind nationalism. We politicians need you badly." - „Humor, Satire und bespiegelnde Missbilligung sind große Offenlegungen eines blinden Nationalismus. Wir Politiker brauchen Sie dringend."

Dass somit das ansonst totgeschwiegen gebliebene Symposium in Zagreb eine Wiederbelebung erfuhr, war zu begrüßen, weshalb ich auch in dieser Schrift gern dem Organisator dieses wissenschaftlichen Zusammentreffens, dem kroatischen Philosophen Srećko Horvat, den ihm gebührenden Platz einräume, der auf Presseanfragen zu dieser Veranstaltung folgendes sagte: „Das Rahmenthema 2013 hieß: Die Zukunft Europas. Neben Yanis Varoufakis hatten wir viele andere prominente Gäste. Nicht nur Alexis Tsipras, auch Oliver Stone und Aleida Guevara, die Tochter von Che. Ja, wir glauben an ein anderes Europa, in dem wir nicht über griechische Finger reden, sondern in dem wir schließlich alle schmutzigen Finger – von Berlin bis Brüssel – aufzeigen, die uns in die Krise gebracht haben und darauf bestehen, dass die einzige Antwort nun neue Maßnahmen der Austerität und der Schuldenknechtschaft sind."

Am 04. Mai 2015 meldete sich der ehemalige Premierminister Papandreou zu Wort und erinnerte bezüglich des zweiten Hilfspakets im Jahre 2011 an seine Forderung nach einem Volksentscheid für einen Schuldenschnitt der griechischen Staatsschulden und hatte des weiteren das erste Referendum in Erinnerung gebracht, als es im Jahr 1974 darum gegangen war, eventuell die Monarchie wieder einzuführen. Das Volk hatte sich damals für die Republik entschieden. 2011 war Papandreous´ Schuldenschnitt-Antrag am Widerstand mehrerer Regierungsmitglieder gescheitert. Auch Tsipras war unter jenen gewesen, die vor einem Kollaps von Wirtschaft und Banken gewarnt hatten. Nun, im Jahr 2015, hatte er umgedacht, war für ein Referendum.

Brüssel war entsetzt, zeigte sich öffentlich aber nur enttäuscht. Die Druckmedien und das Fernsehen ließen den Krokodilstränen freien Lauf. Geheuchelte Betroffenheit, da keine Dankesworte aus Athen, wo doch das Europaparlament per zwölftem Februar 2015 die Bezeichnung „Troika" zurückgenommen hatte. „Institutionen" nannte sich seit dem 13. Februar das Triumvirat, das nach wie vor aus Vertretern der Eu-Kommission, der Europäischen Zentralbank und dem Internationalen Währungsfonds bestand. Also nach wie vor die unnachgiebig fordernde Dreiergruppe in Vertretung jener, die auf Deibel komm raus in den Zockerzentralen London, Frankfurt, NewYork den Finanzstrudel in Gang gesetzt hatten, der wie ein Tsunami sich über alle Küsten gewälzt und unter dem Advokatenspruch „Höhere Gewalt" sich zum Gipfel der Frechheit aufgetürmt hatte, für dessen Unverschämtheit von den überlebend Unschuldigen auch noch jede Menge Geld verlangt wurde.

So war ein Treffen der europäischen Finanzminister ergebnislos verlaufen, nachdem der griechische Finanzressortchef Yanis Varoufakis seine Zustimmung für eine gemeinsame Erklärung zurückgenommen hatte.

Erinnernd erklärte er seinen Landsleuten und der internationalen Öffentlichkeit, dass die „Institutionen" weiterhin aus den drei Säulen *EUROPÄISCHE ZENTRALBANK, INTERNATIONALER WÄHRUNGSFONDS und EUROPÄISCHE KOMMISSION bestehen werden,* die Ursachen des griechischen Elends jedoch weiterhin im Erbe einer unsäglichen Vergangenheit korrupter Spekulanten zu suchen sind und keineswegs unter den Werktätigen, so dass es systemisch ungerecht sei, die unschuldige Öffentlichkeit mit gekürzten Löhnen, Erhöhung der Arbeitszeit und Schmälerung der Sozialausgaben zu bestrafen. So müsse es ein Ende haben, die Mehrheit klein zu halten und die Reichsten unter den Reichen extrem zu schonen.

Na hopplahopp, riefen da die gewitzten Köpfe der Gegenseite und beauftragten vorbeugend geübte Schwachstellensucher und Fallensteller, um nach eventuell dunklen Seiten in Varoufakis Leben zu fahnden. Also richtig fündig wurden sie nicht, aber immerhin etwas Lohnendes zum Auswalzen und Ausbreiten fand sich. Varoufakis war Mode geworden, gab an dreißig Tagen vierzig Interviews. Dankbare Gelegenheiten, seine Gedanken für ein besseres Leben aller Menschen in Europa zu verbreiten. Leider dumm, dass Blätter auch auf Bilder bestehen. Und das Hochglanz-Edelmagazin *PARIS MATCH* auf besonders brillante Fotos Wert legte. Also ließen Yanis und Gattin Danae die Glamour-Experten aus Paris in die Penthouse-Wohnung am Fuß der Akropolis. Paris ist weit und Griechenland ist arm, also wird schon keiner das teure Heft erwerben. So mochten die Eheleute Varoufakis vielleicht gedacht und die Sensationsjäger ausgeklammert haben und vor allem die abwertungshungrige Journaille der Konzernmedien, die auf eine Gelegenheit wie diese nur gewartet hatten. So wurde das „Unternehmen Homestory" zu einem Golgathaweg für Danae und Yanis.

Varoufakis hatte dem begleitenden Text vertraut, der in Frankreich hilfreich gewesen sein mochte. Doch was ist ein intellektueller Text gegen die Sprache üppiger Hochglanzfotos in Farbe. Blick von der Dachterrasse auf die Akropolis. Die Bilder atmen Wohlhabenheit. Die perfekte Vorgabe für Spott, Hohn und Anklage. „Meine Wohnung, meine Frau, mein Klavier". Das ist heute noch im Internet unter dem Datum „Freitag, der 13. März 2015" auf n-tv zu lesen. Auch das noch, dass für Abergläubige ebenfalls etwas geboten wurde. „Varoufakis, der Narziss". Na, wenn das nicht zu Griechenland passt, dachte auch ich und betrauerte diesen Fehler der Familie Varoufakis in einer für Griechenland so schwierigen Zeit. Dem Vorurteil, dass Griechenland seine Armut nur spiele, war mit diesem Bildbericht Auftrieb gegeben worden. Varoufakis reagierte sofort im griechischen Fernsehen mit folgenden Worten: „Ich frage mich: Gefällt dir diese Ästhetik? - Nein. Und ich bereue es. Wir beide bereuen es."

In der Nacht auf den 27. Juni 2015 kündigte Ministerpräsident Tsipras einen Volksentscheid für den 05. Juli an. Am 28. Juni wurde das Referendum im Parlament gebilligt.

Wie zu erwarten war, witterte Brüssel Gefahr und begann unverzüglich Proteste anzuschieben. Der Europarat erklärte einen Volksentscheid aus Sicht der Gläubiger für unverbindlich, da ein Referendum zum Zeitpunkt der letzten Verhandlungen am 25. Juni nicht zur Debatte gestanden hatte und außerdem vom 01. Juli an ein neues Programm laufe. Es wurde sogar privat gegen das Referendum geklagt. Das Gericht in Athen wies die Klage ab.

Vizekanzler und Wirtschaftsminister Sigmar Gabriel und weitere Politiker der Eurostaaten warnten, dass ein Nein das Ausscheiden aus dem Euro-Bund bedeuten würde. Der italienische Ministerpräsident Matteo Renzi und der französische Präsident Francois Hollande zeigten sich enttäuscht. Und Jean-Claude Juncker fühlte sich gar „ein wenig verraten".

Am 29. Juni 2015 erklärte Ministerpräsident Alexis Tsipras der Öffentlichkeit in einer Fernsehansprache den Hintergrund und die Wichtigkeit des Referendums, nannte den Tag des Volksentscheids und empfahl, im Interesse einer Gesundung Griechenlands mit óXi – also mit Nein zu stimmen.

Erneute Aufregung unter den Interessenvertretern der „Institutionen". Der Termin sei zu kurz. Der Öffentlichkeit sei nicht Zeit genug gegeben, sich gründlich zu informieren, um das Für und Wider richtig einzuschätzen und abzuwägen.

Die Linken kannten dieses Spielchen mittels der hinterhältigen Kraft und Macht öffentlicher Beeinflussung durch Presse, Privatrundfunk und Privatfernsehen. Und so stand der Termin und blieb beim 05. Juli 2015. Und wie zu erwarten, stimmte die Mehrheit der Griechen mit einem OXI – einem deutlichen Nein – zu den Knebelungsvorgaben der Gläubiger und des Parlaments in Brüssel.

Heftige Schelte gegen Griechenland in allen Medien. Sigmar Gabriel (SPD): „Tsipras hat die letzten Brücken eingerissen." - Hollande und Merkel hingegen unisono: „Das Votum der griechischen Bürger ist zu respektieren." - Und schon ruderte Gabriel, der Mann ohne Meinung, zurück und sagte nun: „Die Griechen haben meinen vollen Respekt."

Die Talkshowrepublik, medial befeuert, eröffnete eine Großoffensive, in die praktischerweise gleich Russland mit einbezogen wurde. Die Zeitung mit den großen Buchstaben schrieb: „Russland oder Griechenland – wer ist gefährlicher?" Zu einer weiteren Journalistenfrage „Ruiniert Griechenland den Euro?", gibt es eine traurige Antwort von mir: Der Euro ruiniert Griechenland, und die Staaten Italien, Spanien und Portugal gleich mit.

Die Proteste von Links gegen Brüssels Sparpolitik, und gegen die des deutschen Finanzministers Schäuble im Besonderen, waren nicht zu überhören: „Macht mit dem herrschenden Wirtschaftsdenken Schluss, dreht klug und entschlossen Europa auf Links. Austerität, Effizienz, Wettbewerbsfähigkeit sind üble Vokabel im Dienst der Dominanz eines kranken ökonomischen Prinzips. Deutschland steht in schlechtem Ruf, ist dienendes Zugpferd eines neokolonialistischen Imperiums, das sich kraft seiner Wirtschaftsmacht ein Europa nach den eigenen Vorstellungen und Träumen baut."

Slavoj Žižek, der slowenische Philosoph, zitierte 2015 einen Satz des französischen Philosophiekollegen Gilles Deleuze, den Žižek auf Angela Merkels europäischen Traum bezog und den ich hier aus dem Gedächtnis wiedergebe: „Wenn du im Traum eines anderen gefangen bist, hast du schlechte Karten." Und Žižek formulierte weiter: „Viele Griechen, aber auch andere Südeuropäer haben derzeit das Gefühl, in diesem Traum festzustecken. Varoufakis möchte sie aus diesem Traum herausholen."

Erschreckend zeigte sich im Zusammenhang mit der Griechenlandschelte die Vergesslichkeit, wobei zu berücksichtigen ist, dass intelligente Politsatire bei weitem nicht die Zuschauerbreite erfasst, die ein Musikantenstadl um 20 Uhr 15 erreicht. Kabarettbeiträge, die an den Grundfesten europäischer Finanzpolitik rütteln, werden meist spät abends ausgestrahlt, wenn die im Arbeitsprozess befindliche Mehrheit der Fernsehgemeinde bereits erschöpft zu Bett gegangen oder vor dem Fernsehgerät eingeschlafen ist.

Am 31. März 2015 - auf dem Höhepunkt der Griechenlandkrise - hatte das Zweite Deutsche Fernsehen (ZDF) die Folge 10 der Reihe „Die Anstalt" mit den beiden Machern Max Uthoff und Claus von Wagner gezeigt. Leitzeile ihres kritischen Tuns: „Bananenrepublik".

Schon vor der Ausstrahlung war unter Insidern zu hören: „Investigativ goes Satire. Die Anstalt beendet die allgemeine Klamauk-Epoche und befördert politisches Kabarett zu neuen Ufern."

Die Folge 10 hat es in sich und ist immer noch im Internet abrufbar. Der Zuschauer sieht ein griechisches Restaurant, drei Herren von der Troika und einen Wirt, dem alles weggespart wurde, und im Verlauf der Sendung erfährt der Zuschauer den ganzen Irrsinn des Kaputtsparens, wobei nicht zu erwähnen vergessen wird, dass unter den ersten Maastricht-Stabilitätspaktverletzern – man hörte und staunte - die Bundesrepublik Deutschland glänzte. Beeindruckend die Szene im deutschen Außenministerium, in der sich ein Vertreter Griechenlands nach den 300 Milliarden erkundigt, die Deutschland den Griechen als Wiedergutmachung für Gräueltaten und Schäden im Zweiten Weltkrieg schuldet. Es ist schmerzlich, aber auch inzwischen vertraut, wie geschichtsvergessen blasiert grob argumentiert wird: Unverhüllt schamlos zu vernehmen im Fernsehen, in der Presse, im Rundfunk. Nichts von Demut, nichts von Reue. Zwischen 1941 und 1944 starben mehr als 80.000 Griechen. Nach Russland, Polen und Jugoslawien war das griechische Volk unter jenen, die am heftigsten unter der deut-

schen Besetzung zu leiden hatten. Der Informationstext spricht das Massaker an, welches SS-Einheiten im Bergdorf Distomo, nahe bei Delphi, angerichtet hatten. Es war die 4. SS-Polizei-Panzergrenadier-Division, die im Zuge einer Vergeltungsaktion 218 Dorfbewohner umbrachte, darunter, Frauen, Greise, 34 Kinder und vier Säuglinge. Keiner der Erwachsenen war an Partisanenkämpfen beteiligt gewesen. Während der gespielten Außenministeriumszene ist das Bild eines zehnjährigen Jungen zu sehen. Der Vertreter des Außenministeriums zeigt sich unbeeindruckt eisig, spricht von kriegsbedingten Folgen aufgrund des Widerstands gegen das Besatzungsrecht. Der Vorgang am 10. Juni 1944 sei als Maßnahme im Rahmen deutscher Kriegsführung zu verstehen. Dann schwenkt die Kamera vom Bild des Jungen hinüber zu einem grauhaarigen Mann, der am Tisch des griechischen Restaurants sitzt. Es ist der Junge von einst, dessen Eltern unter den Toten waren, während er hatte flüchten können. Sein Name: Argyris Sfountouris. Und die Mitteilung des alten Mannes entspricht dem Text der vorangegangenen Spielszene und macht fassungslos. Seinem Antrag auf Entschädigung, gerichtet an die deutsche Botschaft in Athen, könne nicht entsprochen werden. Grund der Verweigerung: die Angelegenheit sei inzwischen verjährt.
Offenbar hatte sich die Bundesrepublik in Bonn hinsichtlich der Teilung Deutschlands um eine Gesamtverantwortlichkeit recht geschickt herumzudrücken verstanden, weshalb erst im Oktober des Jahres 1997 das Landgericht von Livadia (Mittel-

griechenland) die deutsche Bundesrepublik in einem erstinstanzlichen Versäumnisurteil zur Zahlung von 37,5 Millionen Euro verurteilen konnte. Wie zu erwarten war, stellte das inzwischen vereinigte Deutschland einen Revisionsantrag, der aber im Monat Mai des Jahres 2000 vom Ários Págos, dem Obersten Gericht der Zivil- und Strafgerichtsbarkeit zurückgewiesen wurde. Was zu befürchten war, trat ein: Deutschland saß wieder auf sehr hohem Pferd und zahlte keinen Cent. Also versuchte es Athen mit einer Zwangsvollstreckung deutscher Sachwerte in Griechenland, was sich mit dem Goethe-Institut in Athen angeboten hätte. Aber keine Bange:

Kungel-Kungel-Kungel-Kungel
Im elitären Schummeldschungel
Ist bekanntlich nichts unmöglich.
Wir erleben es alltäglich.

Und selbstverständlich unrein wie dieser Endreim hier. Nur nicht so harmlos.
Also konnte die Zwangsvollstreckung im letzten Moment durch eingelegte Rechtsbehelfe abgewendet werden, wobei die griechische Regierung emsig mithalf, indem sie die nach griechischem Recht notwendige Einwilligung zur Zwangsvollstreckung verweigerte. Zudem kam noch, dass der von den Klägern beim Europäischen Gerichtshof für Menschenrechte eingereichte Antrag ebenfalls abgewiesen wurde. Eine Krähe hackt der anderen kein Auge aus. Und so blieb das

ungeheuerliche Unrecht an unschuldigen Dorfbewohnern am Fuß des Parnassgebirges bis zum heutigen Tag ungesühnt. So wie einem Parla-mentsangehörigen Immunität zustehe, unterliege eine Landesregierung ebenfalls diesem Schutz, weshalb ein Richterspruch nur symbolisch gewertet werden könne. Äußerst beunruhigend so etwas zu lesen, aber leider so geschehen.

Immerhin wird das ZDF dem überlebenden „griechischen Einzelfall" den Flug, die Übernachtung, das Essen und ein hoffentlich gutes Honorar gezahlt haben - und den Ouzo am Wirtshaustisch der erhellenden Reihe mit Max Uthoff und Claus von Wagner obendrein.

Am Sonntag, dem 05. Juli 2015, dem Tag des griechischen Referendums, war es in Berlin mit 37° im Schatten heißer als in Athen.

Zeitig früh, um 4 Uhr 25 genau, begann es heftig zu gewittern. Scherzkekse meinten, es sei Zeus, Herr des Himmels und König aller Götter der griechischen Antike, zuständig für Gerechtigkeit und Moral, der den Regierenden in Berlin mit Blitz und Donner zürne.

Abkühlung gab es keine. Erst recht nicht unter den schwarzen Politikern. CSU-Generalsekretär Andreas Scheuer ließ den räudigen Kommunistenhassköter von der Bayernkette und gab folgendes zu Protokoll: „Die linken Erpresser und Volksbelüger wie Tsipras, können mit ihrer schmutzigen Tour nicht durchkommen. Tsipras mitsamt seiner Linksregierung haben das Volk belogen und vorgegaukelt, es gäbe Euros ohne Reformen."

Hans-Werner Sinn, emeritierter Professor für Finanzwirtschaft und Ökonomie sinnierte bereits über ein „Zurück zur Drachme". Finanzminister Wolfgang Schäuble hatte bereits laut über einen Austritt Griechenlands auf Zeit aus dem Euro nachgedacht. Viele hofften, dass Varoufakis sich dem Russland-Chinablock anvertrauen könnte. Doch Varoufakis liebt den Euro, schätzt ein vereintes Europa, nur nicht dieses aus Brüssel gelenkte Gebilde großfinanzhöriger Bürokraten. Noch glaubt er offenbar, sich gegen die Finanzmafia im eigenen Land und vor allem gegen Brüssel durchsetzen zu können. Ich hätte ihm empfohlen, mit Blick auf den mutigen Inselstaat Island, den Ausstieg aus der Europäischen Union zu wagen. „Schaut auf die zweitgrößte Insel Europas", hätte ich gesagt, „auf die klugen und mutigen Isländer. Dort war die Regierung am 12. März 2015 zu einer lebenserhaltenden Entscheidung gelangt und hatte ihre Beitrittskandidatur an Europa und den Euro offiziell zurückgezogen. Nein, danke, hatte der isländische Außenminister Gunnar Bragi Sveinsson gesagt. Den Interessen des Landes ist außerhalb der Eu besser gedient." Sveinsson hatte damit ein Wahlversprechen eingelöst, das er dem Volk vor zwei Jahren gegeben hatte.

Ich erinnere mich, wie die SPD-nahe liberale Wochenzeitung Die Zeit den zögernden Isländern empfahl: „Lieber den Euro als gar kein Geld". Das war nach der Bankenkrise im Jahr 2008, als der Inselstaat wegen einer nicht zurückzahlbaren Anleihe von 750 Millionen Dollar nahe des Bankrotts stand. Doch siehe da, laut OECD – Organisation for Economic Co-operation – Organisation für wirtschaftliche Zusammenarbeit und Entwicklung, hat es im Wirtschaftsbereich Islands bestandssichernde Maßnahmen zu einer Grundlagenfestigung gegeben, die Aussicht auf eine weitere wirtschaftliche Erholung bietet.

Um 22 Uhr rumorte Zeus erneut über Berlin. Es blitzte und donnerte gewaltig und regnete schließlich sanft die ganze Nacht über, worauf die Saharahitze des Tages auf erträgliche 25° absackte, jedoch die Hitzköpfe auf Kochstufe neun verblieben. Selbst die US-Bank JP Morgan rechnete mit einem Grexit der Regierung Tsipras. Schließlich galt aus US-Sicht die Partei Syriza als Linksradikal.

Noch vor Mitternacht stand das Ergebnis fest: ein klares Nein der griechischen Bürger. Doch was nützt ein Nein der am Elend Unschuldigen gegen die Auflage der Schuldenverursacher, die korrupten Regierungen Griechenlands deutsche Waffen aufgeschwatzt hatten, die kein Grieche brauchte, doch jetzt abzuzahlen genötigt wurde.

Was nützte da der Jubel des antikapitalistisch orientierten Spaniers Pablo Iglesias, Chef der erst im Frühling 2014 gegründeten Partei Podemos (Wir können), wenn Tsipras offenbar der Durchsetzungswille des spanischen Marxisten abhanden kam?

Pablo Iglesias Turrión, ehemaliger Dozent der Politikwissenschaft der Universität Complutense in Madrid, politischer Analyst und Fernsehmoderator, nimmt unumwunden Stellung zum Wohl der

Allgemeinheit mit folgenden Leitsätzen: „Der gesamte Reichtum eines Landes in seinen unterschiedlichen Formen und was auch immer seine Rechtsform sein möge, untersteht dem allgemeinen Interesse, dem bislang nicht nachgekommen wird. Beibehaltung des öffentlichen Charakters der Bildung und der Gesundheit, Erhöhung der Löhne, Reindustrialisierung, Schaffung eines Bestandes an öffentlichen Wohnungen und rückwirkende Anwendung einer Tilgung der Gesamtschulden durch Wohnungsübereignung sowie Widerstand gegen eine einschränkende Reform des Schwangerschaftsabbruchgesetzes. Darüber hinaus fordert Podemos die Abschaffung der Ausländergesetze in Spanien und den Austritt aus der NATO."

Davon durfte Griechenland nicht einmal träumen.

Varoufakis umriss am Wahlabend kurz vor 22 Uhr noch einmal erinnernd Griechenlands Bemühen um eine Einigung: „Von morgen an werden wir beginnen, unsere Wunden zu heilen. Europa darf nicht mehr ein riesiger eiserner Käfig der Sparpolitik sein. Wir haben uns fünf Monate lang für gelockerte Sparvorgaben eingesetzt. Doch die Gläubiger hatten uns am 25. Juni ein Ultimatum gestellt, ihr Sparprogramm zu akzeptieren. Dann hatten sie unsere Banken geschlossen. Sie wollten uns erniedrigen."

Dann das Ergebnis: Sechzig Prozent der Griechen hatten sich an der Abstimmung beteiligt. 61,3 Prozent hatten gegen das besonders von deutscher Seite rücksichtslos strenge Spardiktat gestimmt. Das griechische Nein war unüberhörbar, der Jubel der Griechen ebenso. Und ich notierte in mein Tagebuch den fordernden Reim:

Schäuble, gib dem Schuldenschnitt
endlich den befreienden Tritt!

Und in schlichter Prosa fügte ich hinzu: *Weiß Tsipras nicht, wie wichtig den Amerikanern die beiden US-Stützpunkte in Südgriechenland sind? Auch der Tiefwasserhafen von Souda auf der Insel Kreta ist allein schon mehr wert als die Milliarden an Schulden, die Draghi locker in einer Nacht zu drucken in der Lage wäre.*

Verhallt dieser Ruf der US-Interessen?, lese ich unter dem Datum 06. Juli 2015. *Wird Tsipras die Nerven behalten? - Einer hat sie bereits verloren: „Varoufakis von seinem Posten als Finanzminister zurückgetreten", melden die Ticker.*

Unter dem Datum 07. Juli lese ich die folgenden Zeilen: *Zwischen 20:30 und 21 Uhr kein Fernsehsignal. Es gewittert. Um 21 Uhr 48 während des „heute-journals" auf ZDF erneuter Sendeausfall. Blitz und Donnerschlag hatten Frau Merkel das Wort abgeschnitten. Kein Verlust.*

Unerträglich die Kommentare. Hier Martin Schulz, Präsident des Europaparlaments: „Die Ärmsten der Armen dürfen nicht die Zeche für die kompromisslose Krisenpolitik der links geführten Regierung in Athen zahlen. Das mehrheitliche Nein der Griechen ist zwar ein demokratischer Akt, darf aber nicht dazu führen, dass alle übrigen Eurostaaten nun umschwenken. Das Votum stärkt zwar Tsipras in der Heimat, schwächt aber Griechenland in den Verhandlungen in Europa."

Dass Varoufakis seinen Rücktritt mit der Erklärung begründete, weitere Verhandlungen Griechenlands mit Brüssel nicht stören zu wollen, hatte der Herr Präsident entweder vergessen oder absichtlich unberücksichtigt gelassen.

Klarstellung

Obschon das Ja der Bevölkerung zählt,
in die vom Volk gewählte Regierung,
das Vertrauen der Brüsseler Wächter fehlt,
in Griechenlands linksbetonte Führung.

Das Ergebnis des Referendums war
und ist noch immer ein Stachel, der brennt.
Und wer die gestrengen Sparfüchse kennt,
der wundert sich nicht, weil der Welt längst klar,
dass nicht sein kann, was nicht sein darf.
Die Finanzhunde sind darauf mehr als scharf,
speziell Alexis Tsipras zu beißen
und dessen Partei in der Luft zu zerreißen.

Was schaltend und waltend in Brüssel thront,
ist von dem, was Demokratie bedeutet,
viel weiter entfernt als die Erde vom Mond.
Für die Marktradikalen hat sich´s gelohnt:
Geschlachtet, gerupft und gehäutet!

Am Sonntag, dem 12 Juli 2015, unterzeichnete Tsipras eine Erklärung des Eurogipfels und willigte damit in ein drittes Memorandum ein, das die Regierung auf noch schärfere Kürzungen festlegte.

Ich reagierte mit diesen Zeilen:

Frau Merkel mauert,
Tsipras bedauert.
Hollande ist sauer,
weil Schäuble noch lauert.
Nur die hinfällig siechen
tapferen Griechen
tragen schon Trauer.

Immerhin trotz der noch offenen Fragen,
vermag ich verbindlich klagend zu sagen:
Endlich steht fest,
wer wen hier erpresst.

Somit wird die griechische Tragödie weitergehen. Der Ausverkauf des Landes unter der Diktatur des Geldes. Mich erinnert diese Vereinnahmung in Griechenland an die Rückführung volkseigener Betriebe der DDR unter die Hoheit bundesdeutscher Konzerne unmittelbar nach der Wende. Betriebe, deren erstklassige Produkte in DDR-Zeiten aus Gewinngründen vom Westen gern preiswert gekauft wurden.

In mein Diarium schrieb ich Mitte Juli 2015: *Die rücksichtslos gierigen Hände der Brüsseler Profiteintreiber unter Führung des deutschen Finanzministers Schäuble werden nichts unversucht lassen, durch Privatisierung von Hafenanlagen, von Flughäfen, Inseln, landschaftlich schön gelegenen Stränden, Einverleibung der Energie- und Wasserversorgung, Eisenbahnen und Autobahntrassen, die absolute Finanzhoheit über Athen, Land, Städte und Urlaubsorte Griechenlands zu erlangen.*

Der Deutsche Gewerkschaftsbund (DGB), Abteilung Wirtschafts- Finanz- und Steuerpolitik, notiert in seiner Bewertung des Eurogipfels vom 12. und 13. Juli 2015 zur Einigung mit Griechenland folgendes: „Europa kommt auch im Jahr 2015 nicht aus den Schlagzeilen. Griechenland ist zu einem Synonym für eine gescheiterte Politik in Europa geworden. [...] Europas Ansehen wurde massiv beschädigt. Vor allem die harte unnachgiebige Haltung der Bundesregierung und ihr diplomatisches Ungeschick haben Deutschland außenpolitisch nahezu isoliert. Weltweit wird zu Recht Kritik an der gescheiterten Austeritätspolitik laut, die Deutschland in Europa durchgedrückt hat. [...] Das Ergebnis des Eurogipfels hat mit einer fairen und nachhaltig tragfähigen Politik nichts zu tun. Gleichwohl muss nun mit dem Ergebnis gearbeitet werden."

Wer das gesamte DGB-Positionspapier der Herren Dr. Mehrdad Payandah und Florian Moritz zur Bewertung des Eurogipfels lesen möchte, darf sich den Text kostenlos über www.dgb-bestellservice.de herunterladen.

Abschließend sei noch an die Meinung des US-amerikanischen Nobelpreisträgers und Professors für Wirtschaftslehre Paul Krugman erinnert: „Ich sehe hinter den Kräften, die Griechenland in eine wirtschaftlich soziale Katastrophe trieben, die Fratze des hässlichen Deutschen. Der Kanzlerin und ihrem Finanzminister Wolfgang Schäuble ist es nicht einmal nur um die vollständige Kapitulation der Athener gegangen. Ziel ist vielmehr ein Regimewechsel und eine totale Demütigung der Regierung Tsipras gewesen."

Und in einem Artikel für die New York Times vom 13. Juli 2015 mit der Überschrift „Killing the European Project" schreibt Paul Krugman: „Das Europäische Projekt, das ich immer gelobt und unterstützt hatte, hat einen furchtbaren, wenn nicht gar vielleicht tödlichen Schlag erlitten. [...] Die Forderungen der Eurogruppe an Griechenland sind Wahnsinn. [...] In den vergangenen Wochen haben wir gelernt, was Mitglied der Eurozone zu sein bedeutet: Dass Gläubiger deine Wirtschaft vernichten können, wenn du aus der Reihe tanzt. [...] Und was auch immer man über Alexis Tsipras und dessen Partei Syriza denken mag und sich fragt, wer diese gegenwärtig missliche Lage verursacht hat – die Griechen waren es nicht."

Merksatz

Wer daran glaubt, dass Finanzmacht vergisst,
wo etwas zu holen ist,
und nicht zugreift, wenn es sich lohnt,
wohnt auf dem Mond.

Ansage

Ein vereintes Europa jederzeit.
Doch wohl kaum dieses kranke Finanzkonstrukt.
Raffiniert durchdacht erschlich es sich breit,
diktatorisch sein Motto: Nicht aufgemuckt!
Und nannte sein Zaumzeug: Demokratie.
Und hält so streng unter fester Kandare,
mit Trense und Zügeln die Bürgerware,
die ihr die Sünden bislang brav verzieh,
in der Spur als nützliches Reibachvieh.
Drum keine Chance dem Rechts-Neo-Lachen!
Lasst uns dem Spuk ein Ende machen!

Südeuropa im Sommer 2015

Demokratisch marktkonform
hebt den Kontostand enorm,
stellt die Weichen ohnegleichen
supergünstig für die Reichen,
sternfern jeder Leistungsnorm.

Pfeif auf Zeus und Aphrodite,
sagt sich die Finanzelite
und hängt stiekum via Brüssel
ihren Saugtornadorüssel
in die leere Südenschüssel
und verlangt dafür noch Miete.

Euro ja, jedoch nicht so,
sagt uns jedes Lohnbüro
ehrlich und mit Grips im Kopfe:
Löffel raus aus Volkes Topfe,
sonst wird keiner mit euch froh!

Meinetwegen rockt und zockt,
schreit „Fuck" und „Zetermordio";
doch falls ihr wieder was verbockt,
nur weil ein hoher Bonus lockt,
tragt bitte selbst das Risiko!

Öl frisst Verstand, Moral und Gewissen.
Ich fürchte, dass jene, um die es hier geht,
nichts davon halten und auch nichts vermissen;
Hauptsache ist, dass der Goldturm noch steht.

Gelegentlich nachzusehn, wär zu empfehlen:
Fort Knox ist schließlich kein Tugendverein.
Die Barren zu wiegen und auch noch zu zählen,
bringt Ruh
und der Geldmensch schläft whiskyfrei ein.

„Und die Schönheit unserer weißblauen Kugel?",
fragt Greenpeace vorsichtig den Tycoon.
Der wundert sich nur,
sagt: „Ist was mit Google?
Fragen Sie Facebook. Ich hab jetzt zu tun."

Inzwischen wurde bekannt, dass der Ölkonzern von diesem Vorhaben Abstand genommen hat. Wahrscheinlich
rechnete es sich nicht.
Reuters bestätigte dies: „Der niederländisch-britische
Energiekonzern Royal Dutch Shell hat seine von Um-
weltschützern heftig kritisierten Probebohrungen vor der
Küste des US-Bundesstaates Alaska gestoppt. Als Gründe nannte das Unternehmen mangelnden Erfolg und zu
hohe Kosten.

Die erste Million ist die schwerste.

Manfred Krug, noch in DDR-Zeiten

Die ausgeschlafene Milliardärin Johanna Quandt hatte bereits zu Lebzeiten, von der Öffentlichkeit unbemerkt, den größten Teil ihrer BMW-Aktien per Schenkung an Sohn und Tochter übertragen.

Da sich die Höhe der Schenkungssteuer an der Höhe des jeweiligen Börsenwertes orientiert, erfolgte der Schenkungsvorgang in mehreren Schüben bei jeweils günstig niedrigem Aktienwert.

Am günstigsten war der Transfer 2008 gewesen, als der Wert je Aktie nur noch 21 Euro betrug.
Beim Höchstkurs im Frühjahr 2015 mit 124 Euro je Stammaktie, wären aus dem zur Steuer anfallenden Gesamtpaket von 2,8 Milliarden 12 Milliarden zu versteuern gewesen.

Die beiden Geschwister profitieren heute noch von den steuerlichen Privilegien für Betriebsvermögen.

Anlässlich des Todes von Johanna Quandt
am 08. August 2015 – sie wurde 89 Jahre alt -
erschien bereits zwei Tage darauf im Internet-Blog
RATIONALGALERIE
der Beitrag
Die heilige Johanna von BMW
Ein Leichenschmaus für servile Medien

Ich spendete statt Blumen die folgenden Zeilen:

Versuch eines Nachrufs

Hosianna! Hosianna!
Der Jubelruf gilt Hanna,
der heiligen Johanna Quandt,
die zwar das Auto nicht erfand,
wohl auch selten selbst chauffierte,
dafür mächtig profitierte,
obschon sie nie am Fließband stand.
Hosianna! Hosianna!
Keine Angst ums Manna!
Ihr Erben dürft euch weiter laben;
denn nur die Alte wird begraben.
Gesegnet sei ihr Ende!
Euch bleibt die Dividende!

Ins Gewissen gereimt

Vorhang auf und reingeschaut
in die Arbeitsmarktmisere!
Bertelsmann hat vorgebaut,
hat die Szene eingegraut,
entpersönlicht von der Schwere.

Altersfalle zugeschnappt:
Deutsche Schicksalsmelodie?
Volk verblendet reingetappt.
Hat doch wieder mal geklappt,
loben Bank und Industrie.

Zweinullsiebzehn böte Chancen.
Wird Europa sie ergreifen?
Oder folgt sie den Avancen
kriegerischer Alliancen,
die uns in den Abgrund schleifen?

Schluss mit: Nach der Decke strecken!
Schluss mit all dem Speichellecken
transatlantischer Galoschen!
Auf die Mehrheit eingedroschen
wurde längst mehr als genug.
Völker, stoppt den Armutszug!

Wenn es knapp wird für Soziales, für Bildung und Kunst

Sitte und Sünde sind längst schon vermählt
hier im angeblich christlichen Lande.
Heiterkeit erntet, wer heut noch erzählt,
Schäuble und Merkel hätten gefehlt,
beim Verbuddeln des Geldes im Sande.

Fort ist das Geld und auch futsch die Moral.
Ja, wir kennen den üblichen Reigen.
Schäuble, das Träuble, er weiß von der Zahl.
Merkels Beteuerung klingt bereits schal.
Justitia hüllt sich in Schweigen.

Wenn Eingerührtes überquillt
und der Topf den Löffel schilt

Die Verursacher des Übels sitzen im Schutz atlantischer Weite und selbst dort noch, im Latifundienareal ihres Besitzes, bewacht von einer Privatarmee, während die Europäer zusehen müssen, wie sie klarkommen mit den Auswirkungen von Interventionen und neoliberaler „Betreuung" des Nahen Ostens und Nordafrikas. Die Grand Nation Frankreich – ebenfalls eingekauft von den Banknotendruckern und Jongleuren der Finanzen an New Yorks Wallstreet -, aber immerhin als einstige Kolonialmacht gelegentlich gegen die Konkurrenten in den USA rebellierend -, dennoch fröhlich Bomben werfend auf Ziele in Libyen, einem Land, dessen Bevölkerung unter Muammar al- Gaddafi, dank eines rentenökonomischen, auf den Exporterlösen von Erdöl und Gas beruhenden Verteilungssystems, nichts auszustehen hatte. Dass in Syrien Christen unangetastet leben konnten, Kirchen und Kloster geduldet wurden, Archäologen aus dem Ausland ungestört arbeiten durften, findet keine Erwähnung in der sogenannten Qualitätspresse, weshalb es, der Wahrheit geschuldet, an dieser Stelle verankert gehört: Die syrische Verfassung garantiert die Religionsfreiheit. Nur das Amt des Präsidenten ist ausschließlich den Muslimen vorbehalten. Deshalb zu schreiben, dass die in der Verfassung verankerte Religionsfreiheit nur nominell sei, also vorgeblich, nur dem Namen nach bestehend, ist ungerecht. Die marxistisch orientierte, sozialistisch-volksrepublikanische Regierung Assads in Syrien, zeigte sich außerordentlich tolerant gegenüber religiösen Minderheiten, einschließlich der Christen und sogar der Juden, wobei allerdings auch nicht verschwiegen werden darf, dass sich Alois Brunner – Adolf Eichmanns bester Mann in Sachen Tod - unter falschem Namen nach Syrien retten und viele Jahre dort hatte leben können. (In meinem Buch „Up & Down – Nervenstark durch ein verhunztes Jahrhundert", auf den Seiten 216 bis 219, ist dieser Fall, nicht gerade zum Ruhme der Bonner Republik, aber zur Ehre von Beate und Serge Klarsfeld dokumentiert). Unglaublich, was bereits 1968 alles unternommen werden musste, um die Öffentlichkeit in der Bundesrepublik Deutschland aufzurütteln. So sah sich die tapfere Beate Klarsfeld veranlasst, während des CDU-Parteitags, Anfang November 1968 in Berlin, den Bundeskanzler Kurt Georg Kiesinger mit einer saftigen Watsche zu begrüßen.

Und bald werden seitdem fünfzig Jahre vergangen sein und womöglich immer noch die Bierseligen der Meinung anhängen, dass die Menschen aus Syrien, Libyen, Afghanistan und Irak nur deshalb auf Wanderschaft gingen, weil Frau Merkel „Wir schaffen das" sagte.

„Giftgas und Fassbomben". Gebetsmühlenartig war das über Monate hinweg zu lesen und zu hören. Und zu keiner Zeit der Satz, dass in Syrien Religionsfreiheit herrschte und Assad stets erst dann sich zu wehren genötigt sah, wenn er sein

„Bollwerk gegen radikale islamistische Strömungen" bedroht sah. Gegen Ende der sechziger Jahre waren es die Muslim-Brüder, die der Syrischen Regierung Ärger machten. Später gesellten sich Salafisten hinzu. Dann, mit CIA-Geldern unterstützt, finanziell zusätzlich angeregt von Saudi-Arabien, mischten sich wahhabitische Tenddenzen unters Volk. Der „wahre Islam" sollte es sein, der vor allem den Männern gefiel.
Den Falken im Pentagon gefiel der pulverisierte Nahe Osten. Für die Herrschaften im Dienst der US-Waffenindustrie notierte ich diesen Reim:

Was schert uns Weib, was schert uns Kind,
wenn wir selbst in Sicherheit sind.

Noch war Deutschland von der Flüchtlingsproblematik relativ unbehelligt geblieben. Phantasielos oder nur bequem? Immerhin gab es schon das Dubliner Übereinkommen, das den Mittelmeerländern Griechenland, Italien und Spanien die Arbeit mit den Flüchtlingen aufhalste. Doch als bereits im Oktober 2013 vor der Insel Lampedusa mehr als 360 Menschen ertranken und spätestens 2014 damit zu rechnen war, dass sich auch über die Landroute die ersten Flüchtlinge aus Syrien über die Türkei Richtung Mitteleuropa begeben werden, waren immer noch keine ersichtlich ernsthaften Vorbereitungen in der Bundesrepublik zu erkennen.
Inzwischen gibt es eine Grafik zum Drama auf dem Mittelmeer, beginnend mit dem Monat Januar 2014.

Die ersten drei Monate sind mit einer geraden Linie nahe bei Null versehen, doch vom Monat April an kommt eine konstant aufsteigende Bewegung in die Aufzeichnung, so dass die Welt weiß, dass es bis einschließlich Juni 2014 bereits eintausend Menschen sind, die im Mittelmeer ums Leben kamen. Im August – so verzeichnet es die gefühllose Linie – sind es bereits dreitausend Ertrunkene. Und unter der Jahresendlinie steht: 3.279 Tote, und darunter ist noch der Satz zu lesen: „Die tatsächlichen Opferzahlen dürften höher liegen."

Dann das Jahr 2015 und die traurige Nachricht, dass zu den Mittelmeeropfern des Vorjahres bis zum 19. April 1.566 ertrunkene Menschen hinzugekommen sind. Da diese Meldung über Rundfunk, Fernsehen und Internet auch die Flüchtlinge erreichte, wählten immer mehr den beschwerlichen Landweg über die Türkei nach Griechenland und von dort den Weg Richtung Nordwest, möglichst bis Deutschland oder Schweden. Und dann waren die ersten Flüchtlinge nicht mehr überschaubar "in diesem unserem Lande", um es nach Art des Altkanzlers Kohl auszudrücken. Da es sich vorwiegend um junge Männer handele, wie zu hören war, Männer mit „gewissen Bedürfnissen", sei diese Zuwanderung besonders bedenklich. Diese „Ängste um die deutsche Frau", vorwiegend geschürt und verbreitet von Männern aus rechtsorientierten Kreisen, führten schnell zu Unruhen in Freital, Meißen und Dresden. Bereits am 07. Mai 2015 hatte Innenminister Lothar de Maizière erklärt, dass mit zirka 450.000 Flüchtlingen gerechnet werden müsse. Doch bereits am 19. August musste er sich korrigieren und sprach von 800.000.

Am 21. August versammelten sich um 18 Uhr auf dem Platz der Freiheit der Kleinstadt Heidenau, nach einem Facebook-Aufruf der NPD zu einer angemeldeten Demonstration, tausend Teilnehmer aus rechtsradikalen Kreisen der näheren und weiteren Umgebung und auch aus der Stadt, um mit einem Marsch zur Bundesstraße 172 zu verhindern, dass in dem stillgelegten Baumarkt eine Außenstelle der Chemnitzer Erstaufnahme-Einrichtung für Flüchtlinge entsteht. Die Blockade war derart massiv, dass statt der vorgesehenen Aufnahme der ersten 250 Personen, bis Samstagvormittag, dem 22. August, nur 93 Flüchtlinge die Unterkunft beziehen konnten. Als schließlich mit vier Autobussen weitere Flüchtlinge eintrafen, kam es in der zweiten Nacht der Belagerung schließlich zu den brutalen Ausfällen. Steine und leere Bierflaschen flogen, Feuerwerkskörper wurden gezündet und gegen die Polizisten geschossen. 150 wütende Rechtsradikale, beschimpft von linken Gegendemonstranten, und dazwischen die behelmten und mit Schutzschilden bewehrten Polizisten im permanenten Zweifel, welcher Gruppierung mehr auf die Nase zu hauen sei: den Rechten oder vielleicht doch lieber den Linken. Dennoch soll es unter den Polizisten in deren grimmig aussehenden Kampfanzügen einunddreißig körperlich Lädierte und sogar einen Schwerverletzten gegeben haben.

Bereits am Montag, dem 24. August, erschien Vizekanzler Sigmar Gabriel in Heidenau an der Bundesstraße 172, sprach von Dunkeldeutschland und vom Pack, aber auch von doppelter Integrationsherausforderung, denn zum einen seien Hunderttausende im Land, die integriert werden müssen, aber gleichzeitig dürfe nicht nur für den Flüchtling gebaut und Qualifizierung angeboten werden, sondern müsse ein solches auch für die Deutschen geschehen.

Am übernächsten Tag, in gepanzerter Limousine, erschien die Bundeskanzlerin am Tatort, an der Seite ihr Parteifreund und Ministerpräsident von Sachsen, Stanislaw Tillich. Buh-Rufe und Pfiffe schallten über die Straße. „Hier ist das Pack!", rief einer lautstark herüber. Jürgen Opitz, dem geplagten, aber dennoch nervenstarken Bürgermeister von Heidenau, ebenfalls ein Parteifreund von Merkel und Tillich, war das sichtlich peinlich. Die Kanzlerin hielt es erstaunlich lang in der zweckentfremdeten Halle unter den Flüchtlingen aus. In vielen Zeitungen wurde auf den schlechten Geruch hingewiesen. Inzwischen sind derlei Einzelheiten aus den Internet-Blogs verschwunden. Die Zeilen zum Wortlaut des Mannes, der Frau Merkel darüber berichtete, wie lange er flüchtend unterwegs war, ging dabei offensichtlich verloren.

Während Frau Merkel und Herr Tillich, nach einem Statement für Presse und Fernsehen, wieder abreisen konnten, blieben dem standhaften Bürgermeister, ohne Schutzhelm und Schild, die Flüchtlingsgegner, denen er sich verbal zu erwehren hatte. „Meine Aufgabe ist es, für alle da zu sein, auch für jene, die es schwer haben, sich einen Standpunkt zu erarbeiten. Ich muss weiterhin ein Ansprechpartner nicht nur für Gutwillige sein."

Offenbar hatte Bürgermeister Opitz Erfolg; denn ein Jahr später hatte der inzwischen 28 Jahre alte Initiator der Belagerungsaktion, Rico Rentzsch, seinen NPD-Stadtratsposten aufgegeben und war aus der Partei ausgetreten. So bleibt noch zu sagen, dass es auch in Heidenau Helferinnen und Helfer gab, ähnlich wie in München. Welch löbliche Gemeinsamkeit!

Dennoch darf nicht erwartet werden,
dass jemals im Himmel,
und erst recht nicht auf Erden,
das Volk der Bayern und der Sachsen
mundartlich zusammenwachsen.

Syrer in Sachsen? Nicht etwa auf Dauer?
Ach, war das schön einst hinter der Mauer!
(Volksmund zwischen Dresden und Pirna im Sommer 2015)

„Was sich in Syrien abspielt, ist traurig",
können wir alltäglich hören und lesen.
„Häuser beschädigt, geplündert, zerstört!"
Bislang kein Wort des Bedauerns gehört,
lediglich knapp, ein geheucheltes „schaurig",
und, achselzuckend: „Wir sind´s nicht gewesen!
Fragen Sie Seibert, der sagt es: Das hat
alles verschuldet der böse Assad!"

Polizei überfordert. Rechtsstaat blamiert.
Heidenau, Sachsen: ein Ort zum Vergessen!
Syrische Kinder staunen und weinen,
fragen die Eltern, die trösten und meinen:
„Wir wissen auch nicht, was hier passiert.
Es wird nicht besser, wenn ihr lamentiert.
Also, seid brav, dann gibt's Trinken und Essen."

Steffen Seibert, vormals Journalist, ist seit August 2010
sowohl Chef des Presse- und Informationsamtes als
auch Sprecher der Bundesregierung im Rang eines beamteten Staatssekretärs. Leider sind die Nachrichten
des Öffentlich Rechtlichen Rundfunks und Fernsehens
(ARD und ZDF) ebenfalls zum Sprachrohr der Regierung
geworden. Deutscher Unmut gegen die Griechen und
gegen die Regierung Syriens unter Präsident Assad,
sind Folgen einseitiger Information im Fahrwasser der
US-Politik.

Am Montag, dem 31. August 2015 - es war ein schwülheißer Tag mit 32 Grad im Schatten – kam es schließlich zur obligaten Sommerpressekonferenz, in der sich Angela Merkel zur Flüchtlingsfrage positionierte. Sie erwähnte die siebzig Menschen, die in Österreich in einem Lastkraftwagen tot aufgefunden wurden. Von kriminellen Schleppern waren sie über die Grenze gebracht und bei brütender Hitze eingesperrt zurückgelassen worden. Merkel betonte das Grundrecht politisch Verfolgter auf Asyl: „Wir können stolz sein auf die Humanität unseres Grundgesetzes." Frau Merkel erinnerte an das Erreichte: an den Atomausstieg, an die Bewältigung von Naturkatastrophen. Warum sie an die Spitze dieser Aufzählung die Bankenrettung erwähnte, erschloss sich mir nicht. Dennoch war ich ihr dankbar, weil mir gleich die vielen Sünden und Missgriffe dieser Frau einfielen, aber auch mein Text zu einer Marschliedmelodie, die mit der folgenden Kehrreimzeile zur Wende wenig Freude machte: „Drei Schritt vor, vier zurück und ein Wendehalsgenick!"

Zu diesem Zeitpunkt mochte sich Frau Merkel für ihr Wendemanöver erst fit gemacht haben. In der Wochenzeitschrift *Die Zeit* war später über die Bundeskanzlerin Angela Merkel sogar dieser Satz zu lesen: „Es entspricht ihrer antifaschistischen Erziehung, wenn sie vor den Rechten warnt, die Asybewerberheime anzünden, es berührt sie biografisch, wenn Menschen in Ungarn über Zäune klettern; als Christin, die sie ja auch noch ist, will sie nicht anders ..."

Der
Umweltengel
von Bonn

Angela Merkels Nachtgebet

Herr, vergib uns, wir sind Sünder,
Weihrauchnebelkerzenzünder!
Ja, wir eiern und verschleiern,
Du wirst wissen, notgedrungen,
reden mit gespaltnen Zungen,
stecken, labyrinthverdrossen,
arg bedrängt von Linksgenossen,
schwer in Nöten!
Meine Reputation geht flöten,
auch mein Sitzfleisch, sprich: Karriere!
Hilf mir, Herr, aus der Misere!

Gratuliere, Frau Merkel! Sie sind nicht katholisch,
sonst wären jetzt mindesten fünf *Vaterunser* und
drei *Ave Maria* erforderlich, drei brennende Ker-
zen im Opferstock und eine Spende von mindestens zwanzig Euro. Denn Rom will es nicht
klimpern, sondern rascheln hören. Glück gehabt,
Kanzlerin. Allerdings weniger Glück mit Doktor
Martin Luther, der ein notorischer Antisemit war.

Bittere Familienpille.
Politik kennt kein Pardon.
Mit und ohne Gottes Wille:
Luther gegen Staatsräson.

Demzufolge hat Frau Merkel mein Verständnis hinsichtlich gewisser Ausfälle und Unfälle, Diskrepanzen, Dissonanzen. Zwiespältigkeiten also, und zur Auflösung strebender Missklänge, was Nerven kostet und sich bei der Kanzlerin inzwischen in Gramfurchen seitlich der Mundwinkel zeigt.

So sagte die CDU-Chefin am 31. August 2015: „Es gibt einen dritten Punkt, den wir beachten müssen, und das ist die Bekämpfung der Fluchtursachen ..."

An dieser Stelle spitzten alle an der Wahrheit Interessierten die Ohren, während sich die Machteliten bereits entspannt zurücklehnten, weil sie wussten, dass die studierte Physikerin die Oberflächenspannung der imperialen Untaten unberücksichtigt lassen wird, obwohl diese bereits wie Fettaugen unübersehbar auf der Suppe westlicher Wirtschafts- und Finanzpolitik schwimmen, worin Kriege als Schwungräder der Bestandserhaltung unabdingbar eingearbeitet sind. Diese bewundernswerte Ignoranz – darin sind sich sogar Psychoanalytiker einig - zeichne die mit göttlichen Scheuklappen gesegnete Tochter eines kirchlichen Vaterhauses besonders aus.

Demzufolge surfte sie an diesem Tag ihrer Sommerpressekonferenz bewährt ungeschickt peinlich an den Fettaugen vorbei und sagte schließlich tapfer: „Das Motiv, mit dem wir an diese Dinge herangehen, muss sein: „Wir haben so vieles geschafft, wir schaffen auch das! Und wo uns etwas im Wege steht, muss es überwunden werden."

Erst am 15. Juli, während eines Bürgergesprächs in Rostock, hatte Frau Merkel gesagt: „Und wenn wir jetzt sagen, ihr könnt alle kommen, und ihr könnt alle aus Afrika kommen – das können wir nicht schaffen. Nicht alle können bleiben!"
Da war die Kanzlerin ganz nah bei Adenauer, der einst sagte: „Was schert mich mein Geschwätz von gestern!" Und so wiederholte die Bundeskanzlerin, damit es sich eingrabe, auch in die Köpfe der Missgünstigen und Feinde: „Wir schaffen das!"
Und so wollten nicht nur jene kommen, die schon unterwegs waren. 160.000 waren über Serbien illegal über die ungarische Grenze gelangt, Teile davon standen in Budapest und wollten nach Österreich und Deutschland. Und selbst in küstenfernen Gebieten Afrikas sprach sich nicht nur herum, sondern war auch gelegentlich in bunt gedruckten Bildern anzusehen, was es in Europa alles an Schönem gab, vor allem diese gütige Landesmutter mit den offenen Armen und dem einladenden Satz, so dass immer häufiger zu hören war, aber auch im Sand gekritzelt zu lesen: We love Merkel.

Refugee Camp Germany

Angela Merkels Staatsräson
tritt Deutschland in die Hacken.
Zur sommerlichen Nachsaison
hat sie uns was gebacken.

Die wiederentdeckte Empathie,
wie lange wird sie wohl halten?
In Oberbayern sieht man sie
bereits schon wieder erkalten.

Deutschland verhalte sich superfein,
lobt New York, und es klingt sogar ehrlich.
Ich entgegne lupenrein:
Mit Washington liiert zu sein,
war immer schon gefährlich.

Am folgenden Tag, Dienstag, dem 01. September 2015, bei Plasbergs Fernsehreihe „Hart aber fair", wollte Joachim Herrmann (CSU), Bayerns Staatsminister des Inneren, auch etwas zur Flüchtlingsproblematik beisteuern. Und so sagte er: „Roberto Blanco war immer ein wunderbarer Neger, der den meisten wunderbar gefallen hat."

Auch wenn die israelische Politikerin Golda Meir einst sagte, dass ein Diplomat als Allererstes lernen müsse, den Mund zu halten, und das gleich in mehreren Sprachen, bin ich der Meinung, dass man Politikerinnen und Politiker ruhig reden lassen sollte; denn gelegentlich sind Komödienstadel dagegen öde Langweiler. So sagte vor Jahren bereits CSU-Landespolitiker Günther Beckstein zur Ausländerfrage: „Die zwangsweise Abschiebung dient lediglich der Unterstützung der freiwilligen Rückkehr."

Und Wolfgang Schäuble mit Sätzen, die auch gut zu Edmund Stoiber gepasst hätten: „Ich weiß nur das, was wir wissen. Ob ich alles weiß, was wir wissen, weiß ich auch nicht, aber ich weiß natürlich, niemand von uns weiß etwas, was er nicht weiß."

Note ans Weiße Haus.
Oval Office, Washington D.C.

Da nützt kein Jammern, hilft kein Toben,
das Elend dümmlich angeschoben,
habt Ihr selbst im Pentagon!
Eure Interventionen
sollten sich für Euch zwar lohnen.
Doch was habt Ihr? - Nichts davon!

Ihr steht nun auf verlorenem Posten.
Eure Gier gilt dem russischen Osten.
Nur Putin stört gewaltig.
Ich weiß, Ihr habt ihn mehr als satt.
Jetzt hilft er auch noch dem Assad,
verlässlich bombenhaltig.

Ja dürfen das die Russen überhaupt? Das fragte
auch Ulrich Gellermann am 05. Oktober 2015 auf
seiner Internet-Plattform RATIONALGALERIE.
Inspiriert von diesem Beitrag, schrieb ich dieses
sakrisch zünftige Poem.

Offener Brief aus Oberbayern

Mister President Obama,
auf´m Abtritt hocken tan ma,
falls Sie nicht sofort verschärfen,
was jetzt a no d´Russen derfen:
zielgenauer Bomben werfen.

Und so kam heut früh um neine
unser Chef mit sich ins Reine,
holte die Pistol, die g´putzte,
die er niemals nicht benutzte,
sozusagen also nie,
und sich fragte,
wohin schießen?
Und sich sagte:
Zu begrüßen
wäre, nicht ins eigne Knie.

Und so sehn Sie uns in Nöten.
Wir versuchen ´s jetzt mit Beten,
sogar auf Hochdeutsch, um zu gefallen:
Holy Ramstein, Büchel, Allen!
Passt gut auf, bei all dem Knallen:
Lasst niemals Bomben auf Bayern fallen!

Welch eine plumpe Augenauswischerei! Sie wissen um das finster Eingerührte, wissen um die Militärköche und die immer wieder frisch angeblasene Glut eines selbst entzündeten Feuers, und haben die Unverschämtheit, in Wien eine Konferenz einzuberufen, die Frieden bringen soll und zur Teilnahme die Heizer aus Saudi-Arabien und der Türkei eingeladen. Besorgt zeigen sich die am Finanz- und Militärkabel der USA hängenden Länder über das Eingreifen der russischen Luftwaffe und übersehen dabei, dass längst die Tarnkappe der Intriganten auf und davon ist und die Klarsichtigen erkannt haben, dass es den geo-politisch Gierigen erst in zweiter Linie um die Kopfabschneider geht, aber das Hauptziel Putin bleibt, der kraft seines Eingreifens für den Staat Syrien und dessen rechtmäßigen Präsidenten Assad, der Westfinanzallianz den nahrhaften Braten Syrien vom Teller gefegt hat.

Ja, das ist bitter. Und besonders bitter, um nicht zu sagen schäbig, dass die deutschen Medien ihrem Publikum nach wie vor die alte Mär von den ach so sehr Braven und Guten und dem grausam Bösen aufschwatzen wollen, um das widerliche Geschäft der „Assad-muss-weg-Betreiber" weitergehen zu lassen. Dass die Türkei die Gelegenheit nutzt, die Kurden zu bombardieren, die tapfer gegen die Kopfab-Verbrecher des IS kämpfen, wozu die deutsche Regierung kein Wort verliert, belegt, dass Recep Tayyip Erdogan ein zusätzlich ausgekocht schmutziges Spiel begonnen hat, das Deutschland noch viel Kopfzerbrechen bereiten wird. Hier meine gebrauchslyrische Fassung:

Wie Politik sich gar wundersam wandelt:
Aus Feind wird Freund, aus Freund wird Feind.
Was hat die EU sich da eingehandelt,
mit Erdogan, der die Werte verschandelt,
die Deutschland so stolz mit der NATO eint?

Vor hundert Jahren gab es den türkischen Völkermord an den Armeniern, gegenwärtig läuft das türkische Morden an den Kurden.
Während der türkische Präsident Erdogan die Behauptung des türkischen Genozids an den Armeniern unter Strafe gestellt hat, brüstet sich der türkische Ministerpräsident Ahmet Davutoglu mit den türkischen Bomben, die auf die mutigen Kurden fallen.
Zweimal belagerten einst die Türken die Stadt meiner mütterlichen Vorfahren. Wien spielte als „Goldener Apfel" in den Sehnsuchtsträumen der Osmanen eine große Rolle. Zweimal holten sich Türken und Janitscharen mehr als nur eine blutige Nase. Zum ersten Mal im Herbst 1529, dann 154 Jahre später zum zweiten Mal, als Polenkönig Jan Sobiesky der Stadt zu Hilfe kam und den Türken das Davonlaufen beibrachte, die, unter Führung des Großvesirs Kara Mustafa Pascha, neben der Fahne des Propheten Mohammed noch viele Säcke Kaffee zurückließen, deren grüne Bohnen die Wiener für Kamelfutter hielten.
Johannes Diodato − Oberhaupt der armenischen Kolonie in Wien − Organisator der Sabotage gegen das Osmanische Reich − verzichtete auf

kaiserlichen Dank in Form von Gold und Silber, erbat lediglich die Säcke mit den grünen Bohnen und begründete die erste Wiener Kaffeehauskultur.

Großvesir Kara Mustafa Pascha, Verlierer der zweiten Türkenattacke auf Wien am 12. September 1683, erfuhr folgende Einschätzung: „Ein Gernegroß, dessen Prahlsucht und Gier seiner Unfähigkeit entsprachen."

Wie Erdogan beurteilt werden wird, schwebt noch. Als tödlich nachtragend beurteilte ich ihn bereits 2011, als er damit begann, kritische Journalisten beobachten und verhaften zu lassen.

Dem Unrecht ins Stammbuch geschrieben

Wer sich alter Schablonen bedient,
muss damit rechnen, kläglich zu scheitern.
Unentfernt Böses, ungesühnt,
wird eitern.

Völkerverständigung
Ein Insider packt aus

Dieses Wort mit vielen Ecken,
im Osten Deutschlands einst gelebt,
verschafft nicht nur den Meinungsrecken,
auch den Regierenden Angst und Schrecken,
weshalb kaum einer danach strebt.

Das sperrige Wort, mit seinen sechs Silben,
ist alles andre als zeitgemäß,
kommunistisch belastet, erinnert an Milben,
bestens geeignet zum Vergilben
in einem plombierten Geheimdienstgefäß.

Im Bundestag wird zwar anders gesprochen.
Dort wird hin und wieder auch heimlich gekifft.
Da hat schon so manches nach Sünde gerochen,
Wahlversprechen wurden gebrochen.
Finger weg! Vorsicht! Tödliches Gift!

Ursachenforschung
(auch als Abzählreim zu verwenden)

Auf der morschen Jenseitsmauer
hockt noch immer Adenauer
samt der aufgewärmten Brut,
was uns heut noch schaden tut.

NPD und AfD.
Schmerzen bis zum großen Zeh.
Ach, wie sich die Bilder gleichen:
Keine guten Zukunftszeichen!

CDU und SPD,
Abstieg tat schon immer weh.
Schmerzlich ist es, so zu sühnen,
bitter auch der Weg der Grünen.

CSU -
raus bist auch du!
Winke, winke, winke!
Übrig bleibt DIE LINKE!

Deutschland.
Ein Trauermarsch mit lyrischem Abgang

Die Grundrichtung Rechts war immer schon da
unter einigen Menschen des Westens.
Gehegt und gepflegt durch Konrad A.
Als Nachlassverwalter tat er das bestens.

Der Osten hatte gut aufgeräumt
im Land zwischen Oder, Werra und Elbe.
Ein geläutertes Deutschland ist ausgeträumt.
Das Erbe aus Bonn ist noch immer dasselbe.

Die Saat ist aufgegangen,
die Eurosternlein prangen
schon lange nicht mehr klar.
Europa staunt und schweiget.
Seht, aus dem Moder steiget,
was leider stets vorhanden war.

Weitere Peinlichkeiten aus deutschen Landen

Inzwischen keine Neuigkeit mehr, aber dennoch wichtig, daran zu erinnern, weil derlei gern unter dem Güteteppich deutscher Redlichkeit verwahrt gehalten wird. In diesem Falle gelang die Verhüllung nicht. Dabei hatten die Erfinder des „Kunstgriffs" nicht einmal schlaflose Nächte. Sie hielten ihre Innovation als genial bereichernden Ausdruck deutscher Ingenieurskunst und bedauerten lediglich, nicht damit an die Öffentlichkeit gehen zu können, da es sich schlichtweg – ich sage es, im Interesse vollmundig oft gepriesener deutscher Werte, höchst ungern – um Betrug handelte.
Verschärft gestaltete sich die Angelegenheit deshalb, weil die Hintergangenen, Bürger der Vereinigten Staaten von Amerika waren. Ärzte, Rechtsanwälte, Geschäftsleute. Zwar nehmen es Moneymaker jenseits des Atlantiks nicht so genau, wenn es darum geht, jemanden geschäftlich hinter die Fichte zu führen; doch selbst über den Tisch gezogen zu werden, wird als Schandfleck empfunden, der unbedingter Ahndung bedarf, die im Land der Millionäre und ausgefuchster Rechtsanwälte sehr teuer werden kann.
Liebe Leserinnen und Leser, Sie wissen inzwischen längst, dass es sich bei den Verklagten um den Volkswagen-Konzern in Wolfsburg handelt, die Geschichte als Abgas-Skandal weltweit bekannt wurde und die weißen Kittel deutscher Wertarbeit befleckte.

Nach wissenschaftlich gründlichen Untersuchungen auf langen Teststrecken in den USA, war der Betrug des Dax-Konzerns Volkswagen wie eine Faulblase aufgestiegen und an die Öffentlichkeit gelangt. Und so weiß die Welt auch längst, wie der Vorstand reagierte: heuchlerisch entsetzt. Die Firma Bosch, an den elektronischen Künsten beteiligt, duckte sich weg und schwieg.

Das deutsche Konkurrenzunternehmen BMW war vorsichtiger gewesen, hatte in ihre Dieselfahrzeuge vorausschauend gleich zwei unterschiedliche Abgasfiltersysteme eingebaut und war damit „aus dem Schneider", von jeglicher Zwangslage befreit. – „off the hook", wie es im Englischen heißen würde -, während der VW-Konzern rettungslos am Haken zappelte.

Am 28. September 2015 kommentierte auch die *Rationalgalerie* den tiefen Fall des Aktienkonzerns Volkswagen in Wolfsburg.

„VW macht Fortschritte – Vom Grobstaub zu Feinstaub" nannte Autor Wolfgang Blaschka, München seinen lesenswerten Beitrag.

Link:
http://www.rationalgalerie.de/vw-macht-fortschritte.html

Der Artikel inspirierte Reiner Schwalme zur umstehenden Zeichnung und mich zu dem nachfolgenden Reimkonstrukt.

MUTATIS MUTANDIS
Mit den nötigen Abänderungen

Vom Grobstaub zu Feinstaub,
vom Feinstaub zu Gold.
So war es geplant, so war es gewollt,
und wurde laut Winterkorns Order vollzogen.
Nun ist das Schummeln aufgeflogen,
Volkswagen ideell vollgesogen
mit ungesunden Abgaswerten
und schlechtem Leumund obendrein.
Da stehen sie nun, die sündig Beschwerten.
Für Wolfsburg wird es nie wieder sein,
wie es in redlichen Zeiten war.
Das wird jetzt auch den Regierenden klar.
Inzwischen lesen die Eliten
sich gegenseitig die Lewiten.
US-Anwälte sammeln Klagen.
Nun hat Justitia das Sagen.
In Wien vernahm ich: „Das wird heuer
für die Piefkes richtig teuer!"

Klar, dass Volkswagen krampfhaft versuchte, die Untersuchungsergebnisse anzuzweifeln.
Die Vertreterin der US-Umweltbehörde *Environmental Protection Agency* (EPA), Cynthia Giles, erklärte das VW-Vergehen unverschnörkelt so: „Einfach gesagt: Diese Autos hatten ein Programm, das die Abgasbegrenzung beim normalen Fahren ausschaltete und beim Abgas-Test anschaltete."
Die *West Virginia University* hatte die Entlarvung des Schwindels vorangetrieben.
„Ein böser Algorithmus sei schuld", hüstelte es verlegen aus Wolfsburg.
Als ob sich so etwas, einem Virus ähnlich, naturgesteuert festsetzen könnte.
Es war eine feine, von deutscher Ingenieurskunst geprägte „Beschönigungs-Software", die zu würdigen der Generalstaatsanwalt von New York, Eric T. Schneiderman nicht die für Deutschland richtigen Worte fand. „Ein listig zynischer Betrug", sagte er.
Ein anderer Staatsanwalt urteilte noch strenger: „Peoples Car Factory near Fallersleben is a Criminal-Organization!"
Oha, das musste schon ein pensionierter Staatsdiener meines Alters gewesen sein, der noch von der Grundsteinlegung der Autofabrik am 26. Mai des Jahres 1938 durch Mister Hitler wusste.
Im Archiv des Stammwerks in Wolfsburg wird es bestimmt noch ein Foto geben: Adolf in Uniform, dahinter die NS-Kamarilla, rechtsaußen in Zivil Ferdinand Porsche, der Konstrukteur des Volkswagens, ehrenhalber mit dem Rang eines SS-

Obergruppenführers „geadelt", was dem Rang eines Generalleutnants entsprach. Alte Sünden blubbern mit der Faulblase hoch, um die es gegenwärtig aber nicht geht, auch nicht um die 17,4 Millionen, die der Aufsichtsrat dem Vorstandschef Martin Winterkorn für das Jahr 2011 als leistungsorientierte Bonuszahlung genehmigte. Es geht den Staatsanwälten um die Klarstellung, dass die Entscheidung, raffiniert versteckte Abschalteinrichtungen zu installieren, nicht von einigen Software-Ingenieuren getroffen wurde, wie es die Konzernspitze gern gesehen hätte, sondern ein vorsätzlicher, systemischer Betrugsvorgang war, belegt durch den vorliegenden Beweis, dass die Herren vom Vorstand, Martin Winterkorn und Matthias Müller bereits 2006 darüber informiert wurden, das für Diesel-Fahrzeuge mit 3-Liter-Motoren eine zusätzliche Ausrüstung notwendig sei, um amerikanische Standards zu erfüllen. Somit sei ein größerer Tank zur Aufnahme einer chemischen Lösung erforderlich, um die giftigen Stickoxid-Emissionen im Abgas zu neutralisieren. Zur Verwirklichung hätte dies aus Platzgründen einer Neugestaltung der Motoren bedurft. Das war den Verantwortlichen der Unternehmensspitze zu teuer, weshalb sich die Herren zu dieser Schummelversion entschlossen hatten. So einfach kann Wahrheit sein. Untermauert übrigens von einem Ausspruch des obersten Vorstandchefs Martin Winterkorn: „Qualität ist bei VW Chefsache."
Bereits im Mai 2014, anderthalb Jahre vor Bekanntwerden des Manipulationsskandals, war für den damaligen VW-Chef ein Aktenvermerk an-

gelegt worden. Dennoch hält VW Klagen von Aktionären für unbegründet. Inzwischen ist Herr Winterkorn zurückgetreten, hat auf einen Teil seiner überhöhten Bonusmillionen verzichtet. Nachfolger ist Matthias Müller, nicht nur ein Mitwisser, sondern ein Mitbejaher der Mogeloperation. Da ist der Beteuerungssatz dieses Herrn auch nur noch ein Spruch für besonders Dumme: „Wir sind dabei, schonungslos aufzuklären."

Dass lädierte Topmanager trotz aller ungeschickten Bemäntelungsaussprüche nicht auf den Kopf gefallen sind, zeigten und zeigen deren notariell beglaubigten Transferunternehmungen. Da landen Millionen auf dem Besitzstand der Ehefrau, Vermögenswerte werden in solide Immobiliengesellschaften ausgelagert, um Gläubigern den Zugriff zu erschweren. Außerdem haben Konzerne sicherheitshalber Managerhaftpflichtversicherungen abgeschlossen, die Schäden ersetzen, die von der Führung des Unternehmens fahrlässig oder gar grob fahrlässig verursacht werden. Volkswagen hat eine Police über 500 Millionen Euro abgeschlossen, was wohl nicht reichen wird. Dumm für den Konzern wäre allerdings, wenn die Versicherung sagen würde: Tut uns leid, im Betrugsfall entfällt jegliche Entschädigung.

Sonett zur Rarheit der Wahrheit III

Dass sie so sind, die Herrn im feinen Zwirn,
Das sollte uns nicht sonderlich erregen.
Drum müht euch nicht, zum Guten zu bewegen,
Was hoffnungslos verkleistert ist im Hirn.

Betrug darf sein, falls er zum Gelde strebt.
Probleme reden sich possierlich klein,
Verwechseln höllisch gern, was Mein und Dein
Und spucken drauf, was an Gesetzen klebt.

Wer Göttern gleich sich fühlt, ist schwer zu zügeln,
Sie wähnen sich enthoben aller Grenzen,
Weitab von Ordnung, Recht und Turbulenzen.
Es wäre gut, sie gründlich platt zu bügeln,
Doch bitte keinesfalls grob zu entsorgen:
Wir brauchen Zeugen für ein bessres Morgen.

ALL MONEY IS CLEAN,
EVEN IF IT ´S DIRTY
Geld ist immer rein, selbst wenn es schmutzig ist
(angeblich nur in Illinois gebräuchlich, was ich bezweifle)

Und wo ist Geld am schmutzigsten? Im Waffenhandel. Und besonders hinterhältig, allein seiner
Nachhaltigkeit wegen - einem Lieblingsbegriff der
Politiker seit Jahren - schleichend geduldet unter
dem heuchlerischen Mantel globaler Sicherheit,
worunter die Obhut jener gemeint ist, die den
Wissenschaftlern gegen Ende von World War II
den Zelltod auf Knopfdruck abgeschwatzt hatten:
die Technologie, hoch angereichertes Uran zu
spalten, um daraus Plutonium zu gewinnen, dieses teuflisch unverzichtbare Element zur Herstellung von Atombomben.
Plutonium 239 hat eine Halbwertzeit von 24.000
Jahren. Erst dann wird die Hälfte davon zerfallen
sein, worauf erst nach zehn weiteren Halbwert-
zeiten, nach insgesamt 240.000 Jahren also, der
krebserregende Strahlenwert auf ein Promille seiner Ausgangsmenge herabgesunken sein wird.
Mit so einem satanischen Projekt beschäftigten
sich geniale Experten auf dem Gebiet der Kernspaltung, Wissenschaftler, die vor Hitler geflüchtet
waren und in Angst, Deutschland könnte schneller
sein beim Bau dieser Wunderwaffe, von der Hitler
in seinem berechtigten Untergangswahn kurz vor
Kriegsende noch drohend zu schwafeln begann.
Dass Washington die Bombe dennoch fertigstel-
len ließ und deren Wirkung über Hiroshima testen
wollte, war aus böser Sicht noch nachzuvoll-

ziehen, weil Japan sich weiter wehrhaft zeigte. Aber dann noch über Nagasaki im August 1945 eine zweite Bombe zu zünden, empfand die Welt bereits als Verbrechen an unschuldigen Zivilisten, was eigentlich schon für Hiroshima galt, wie auch für Dresden mit Phosphor gegen Geflüchtete aus dem Osten, wenige Monate vor Kriegsschluss. Und so zweifelte nach dem zweiten Atombombenabwurf kaum einer mehr an der eigentlichen Absicht, wer, außer Japan, da noch beeindruckt werden sollte.

Nichts gegen die Nuklearmedizin, so sich diese als hilfreich auf vielen Gebieten herausstellte, jedoch allen Widerstand gegen diese Todesspirale, die Washington in den Nachkriegsjahren anzukurbeln begann und die Welt dem Wahn verfiel, dass sich mittels atomar betriebener Reaktoren ein Paradies auf Erden schaffen ließe. Auch die Bundesrepublik verfiel diesem Eifer.

„Cäsium-137, Jod-131, Strontium-90. Von diesen drei Isotopen geht die größte Schädigung aus, die uns Menschen droht", warnten Kernphysiker und Mediziner und fragten rechtzeitig: „Wohin mit den Abfallprodukten, die unseren blauweißen Planeten in die Ewigkeit begleiten werden, aber nicht mehr die verkrüppelte Menschheit, die längst eingegangen sein wird an ihrer Koppelung von Gier, der größten Vernunftsschluckerin dieser Welt."

„Kampf dem Kommunismus!", dröhnte es aus den Vereinigten Staaten von Amerika, deren Administration und Militärs dabei waren, mit ihren Testreihen, das eigene Volk umzubringen.

Dass sich mit Dummheit der Anderen Geld verdienen lässt, ist kein Novum. Die USA sind ein Vorzeigeland auf diesem Gebiet. Dass auch unter den Arglosen, Gebildete zu den Opfern zählen, macht die Tragik komplett. Weil schließlich die Sowjetunion von einem jungen Mitarbeiter am Atomprojekt der Amerikaner notwendiges Material zugespielt erhielt, unterstützt von einem deutschen Emigranten aus London, ging es rasch voran mit der Konstruktion einer sowjetischen Antwort auf die nukleare Provokation der USA. Von diesem Zeitpunkt an, waren die wissenschaftlichen Unheilschöpfer in der Defensive und nicht zu beneiden. Ihre Warnungen wurden zwar vernommen, aber nutzten wenig. Und so wurde auch auf dem Gebiet der DDR geschürft. Im Erzgebirge und unweit von Gera. Abbau von uranhaltigem Gestein im Dienst deutsch-sowjetischer Freundschaft. Da dürften eine Anzahl verstrahlter Kumpel unter jenen gewesen sein, die im Publikum saßen, wenn ich als Gast der Rundfunkorchester des Senders Leipzig in Gera oder Annaberg auf der Bühne stand.

Ich lese gerade: „Selbst für das schmutzigste aller Atomgeschäfte findet sich im Freistaat Bayern noch ein Plätzchen".

Das muss Mitte der achtziger Jahre gewesen sein, als sich Franz Josef Strauß für eine kommerzielle Wiederaufarbeitungsanlage von ausgebrannten Uranbrennstäben im Taxöldner Forst bei Wackersdorf in der Oberpfalz stark machte und sich nicht zu schade war, gegen Demonstranten Polizeikräfte mit Schlagstöcken in Marsch zu set-

zen und Hubschrauber zu beordern, die Tränengasgranaten in die Menschenmenge schossen.
In Gorleben und im benachbarten Ort Dragehn war bereits so eine Wiederaufbereitungsanlage geplant gewesen. Ernst Albrecht (CDU), Ministerpräsident von Niedersachsen, musste nach massiven Bevölkerungsprotesten eingestehen: „Politisch nicht durchsetzbar."
Da war Strauß aus anderem Holz geschnitzt. Für 50 Millionen DM trieb er den Bau einer Anlage voran, die er wie eine Festung ausbauen ließ.
Dummer Zeitpunkt und kein verspäteter Aprilscherz, um Minister Strauß zu schocken: Tschernobyl. Dort stieg die grausame Wirklichkeit auf und bewegte sich westwärts. Ein neuer Begriff machte die Runde: „Supergau". Und die Welt wurde erneut daran erinnert, womit hier im Interesse von Macht und Gewinn manipuliert wurde. Den Atomgegnern kam der Vorfall bestätigend entgegen, der Flora und Fauna in einem Gebietsstreifen vom Böhmerwald bis Augsburg und vom Allgäu bis ins Berchtesgadner Land hingegen gar nicht. Noch nie war ein sanfter Nachtregen derart unsichtbar giftig auf Bayern gefallen wie in diese Landstriche. Über Rundfunk und Fernsehen war zu erfahren und in Zeitungen zu lesen, dass Gemüse untergraben werden musste, Spielsand in den Kindergärten ausgetauscht wurde, und damit zu rechnen sei, dass Freibäder mit Liegewiesen vorerst geschlossen bleiben werden. Und schließlich rieselte es immer stärker in die verbohrtesten Befürworterköpfe, dass über Jahrzehnte Wald- und Wiesenpilze ungenießbar sein werden, eben-

so das Fleisch von Wildschweinen, Hasen, Rehen und Hirschen. Dass die Kühe der Bauern verstrahltes Gras fressen und die Milch dadurch kontaminiert sein wird. Die Geigerzähler bestätigten den letzten Zweiflern laut knisternd, dass ein gewaltiges Unheil über die Landwirtschaft Bayerns hereingebrochen war.

Lehrte dies Politikern etwas? Kaum erkennbar.

Umweltminister Alfred Dick (CSU) beschwichtigte und ließ seine Behörde am 30. April 1986 verkünden: „Empfehlungen zum Verhalten der Bürger sind gegenwärtig nicht erforderlich und auch nicht beabsichtigt."

Der bayerische Landesregent Franz Josef Strauß tönte: „Jedwede Kursänderung in der Energie- beziehungsweise Atompolitik lehne ich ab. Ein Ausstieg aus der Nutzung der Atomkraft würde für Deutschland unweigerlich einen Abstieg zu einem Entwicklungsland mittlerer Kategorie bedeuten."

Keine fünf Wochen nach dem Supergau setzte Strauß noch einen Satz darauf: „Der Ausstieg aus dieser Technik ist der Weg von Dummköpfen und Feiglingen."

Da wollten zwei Wissenschaftler der Technischen Universität weder als Dummköpfe noch als Feiglinge dastehen und fochten für die Errichtung eines neuen leistungsstärkeren Forschungsreaktors in Garching, weil der alte als Atom-Ei in die Garchinger Stadtgeschichte eingegangene Reaktor wegen „zu geringen Neutronenflusses" den Forschern nicht mehr genügte. Das aktenkundige Gezerre um das Für und Wider würde Seiten füllen. Es wäre preiswerter gewesen, an nuklearer

Forschung interessierte Wissenschaftler und Studenten montags nach Grenoble und freitags wieder zurück nach München zu fliegen und Neutronen aus Frankreich zu beziehen, als Millionen in ein Projekt zu stecken, das von Bürgerentscheiden mehrheitlich geächtet wurde, zumal es sich in Garching um ein „strahlendes Erbe für hunderttausend Jahre" handelte. „Highly Enriched Uranium" - höchst angereichertes Uran, müsse es sein. Darauf bestanden zwei führende Wissenschaftler der Technischen Universität und hatten offenbar vergessen, dass sich verantwortliche Wissenschaftskreise bereits Ende der siebziger Jahre darauf geeinigt hatten, Reaktoren nur noch mit dem zum Bombenbau ungeeigneten, niedrig angereichertem Uran zu betreiben und gaben auch schon Empfehlungen, wie sich mit „Low Enriched Uranium" - mit niedrig angereichertem Uranium Neutronen gewinnen lassen und gaben dem Verfahren sogar schon einen Namen: Spallations-Neutronenquelle.

Umsonst. Die Betreiber blieben stur. Der Energiekonzern Eon bezahlte den Lehrstuhl und unterstützte den Neubau.

„Nichts hören, nichts sehen, nichts wissen", las ich, als ich mich interessiert in die Frage hineinhing, was wohl mit den stark strahlenden, hoch mit waffentauglichem Uran angereicherten Brennelementen eines Tages geschehen soll, wenn diese Stäbe ausgedient haben, aber immer noch strahlen?

Drei Standorte wurden gefunden und festgelegt: Gorleben in Deutschland, Sellafield in der Grafschaft Cumbria im Nordwesten Englands und La Hague an Frankreichs Normandie-Küste. Und um alle drei Standorte gab es reichlich Ärger. In den Schächten von Gorleben verrottet der Atommüll in lädierten Fässern. In Sellafield und La Hague flossen und fließen immer noch die radioaktiven Restbestände der Aufarbeitung in giftigen Strömen durch unterirdisch getarnte Rohre in die irische See und in den Atlantik. Bereits im November 2001 wurde vom Europäischen Parlament eine Studie zu den möglichen toxischen Auswirkungen der Wiederaufarbeitungsanlagen in La Hague und Sellafield veröffentlicht. Verfasst hatte die Arbeit der *World -Information-Service on Energy, Paris (WISE)*. Das Ergebnis: „Von beiden Standorten war die bislang höchste von Menschen verursachte Freisetzung von Radioaktivität ausgegangen, vergleichbar mit den Folgen eines großen Atomunfalls jährlich. Die Freisetzung radioaktiver Substanzen war möglicherweise doppelt so hoch wie die von Tschernobyl." Und die *Greenpeace*-Umweltschützer bekräftigten diese Aussage mit dem Satz: „Die atomaren Aufarbeitungsanlagen von Sellafield und La Hague, die ganze Regionen verseucht haben, sind ein schleichendes Tschernobyl."

2012 hat Sellafield den Steuerzahlern 1,9 Milliarden gekostet. 112.000 Kilogramm Plutonium hatten sich dort angesammelt. 29,6 Kilogramm waren abhanden gekommen. Angeblich reichlich genug zum Bau von sieben Atombomben. Sei aber lediglich ein Buchungsfehler gewesen. Dass auch 83.000 Liter verseuchtes Wasser fehlten - ohne

Buchungsfehler -, war dann auch rechnerisch in den Unterlagen nicht mehr aufzufinden. Was allerdings gefunden wurde, waren strahlende Fische in verstrahlten Fischerbooten der Irischen See und an Leukämie erkrankte Kinder rund um Sellafield und La Hague.

In der Nähe von Sellafield, in der Atommüll-Resterampe Drigg, lagern geschätzte eine Million Tonnen an verstrahltem Abfall mit Todesgarantie auf Zeit. Die Deponie liegt nur fünf bis höchstens zwanzig Meter über dem Meeresspiegel. „Eine tickende Zeitbombe", urteilen Meeresbiologen. Da mit einem Anstieg des Meeresspiegels zu rechnen sei - in einhundert bis spätestens zweihundert Jahren, dank weiterer Umweltsünden -, wäre mit Sicherheit eine radioaktive Verseuchung der gesamten Westküste Englands zu erwarten.

Vormals hieß der Ort noch Windscale, weil dort einst vielleicht die Windstärke gemessen wurde, die ans Königshaus zu melden war. 1947 dann, weitab von London, wurden dort zwei luftgekühlte Reaktoren in den Wind gestellt, deren Aufgabe es war, aus Uran waffenfähiges Plutonium herauszufiltern. Um den Vorgang dieser Elementetrennung effektiv zu gestalten, musste die Kerntemperatur stets langsam von der normalen Betriebstemperatur auf die erforderliche Höhe gesteigert werden. Dies war, seit Inbetriebnahme der Reaktoren im Jahr 1952, achtmal korrekt abgelaufen. Am 7. Oktober 1957 war Reaktor 1 zum neunten Mal aufgeheizt worden. Doch schon am Tag darauf zeigten die Armaturen, dass sich die erforderlichen Hitzegrade nicht einstellen wollten. Also entschieden die Ingenieure, den Aufheizvorgang neu zu starten. Und genau das hätte unterbleiben sollen. Die Temperatur erhöhte sich zwar, allerdings beängstigend sprunghaft und setzte sich in den nächsten Tagen fort und war nicht mehr zu bremsen. Am 10. Oktober brannte der Reaktor, Radioaktivität wurde freigesetzt, panische Löschversuche scheiterten. Am 11. Oktober zitterte die Messnadel schon hektisch um die Höchstmarke von 1.300 Celsius Hitzegraden, die Geigerzähler knisterten beängstigend, was die große Wolke an Jod, Cäsium, Strontium und Plutonium nicht daran hindern konnte, sich je nach Windrichtung über die Irische See oder über Schottland bis hin über London und Calais auszubreiten.

Mit großen Wassermengen konnte der Reaktor herabgekühlt und das Feuer einen Tag später gelöscht werden. Die bösen gesundheitlichen Schäden seien damals noch nicht bekannt gewesen, heißt es heute noch. Und immer noch haben dreiste Journalisten die Frechheit, Anti-Atom-Demonstranten als Möchtegern-Experten und Laienphysiker herunterzuputzen und bei jeder Möglichkeit schriftlich oder in Gesprächsrunden zu verunglimpfen. Schließlich hatte man sich doch noch auf hundert Strahlenopfer einigen können.

Als in den achtziger Jahren des vergangenen Jahrhunderts eine Leukämiewelle registriert werden musste, wollte das keiner mehr mit dem Unfall in Windscale in Verbindung bringen. Warum auch? Der Name war geändert worden: Windscale hieß nun Sellafield, aber die tödlichen Manipulationen dort, die gingen unverfroren verbrecherisch und staatlich lizensiert weiter: im Land ihrer Majestät, der Queen, wie ebenso im Land der Franzosen, die einst Köpfe rollen ließ für Liberté, Égalité, Fraternité. Freiheit, Gleichheit, Brüderlichkeit. Darüber lachen auch in Deutschland längst die Hühner. In Garching bei München krähen das schon die Hähne beunruhigt, wenn die Jets vom Weltflughafen Franz Josef Strauß an dem doch noch genehmigten Reaktor II vorbeidüsen. Dort war kurz vor Weihnachten 2012 - 21 Monate nach Fukushima mit drei Kernschmelzen - der Forschungsreaktor II der Universität München in Garching abrupt heruntergefahren worden, weil hohe Emissionen radioaktiven Kohlenstoffs gemessen wurden. Dennoch bestanden die Wissenschaftler weiterhin auf das waffenfähige, hoch angereicherte Uran, das ihnen die USA verweigert hatte. Die Begründung lautete: Verstoß gegen den Atomwaffensperrvertrag. Doch siehe da: Ein Widerstand gegen die USA ist folglich auch in Deutschland möglich. Wer hätte das gedacht? Bayern hatte sich das hoch angereicherte Uran aus einer russischen Erzmine auf Umwegen über Frankreich beschaffen lassen.

Eine Tafel am Objekt FRM II (Forschungsreaktor München II) weist darauf hin, dass hier die Tätigkeit nur mit 20 Megawatt betrieben werde, ein „echtes" Atomkraftwerk hingegen mit einer Leistung von 200 Megawatt fahre. Ein beliebter Beschwichtigungssatz der Betreiber in Garching lautet: „Unser Reaktor ist doch nur ein Tauchsieder." Erinnert sei an die blamable Inbetriebnahme am 9. Juni 2004, die durch Ministerpräsident Edmund Stoiber vorgenommen wurde, indem er einen Hebel hinunterzudrücken hatte, der nichts bewirkte, außer der peinlichen Demonstration, vorgeführt zu haben, wie schnell es zu Problemen kommen kann. Erst Monate nach dem dennoch geglückten Festakt unter Anwesenheit der katholischen Kirche und dem Segen des Erzbischofs, konnte der Reaktor in Betrieb genommen werden. Über die noch immer ungelöste Entsorgung abgebrannter Brennstäbe, wurde nicht gesprochen. Auch über die 400 Millionen Baukosten wurde geschwiegen. Makellos weiß und sauber sah der mit 180 Zentimeter Stahlbeton ummantelte Bau zur Eröffnung aus. Zwei Fahnenbahnen schmückten den hohen Unschuldsquader: die bayerisch Blau-weiße und die Schwarz-Rot-Goldene. Bis zum Jahr 2022 sollen alle deutschen Kernkraftwerke stillgelegt sein: Beschluss der Bundesregierung nach Fukushima. Aber der Forschungsreaktor in Garching wird bleiben. Die 17.000-Seelengemeinde Garching ist stolz auf den Satz: „Wissenschaft siegt über Politik", und ist stolz auf die Atom-Ei-Kuppel im Wahrzeichen ihres Ortes. Worüber auch noch geschwiegen wird, sind die beiden Forschungsreaktoren in Mainz und Berlin. Wannsee I ist verrottet und Wannsee II mit Defekten behaftet und gegen äußerliche Einwirkungen ungeschützt. Falls auf diesen Bau ein Flugzeug stürzen würde, wäre die radioaktive Wolke garantiert schneller über dem Bundestag als ein Regierungssprecher brauchte, um die Gefahr für die Bewohner der Stadt herunterzureden.

Uran gibt Alpha- Beta- und Gammastrahlung von sich. Das in der Erde befindliche Uranmetall verfügt über eine spezifische Radioaktivität von 40 Bequerel je Kilogramm und ist dort bestens aufgehoben. Erst durch Bergbau an die Luft geholt, wird das Gestein mitsamt seinen Spaltprodukten tückisch. Uranverseuchte Luft und uranverseuchtes Wasser sind Mensch und Tier höchst unbekömmlich. Sobald vom Körper aufgenommen, beginnen die Isotopen, die ich bereits eingangs erwähnte, ihr zerstörerisches Werk in den Knochen, in der Leber, in der Niere, den Lymphknoten, im Gehirn. Ich wüsste kein Körperinneres, was verschont bliebe.

Aus Kostengründen verrotten Abklingbecken aus marodem bröckelnden Beton. Auch offene Wasserstellen gibt es, in denen seit Jahrzehnten extrem radioaktiver Müll unbetreut herumliegt. Klar, dass Vögel, die sich dort niederlassen, kontaminiert sind, wenn sie weiterfliegen.

Schon Anfang des Jahres 1997 wiesen zwei französische Wissenschaftler in einer Studie auf den Zusammenhang zwischen den Einleitungen der Abwässer aus der Aufarbeitungsanlage für ausgebrannte atomare Brennstäbe in La Hague und der erhöhten Blutkrebsrate bei Kindern hin, die an den Stränden der Normandie gebadet hatten. Von täglich 400 Kubikmeter verseuchtem Wasser war die Rede, aber keine Konsequenzen an der Führungsspitze der Atomkonzerne.

„Die Atomwirtschaft bereut, aber sie büßt nicht", ist zu lesen. „Die Atommanager verweisen darauf, dass es keinerlei Meldepflicht für die erhöhten

Strahlenwerte gegeben hat und dass vom Umweltministerium verbreitet wurde: Zu keiner Zeit Gefahr für Begleitpersonal und Bevölkerung."
Na, da darf die Welt ja getrost aufatmen!
Dass ich schon immer anders darüber dachte, beweisen die fünf Reimzeilen, die ich in meinen Unterlagen fand:

Anfrage Richtung Paris und London

Die Wettertiefs aus Richtung West
sollten uns eigentlich reichen.
Ich brauch keinen kontaminierten Wind
von jenen, die geldgeil bescheuert sind.
Regieren Euch geistige Leichen?

Vor hundert Jahren war Halbzeit im Verdienstspiel "Völkermorden zugunsten der Waffenindustrie". Gegenwärtig darf applaudiert werden: Die Kriegsgewinnler von einst und deren Nachkommen zeigen Einsicht und Nachsicht: Europäische Völker (Russland selbstverständlich ausgeklammert) dürfen sich nicht mehr kriegerisch gegenüberstehen, aber das Weiterschießen darf nicht nur, es muss selbstredend weitergehen. Soziale Begründung: Erhalt von Arbeitsplätzen. Wie edel. Aber so darf das nicht formuliert werden, und so muss ein Buhmann her, der die Welt bedroht und damit die Aufrüstung rechtfertigt, worum Konzerne schon seit Jahren betteln und endlich Gehör fanden. Auch bei den Medien der westlichen Allianz, die in durchsichtiger Einfalt charakterlos das große Vergessen pflegen, weshalb ich lobend die Dokumentation der Berliner Tageszeitung *junge Welt* erwähnen muss, die in ihrer Wochenendausgabe vom 24./25. 09. 2016 an die achtzehn westdeutschen Atomforscher erinnert, die sich gegen die von der CDU (Konrad Adenauer) und der CSU (Franz Josef Strauß) angestrebten Aufrüstung der Bundeswehr mit Atomwaffen wandten. Die Wissenschaftler, die sich deutlich nur für die friedliche Nutzung der Atomenergie aussprachen, sahen in einer Äußerung Adenauers vom 5. April 1957 den dringlichen Anlass zu ihrer Erklärung, die unter der Zeile „Göttinger Manifest" am 12. April 1957 um die Welt gegangen war.

Keineswegs im Kopf schon altersschwach, sah der 81 Jahre alte Kommunistenhasser Adenauer in den sogenannten „taktischen Atomwaffen" nur eine „Weiterentwicklung der Artillerie".

Alphabetisch geordnet, hier die Namen der mahnenden Wissenschaftler:

Fritz Bopp, Max Born, Rudolf Fleischmann, Walther Gerlach, Otto Hahn, Otto Haxel, Werner Heisenberg, Hans Kopfermann, Max von Laue, Heinz Meier Leibnitz, Josef Mattauch, Friedrich-Adolf Paneth, Wolfgang Paul, Wolfgang Riezler, Fritz Straßmann, Wilhelm Walcher, Carl Friedrich Freiherr von Weizsäcker, Karl Wirtz.

Und weil seit dem NATO-Gipfel im Juli 2016 eine atomare Bedrohung erneut belebt wurde, dürfen in diesem deutsch-amerikanischen Lesebuch keinesfalls die wesentlichen Sätze fehlen:
„Die Pläne einer atomaren Bewaffnung der Bundeswehr erfüllen die unterzeichnenden Atomforscher mit tiefer Sorge. Einige von ihnen haben den zuständigen Bundesministern ihre Bedenken schon vor mehreren Monaten mitgeteilt. Heute ist eine Debatte über diese Frage allgemein geworden. Die Unterzeichnenden fühlen sich daher verpflichtet, öffentlich auf einige Tatsachen hinzuweisen, die alle Fachleute wissen, die aber der Öffentlichkeit noch nicht hinreichend bekannt zu sein scheinen.
Erstens: Taktische Atomwaffen haben die zestörende Wirkung normaler Atombomben. Als taktisch bezeichnet man sie, um auszudrücken, dass

sie nicht nur gegen menschliche Siedlungen, sondern auch gegen Truppen im Erdkampf eingesetzt werden sollen. Jede einzelne taktische Atomgranate hat eine ähnliche Wirkung wie die erste Atom Bombe, die Hiroshima zerstört hat. [...] Als klein bezeichnet man diese Bomben nur im Vergleich zur Wirkung der inzwischen entwickelten 'strategischen' Bomben, vor allem der Wasserstoffbomben.

Zweitens:

Für die Entwicklungsmöglichkeit der lebensausrottenden Wirkung der strategischen Atomwaffen ist keine natürliche Grenze bekannt. Heute kann eine taktische Atomwaffe eine kleine Stadt zerstören, eine Wasserstoffbombe aber einen Landstrich von der Größe des Ruhrgebietes zeitweilig unbewohnbar machen. Durch Verbreitung von Radioaktivität könnte man mit Wasserstoffbomben die Bevölkerung der Bundesrepublik wahrscheinlich schon heute ausrotten. Wir kennen keine technische Möglichkeit, große Bevölkerungsmengen vor dieser Gefahr sicher zu schützen.

[...] Für ein kleines Land wie die Bundesrepublik glauben wir, dass es sich heute noch am besten schützt und den Weltfrieden noch am ehesten fördert, wenn es ausdrücklich und freiwillig auf den Besitz von Atomwaffen jeder Art verzichtet."

Drei Nobelpreisträger waren unter den mahnenden Forschern: Otto Hahn, Max Born und Werner Heisenberg.

Alles Weicheier, würde Jean-Claude Juncker sagen, wehte der Europa-Fahne wieder mal die Alkoholfahne des EU-Kommissionspräsidenten voran. „Eine starke europäische Verteidigung benötigt eine innovative europäische Rüstungsindustrie!" Na bitte: In vino veritas! Weiter so! Am 14. September 2016 sagte er das mit lockerer Zunge dem Europa-Parlament in Strasbourg. „Europa muss mehr Härte zeigen. Dies gilt vor allem in unserer Verteidigungspolitik." Juncker kann einfach alles: Millionären helfen, ihr Vermögen unversteuert unterzubringen, Banken unter die Arme zu greifen, wenn es Schwierigkeiten gibt, und über Promille-Hürden lachend hinwegzuschwadronieren. Da ist es gut, starke Partnerinnen zu haben. Die Italienerin Federica Mogherini, amtierende Hohe Vertreterin der Europäischen Union für Außen- und Sicherheitspolitik und gleichzeitig Vizepräsidentin der Europäischen Kommission auf der einen Seite, und auf der anderen Seite stützend, die Verteidungsministerin der Bundesrepublik Deutschland, Ursula von der Leyen. Beide Damen sind für eine Armee. Frau Mogherini strickt bereits an einheitlichen Strukturen einer EU-Armee. Ursulas Herz schlägt für eine Stärkung der deutschen Waffenschmiede. Und so gibt sie ihr Bestes, wie es ein gestandener deutscher Preußengeneral nicht besser vollbracht hätte, verdeckt blinzelnd mit der im Jahr 2017 lauernden Möglichkeit, aufzusteigen zur Kanzlerin, vor sich die Kluft sinkender Wählerzustimmung, hinter sich den hallenden Marschtritt einer Truppe im Gleichschritt zur globalen Aktion, wohin auch immer dies europäische Waffenindustrie-Eliten zum Wohle des Profits gern hätten.

Charakterbild und Anfrage

Deutschlands Frontfrau von der Leyen
gibt sich Mühe, schließt die Reihen,
träumt vom Endsieg permanent.
Vorgefasstes? Vorgebuchtes?
Sie bemüht sich, sie versucht es,
hätte gern ein Happy End.

Willst du in die Sumpfspur treten,
Ursula, du blond Umwebte?
Usch, du kriegerisch Belebte,
eifrig kanzleramtsbestrebte,
ewig dienstlich Eilige?
Ja! Im nervaufreibend steten
Wörterteig- und Sätzekneten
bist du keine Heilige.
Also übe schon das Beten!

Wo ist sie hin, die Zeit der Sparbücher, auf die der Mensch sich einst verlassen konnte?

Da muss ich weit zurückdenken, zurück in meine Kindheit in der Tschechoslowakischen Republik, wo ich beim Zuckerbäcker noch für ein paar Heller Süßes erwerben und für wenige Kronen im Wirtshaus satt werden konnte, wenn Papa am Sonntag die Familie einlud und bezahlte. Selbstverständlich hatten wir Sparbücher. Meine Schwester hatte eins, auch ich gerechtigkeitshalber, obwohl ich acht Jahre jünger war. Und es gab Zinsen auf das Ersparte, worauf Verlass war. Seither durften Generationen erfahren, dass die Welt der Finanzen in der Offenen Gesellschaft auf sprödem Boden steht und es nur wenig sichere Inseln gibt, einige verlässlich felsige sogar, aber diese dann für noch weniger als Wenige vorbehalten, während die Mehrheit sich zurechtzufinden hat in einem monetär unsteten Flut- und Ebbegeschehen, mit dem Gewicht auf Ebbe. Dass dies auch Bankhäuser erwischen kann, erlebten wir nach einem traumhaften Hoch kürzlich erst ums Jahr 2008 herum, staunten, wie sich die Deutsche Bank profitreich herauszuwurschteln verstand und erfahren gegenwärtig, wie dies unter futterneidigen Zockern vorkommen kann, dass der Übervorteilte sich das Ergaunerte wieder zurückholen möchte. So dürfte laut US-Justizministerium auf die *Deutsche Bank* eine Rekordstrafe zukommen. Begründung: „Wegen nachgewiesen krimineller Hypothekengeschäfte".

Ein Familienvater
denkt über die Bankenrettung nach

Vom Mittelklassenwohlstand
kaum noch eine Spur.
Der Westen hat ein Schlagwort,
er nennt das: Working Poor.
Vergangen sind die Zeiten,
als alles noch gut lief.
Vergangen sind die Nächte,
die sorglos man durchschlief.
Ein Job allein genügt nicht,
ein zweiter musste her,
sonst reichte es zur Miete nicht,
der Kühlschrank bliebe leer.
Unbezahlte Überstunden
sind schon längst ein Muss.
Wenn es nicht zum Fahrgeld reicht,
schenk ich mir den Bus.
Hauptsach, meiner Bank geht's gut.
Ich müsste mich sonst sorgen.
Falls mein Steuergeld nicht langt,
müsst ich mir was borgen.

Im Spätsommer 2015
war unter der Zeile RETTET DIE BANK in der RATIONALGALERIE folgendes zu lesen:

„Es gibt in diesen Tagen so viel zu retten: Flüchtlinge, Griechenland, die Kiewer Regierung, da kann die heroische Rettung der HSH-Nordbank glatt in den Seiten des Wirtschaftsteils der Zeitungen verschwinden. Dabei wissen wir seit 2008: Nichts ist wichtiger als die Rettung der Banken."

Ja, das haben inzwischen auch die Vorschussjubler der Jahre 1989/90 begriffen. Denn alles war ja damals schlecht im absoluten „Unrechtsstaat": das Gesundheitswesen, die Schulbildung, die sicheren Arbeitsplätze, die bezahlbaren Wohnungen und FDGB-Ferienheime an der Ostsee und in den Bergen.

Die schleichende Erkenntnis begann recht bald, als der Westen noch erstklassig funktionierende Produktionsstätten abzuwickeln, stillzulegen oder auch, weil lukrativ, einzukassieren begann, die Arbeitslosigkeit zwischen Werra und Oder nach 39 Jahren wieder Einzug hielt und damit die Einschränkung des Reisens für Ostbewohner eine neue Qualität erlangte.

Dass die Erfindung des Wirtschaftswunders für den deutschen Mittelstand längst ein Ende genommen hatte, noch bevor die „Einheit aller Deutschen ihren Anfang nahm, passte den Eliten der Wirtschaft gut ins Konzept, weil, ohne schamhaft zu erröten, behauptet werden konnte, dass dies dem Bankrott der DDR einerseits und dem Aufbau „blühender Landschaften" im Osten andererseits geschuldet sei. Somit waren die „Brüder und Schwestern im Osten" nicht mehr die „Armseligen", sondern die zu „Beneidenden" geworden, weil dort die Straßen erneuert wurden, während sie im Ruhrgebiet und nicht nur dort zu verfallen begannen.

Dem Verfall anheimgegeben ist inzwischen auch der Mittelstand. Ein alter Schulfreund von mir, nach dem Zweiten Weltkrieg als Angehöriger der deutschen Minderheit aus der Tschechoslowakei ausgewiesen, in der Landshuter Ecke wohnend, gehörte zur gut verdienenden Mittelschicht der Bonner Republik, arbeitete für die Bayerischen Motorenwerke, fuhr noble BMW-Wagen, besitzt ein Haus, das er nun zu verlieren befürchtet, da der Aufenthalt seiner Frau in einem Pflegeheim inzwischen seine gesamten Ersparnisse aufzufressen droht. Doch längst macht sich auch unter den jüngeren Jahrgängen die Angst breit. Auch unter jenen, die noch einen festen Arbeitsvertrag haben. Das neue Schlagwort Erwerbsarmut kursiert unter der modischeren Zeile „working poor", das den Zustand drastisch unverhüllter benennt: sich armarbeiten, ganz im Sinne der Fabrikbesitzer und sonstigen Großunternehmer.

„Die Wirtschaft wächst, die Angst wächst mit", schreibt die *Rationalgalerie*. „Gern wird in den Berichten über die HSH-Nordbank betont, sie sei eine staatliche Bank. Und gern wird unterschlagen, dass der Finanzinvestor J.C. Flowers & Co. LLC (USA) mit zehn Prozent an der Bank beteiligt ist. Verschwiegen wird auch, dass die Landesbanken – und aus diesem Sektor kommt die HSH – einst der regionalen Wirtschaftsförderung dienen sollten. Was die Bank mit Beteiligungen auf den Cayman Islands, in London, Luxemburg oder Dallas macht, bleibt im Dunkeln. Sichtbar allerdings sind die Verluste."

So darf bestätigt werden, was Ulrich Gellermann in seinem Beitrag abschließend feststellt: „Die brave Mittelschicht rettet jetzt schon die arme deutsche Wirtschaft. Längst ist der Achtstundentag, außerhalb der gewerkschaftlich organisierten Großbetriebe, aufgelöst. Unbezahlte Überstunden sind nicht mehr die Ausnahme."

Da rufe ich doch gern mit der *Rationalgalerie* im Chor: Ja wer soll dann die Steuern zahlen, mit denen die Banken gerettet werden?

Und so summt es bereits elegisch in mir:

Im Jahre Zweitausendundsieben
ging es der Deutschen Bank noch gut
beim manipulativen Schieben
fauler Hypothekenflut ...

Für eine Aktie musste ein Interessent einst über hundert Euro zahlen. 2016 war die Aktie nur noch dreizehn Euro wert.

Auch das Vorstellungsbild der Vereinigten Staaten von Amerika in der Welt hat gelitten. Daran hat das Pentagon starken Anteil, hat aber an Unverschämtheit nichts eingebüßt.

Bumerang
Joachim Ringelnatz möge mir verzeihen

Tut mir leid, war Bumerang!
Nicht zu kurz, auch nicht zu lang.
Flog darum nicht nur ein Stück,
kam nach Krummholzart zurück.
Pentagon lacht sich krank.
Bumerang traf, Gottseidank,
nur Bundestag und Deutsche Bank!

Geschäft mit dem Tod in Luxemburg
Steuerparadies auch ein Paradies der Waffenschieber
Link:
www.rationalgalerie.de/geschaeft-mit-dem-tod-in-luxemburg.html

Es lohnt, in diesen Bericht hineinzuschauen, wie überhaupt regelmäßig, zweimal in der Woche, meist montags und donnerstags, die Plattform für Nachdenker und Vorläufer zu besuchen. So las ich zum ersten Mal etwas über eine Bank in Luxemburg, die den für deutsche Ohren lustigen Namen *Spuerkeess* trägt, worunter Anständigkeit, Verlass und Qualität verstanden werden darf, wie bei uns im deutschen Sprachraum auch, wenn wir das Wort *Sparkasse* hören. Doch bereits die Erweiterung des Namens *Banque et Caisse d´Eparque de l´Etat Luxembourg* in goldenen schweren Lettern, an eine schmiedeeiserne Einfriedung geschmiedet, mit dem konkav errichteten Bau dahinter, mit einem an Raubritterburgen erinnernden Turm, lassen Ungutes erahnen.

BCEE ist die Abkürzung des großspurigen Namens. Sollte einer gewissen Unauffälligkeit dienen. Hat aber nicht geholfen, weil sich inzwischen ein neuer Verdienstzweig breitgemacht hat: Insider kopieren Datenträger und verkaufen diese an Finanzämter für eine Aufwandsentschädigung in Millionenhöhe.

Da staunt der Laie und der Fachmann wundert sich, warum das kleine Ländle Luxemburg mit nur einer halben Million Einwohner neben der BCEE noch 149 weitere Banken braucht. Jedenfalls auf dem vom Bundesland Rheinland-Westfalen aufgekauften Datenträger befinden sich 54.000 deutsche BCEE-Kunden, die ihr Geld unversteuert am deutschen Fiskus vorbei bei Papa Junckers sicher wähnten.

Zittern müssen vorerst nur jene deutsche Kunden der Spuerkeess, die dort mehr als 300.000 Euro deponiert haben, meldete die Zeitung *Luxemburger Wort* am 10. November 2015. Und *Amnesty International* berichtete von Verwicklungen der Staatbank und Staatssparkasse Luxemburg in das Blutgeschäft mit Kriegswaffen. Und die *Rationalgalerie* schrieb am 01. Februar 2016: „Hinter dem Biedermann-Image, dem bis heute der langjährige Luxemburger Premierminister und aktuelle Präsident der Europäischen Kommission Jean-Claude Juncker sein harmloses Gesicht leiht, verstecken sich die üblichen Kapitalverbrechen. Große Waffendeals verlangen nun mal bei der Finanzierung und der ordentlichen Abwicklung die professionelle Hilfe von Banken. Zwar hat auch Luxemburg den Internationalen Vertrag über Waffenhandel, Arms Trade Treaty (ATT), unterzeichnet; aber was unterschreibt man nicht alles, wenn der Tag lang und der Profit hoch ist. Zudem: Ein Vertrag, den die USA nicht unterzeichnet haben, ist ohnehin nichts wert. Im April 2012 belegte die Bank Platz 7 im Global Finance Ranking der fünfzig sichersten Banken weltweit. Verbrechen lohnt nicht, sagt der Volksmund. Falsch, erzählen die Grüße aus Luxemburg. Regierungschef Jean-Claude Juncker hat einen Rücktritt als Eu-Kommissionspräsident wegen der Enthüllungen der Steuervorteile für Großkonzerne in seiner Heimat ausgeschlossen. Da wird ihm die Waffenschiebe-

rei unter seiner Ägide sicher auch kein Anlass für
einen Rücktritt sein."

Lied zur Schande
im Luxemburger Lande

Luxemburg kennt keine Not,
verdient sein Geld mit dem Tod
von vielen Menschen,
die gestern noch lebten,
zwar zwischen Bangen
und Hoffen schwebten,
knapp an Wasser, knapp an Brot -
nun sind sie tot.

Ob sich das herumspricht im Land?
Blut versickert schnell im Sand.
Moneten hingegen vermehren sich leise,
ohne viel Zutun auf köstliche Weise,
sozusagen am laufenden Band.
Luxemburg grüßt, mit Blut an der Hand.

„Der Krieg ist ein besseres Geschäft als der Friede. Ich habe noch niemanden gekannt, der sich zur Stillung seiner Geldgier auf Erhaltung und Förderung des Friedens geworfen hätte. Die beutegierige Canaille hat von eh und je auf Krieg spekuliert."

Carl von Ossietzky
in der „Weltbühne" vom 08. Dezember 1931
Ossietzky (3. 10. 1889 – 4. 5. 1938), Journalist,
Schriftsteller und Herausgeber der Zeitschrift
„Die Weltbühne", wurde im international aufsehen-erregenden Weltbühne-Prozess 1931 wegen „Spio-nage" verurteilt, weil die Zeitschrift auf die verbotene Aufrüstung der Reichswehr aufmerksam gemacht hatte. Ossietzky erhielt rückwirkend den Friedens-nobelpreis für das Jahr 1935.
Ossietzky starb an den Folgen seiner jahrelangen KZ-Haft.

Erinnerung – Mahnung - Hoffnung

Des Führers letzten Geburtstagswunsch
zu erfüllen, bemüht sich die NATO.
Europa kommt darin gut voran,
wie zu sehen, zumindest bis dato.

Es wäre des Irrsinns letztes Tun.
Noch wissen es nicht die verrückten Betreiber.
Auch Schreibtischkrieger sind nicht immun.
Ich seh´ sie verdampfen in ihren Schuh´n,
im Dunst ihrer nicht mehr vorhandenen Leiber.

*

Ich weiß, wie wenig übrigbleibt
von dem, was einst ein Mensch gewesen.
Die Jugend wird es nicht verstehn.
Ich hab es leider noch gesehn
und nicht nur irgendwo gelesen.

Der größte Sammler aller Zeiten
kennt seine Auftraggeber gut.
Wann wird er die von heut begleiten,
bevor sie uns zu Tode reiten?
Ich hoff´ , dass er´s dann gerne tut.

Um die Finanzen, den Ursprung alles Bösen im gegenwärtigen System, noch einmal erinnernd ins Gedächtnis zu rücken: War es Leichtsinn, der europäischen Gemeinschaft das Zahlungsmittel Euro derart vorschnell überzustülpen? Bereits ohne die innewohnende Problematik, wie Ökonomen sie inzwischen wissenschaftlich belegt haben, benennen zu können, entwerteten die Menschen die neue Monetenbezeichnung unter Voransetzung eines einzigen Buchstabens und metamorphierten den *EURO* zum *TEURO,* der sich, wie vorausgesagt, nicht zu einem gesunden Bindemittel profilierte, sondern zu einer kräftig wachsenden Spaltwurzel entwickelte, die „das Haus Europa" unterwanderte und das stolz gedachte Gebäude zu einer instabilen Bröckelbude rund um einen pseudosoliden Großfinanzkern verkommen ließ.

Dies festzuhalten und alleinstehend auf einer Seite zu dokumentieren, erscheint mir wichtig. Sollte Reiner Schwalme diesen Zustand europäischen Unglücks zusätzlich zeichnerisch festhalten wollen, sei ihm die nächste Blattseite eingeräumt. Sollte diese leer bleiben, wie ein Loch in der Natur, sollten wir sie leer belassen und diese Leere als deutliche Kritik am gegenwärtigen Zustand würdigen.

Zum Gleichgewicht der Kräfte
an ruhenden Körpern

Angela Merkel und Sigmar Gabriel zugeeignet

CDU
reimt sich auf Schmu
SPD
auf Ach und Weh.
Verdammt, wenn das nicht zündet!
Beide nennen sich Volkspartei,
regieren stramm am Volk vorbei.
Allein schon das verbindet.

Da wird nicht lang herumgezankt,
sie tun, was das System verlangt,
sind Mammons höriges Pärchen.
Vielen gefällt es, wie zu sehen.
Muss schön sein, moralisch unterzugehen.
Schade, ist leider kein Märchen!

Aus diesem Grunde sind die folgenden Zeilen
der Kanzlerin und den Koalitionspartnern
Gabriel und Steinmeier zugeeignet,
in unübersehbaren Großbuchstaben
breitgefächert dargeboten
und ergänzt gewürdigt
durch ein Bild von Meister Schwalme
auf der nächsten Seite.

WENN SIE SCHREITEN SEIT AN SEIT,

SO MEIST AN DER BEQUEMEN.

SOGAR ZUR BÖSEN TAT BEREIT,

WENN´S GRAD SO PASST

UND NICHT GRAD SCHNEIT;

WÄR ICH DABEI, ICH TÄT MIR LEID

UND FÄNDE NEBENBEI NOCH ZEIT,

MICH AUSGIEBIG ZU SCHÄMEN.

Die Kanzlerin
unter öffentlicher Beobachtung
im Bundestag

Kann das schon Altersstarrsinn sein,
was diese Frau uns bietet?
Sie nimmt nicht wahr, was ist und war,
bestreitet alles, was längst klar,
sitzt da wie eingetütet.

Wie krieg ich Russland eingesackt?
Sind das Frau Merkels Sorgen?
Gelegenheit beim Schopf gepackt,
den Bären möglichst kleingehackt.
Am liebsten heut als morgen?

Faschiert, püriert, zusammgerührt
in Angies Gierschlundschüssel:
Dem Bundestag stolz vorgeführt
und als Soljanka heiß serviert
dem Parlament in Brüssel?

Aufzeichnungen eines Psychiaters bei Betrachtung der besetzten Regierungsbank im Deutschen Bundestag im Februar des Jahres 2016

Nervensysteme sind unauffällig,
die Damen und Herrn
dennoch psychisch gestört,
äußerlich glatt, servil, auch gesellig,
und grade deshalb unterschwellig
psychoanalytisch betrachtenswert.

Angstneurose? Zwangsneurose?
Toleranzneurose à la de Maizière?
Bei all diesen Herrschaften Jacke wie Hose.
Ich tippe auf Aktualneurose.
Selbsteingebrocktes wiegt doppelt schwer.

Die Damen und Herren sind ferngesteuert.
Das spricht sie keinesfalls frei von Schuld.
Täglich transatlantisch befeuert,
macht selbst Kluge auf Dauer bescheuert.
Auch Fachärzten reißt irgendwann die Geduld.

Das Jahr 2016 hatte es in sich. Was sich da auf zwölf Monate zusammenballte, war erheblich und bedürfte allein eines ganzes Buches.

Roger Willemsen, der intellektgeballt Eloquente, im Alter von nur sechzig Lenzen an Lungenkrebs Verstorbene, der es fertigbrachte, ein ganzes Jahr lang Wochentag um Wochentag auf der Besucher-Empore im Bundestag zu sitzen, zuzuhören, genau hinzuschauen und klug aufzuschreiben, was seit 2014 (Verlag S. Fischer) der Öffentlichkeit vorliegt: er fehlt uns Deutschen.

Roger Willemsen entschlief am 07. Februar 2016 in Wentorf bei Hamburg. Und ich erinnere an ihn mit einer Schilderung, die auf den Seiten 94 und 95 seiner Fleißarbeit „Das Hohe Haus" zu finden ist. Er schildert den Auftritt von Katja Kipping (Die LINKE), notiert ihre Sätze, die ich gern hier wiederhole: „Die ärmste Hälfte der Bevölkerung verfügt über ein Prozent des Nettovermögens, und die reichsten zehn Prozent der Bevölkerung verfügen über die Hälfte der Vermögen."

Willemsen fügt erläuternd hinzu: „Der Bahnchef verdient das 86fache eines Zugbegleiters im Nachtverkehr, der Chef der Deutschen Bank das 447fache einer Reinigungskraft, die in einer Bank in den neuen Bundesländern saubermacht."

Ebenfalls erwähnenswert sind die Zwischenrufe von CDU/CSU, die Willemsen auch aufgeschrieben hat. „Matthias Zimmer: Armut für alle!" Und Max Straubinger in einer Entgegnungsrede: „Sehr viele Menschen würden die angebliche Armut in Deutschland liebend gerne ertragen."

Gut, dass Willemsen darauf aufmerksam macht, wie Katja Kipping von solchen Rednern erfahren muss, „wie weit der Weg für Menschen ist, die jung in den Bundestag kamen und *gestalten* wollten. Straubinger röhrt und stammtischlert, er tadelt Peter Steinbrück, lobt Uli Hoeneß und verlässt das Pult zufrieden lachend."

Auch über Herrn Hoeneß, den Steuerbetrüger in mehrfacher Millionenhöhe, wird noch zu berichten sein, der sich längst putzmunter in Freiheit befindet und gegenwärtig während der Olympiade in Rio de Janeiro dabei ist und die Freunderln schon dafür werben, ihn auf seinem alten Posten als Chef von Bayern München wiederzusehen.

Dazu würde Willemsen nur wissend lächeln.

Was er leider auch nicht mehr erlebte, dass Bundestagspräsident Norbert Lammert (CDU) über sich hinauswuchs und seine Parteifreunde Kanzlerin Angela Merkel und Fraktionsvorsitzenden Volker Kauder zurechtwies, als die beiden während einer Rede der Linken-Abgeordneten Gesine Lötzsch ein lautes Privatgespräch führten. „Frau Bundeskanzlerin und Herr Kollege Kauder, das muss jetzt so nicht sein und wenn, dann muss es jedenfalls nicht vorne sein. Ja? Okay."

Ritschratsch-Ritscher-Ritschest
Neubetrachtung
eines alten Leidens

Es ist das alte Lied
vom Habenmüssen und vom Nehmen,
von Unverfrorenheit
im Mantel der Barmherzigkeit.
Es ist ihr Kampfsport
gegen all die Unbequemen,
zwar längst im Staub und unter Hufen,
mit deren unrentablen Rufen
nach Gleichheit und Gerechtigkeit.

Sie fühlen sich bedroht
in ihrer kranken Demagogik.
Genau aus diesem Grunde
sind sie ungemein gefährlich.
Sie trudeln ungesund
am Abgrund, sternfern aller Logik,
und sind, genau betrachtet,
eigentlich entbehrlich.

abgelegt

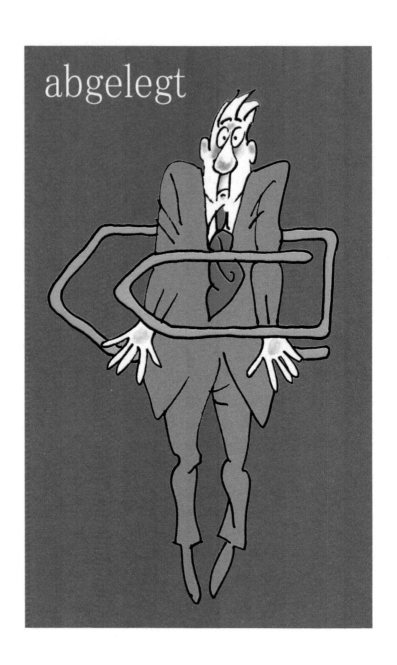

Der schutzmachthörigen
Vasallenpresse
die lebenserhaltende Hinweisadresse,
aber auch als siebten Sinn
zugeeignet der Kanzlerin

Nicht der Russe bedroht den Frieden.

Es ist die Gemeinschaft der perfiden

Unruhestifter und Verächter,

Wortverdreher, Menschenschlächter,

mit den rotweißen Streifen und Sternen

in Unschuldsweiß auf tiefblauem Grunde.

Ihr solltet aus der Geschichte lernen:

Selbst Rom ging eines Tags vor die Hunde!

Leonard Bernstein als US-Dirigenten unseres Blauen Planeten hätte ich lieber gezeichnet, teilte mir Reiner Schwalme mit. Doch die vermaledeite Gegenwartsgeschichte diktiert uns leider anderes. Und so war im Internet-Blog *Rationalgalerie* vom 03. März 2016 zu lesen: „Außenpolitik heißt bei den US-Amerikanern fast immer Krieg". Und beigegeben war diesem Beitrag eine Aufstellung aller Kriege seit John F. Kennedy bis hin zu den Folgen der US-Interventionen im Nahen Osten und Nordafrika und den daraus resultierenden Unruhen, Zerstörungen, die zu den Flüchtlingsströmen führten und zu unermesslichem Leid der unschuldig Betroffenen.

Am 21. Juni 2015 bereits, hatte in Berlin die Aktion „Marsch der Entschlossenen" begonnen. Die Anregung zu diesem Unternehmen war vom „Zentrum für politische Schönheit" gekommen, und fünftausend Menschen waren dabei gewesen, als auf der Wiese vor dem Bundestag einhundert Gräber ausgehoben wurden, erinnernd an die vielen Mittelmeertoten. Die Universität in Hamburg war kurz darauf mit einem ähnlichen Vorgehen aktiv geworden, und in Frankfurt am Main ließen mitfühlende Bürger imprägnierte Papierschiffchen mit Teelichtern zu Wasser, um der vielen Toten im Mittelmeer zu gedenken.

Die Erklärung der Demonstranten lautete bundesweit: „Die Symbolik allein ändert noch nichts am Abschottungssystem, aber sie klagt diejenigen an, die für diese Verbrechen verantwortlich sind."

„Seit 2014 zehntausend ertrunkene Menschen", meldete 2016 das Flüchtlingshilfswerk der Vereinten Nationen (UNHCR).

Kanzlerin Angela Merkel und Frankreichs Staatschef Francois Hollande werden der Toten von Verdun vor 100 Jahren gedenken, aber gewiss nicht erwähnen, wer an diesem Morden unter Völkern, das vier Jahre auf verschiedenen Schlachtfeldern währte, verdient hat. Werden Merkel und Hollande auch der Mittelmeertoten gedenken? Wird es eine Schweigeminuten der Regierenden geben?

Ich erlaubte mir jedenfalls die folgende Empfehlung:

Text zu einer Minute des Schweigens im Weißen Haus und im Bundestag

Breitet Bahnen aus tiefschwarzem Samt
über Würde und Amt
und das blendende Weiß
der sich sauber Dünkenden.
Tut dies im Namen
der lügenhaft Umworbenen,
im Namen aller elend Verstorbenen
und der in Zukunft noch Ertrinkenden
im Sog inszenierter Mittelmeer-Dramen.

2016, ein Jahr der Offenbarungen, ungemein erhellend auch für jene, die aus Bequemlichkeitsgründen, Schonung der Nerven, notorischer Umweltblindheit oder berufsbedingter Nötigung alles ausblenden, was im Interesse der Weltfinanz ausgeblendet gehört. Das funktioniert gegenwärtig in Deutschland immer noch recht gut. Da sorgt die Werbung dafür, das reichhaltige Warenangebot, das für Augensattheit sorgt, nur leider nicht zur Gesundung geldknapper Familien beiträgt. Störend sind gegenwärtig die Flüchtlinge, an deren Abschiebung die Regierung bereits vermeintlich geschickt arbeitet, die Integrierung der nicht Abzuschiebenden hingegen nicht wird bewältigen können, schon allein der Weigerung wegen, endlich die Gründe der großen Fluchtbewegung zu benennen.

Falls es den politisch Uninteressierten immer noch nicht aufgefallen sein sollte, wiederhole ich mich gern und erinnere: Staaten und Regierungen, die sich „erdreisten", gegen die neoliberale Globalisierungsordnung Washingtons aufzulehnen und damit aus der Reihe zu tanzen, dürfen damit rechnen, unverzüglich Ärger zu bekommen. Das war so, das ist so und soll aus Sicht der Habgierigen auch so bleiben. Die Vergangenheit lehrte den Völkern der Welt, dass sich bislang stets käufliche Unruhestifter bereit erklärt hatten, auf unterschiedlichen Wegen eine Schieflage zu konstruieren, worauf wiederum eine ebenso finanziell orientierte Presse reagierte, die der Welt gekonnt einzureden verstand, was alles an unmenschlich Schrecklichem in „Ländern der Unfreiheiten" geschieht, ohne zu erwähnen, dass es in gewissen Gebieten mit fanatisch religiös unterschiedlichen Glaubensrichtungen einer festen Hand bedarf, um den Bewohnern ein friedliches Miteinander zu garantieren. Das praktizierten aus dieser Not heraus jeweils diktatorisch regierende Männer, wie Saddam Hussein im Irak und Ghaddafi in Libyen. Auch in Afghanistan hatte es bis zum Jahr 1992 eine progressive Regierung gegeben. Unter dieser Regierung waren die Frauen frei, konnten sich kleiden, wie es ihnen modisch gefiel, durften sogar Miniröcke tragen, durften Schulen, ja sogar Universitäten besuchen. Doch dann mischte sich Washington ein, spickte sogenannte Revolutionäre mit Geld, Spezialisten aus den USA trainierten diese Gruppierungen, und schon war Schluss mit der Freizügigkeit der Frauen. Nach haargenau diesem Muster wurde auch Ghaddafi abserviert. Libyen war ein wohlhabendes Land, und die Bevölkerung profitierte davon. Bis zum Jahr 2011 hatte das funktioniert. Das hatten sogar die Vereinten Nationen anerkennen müssen. In ihrem jährlichen *Index of Human Development* sind die Vorzüge aufgeführt und nachzulesen, dass Libyen in folgenden Bereichen an der Spitze von ganz Afrika steht: Wahrung der Frauenrechte, gerechte Verteilung des Landesreichtums, unangefochten vorbildlich auch auf den Gebieten Bildung und Krankenversorgung. Bis sich die „Wertegemeinschaft West" veranlasst sah, „demokratisch" korrigierend eingreifen zu müssen. Da dürfen sich die bislang gut versorgten Bürgerinnen und Bürger Libyens besonders bei Frankreich bedanken, das sich im wilden Bombenwerfen auf Libyen traurig ausgezeichnet und eine Trümmerwüste hinterlassen hat. Schluss mit Frauenrechten, Schluss mit gerechter Verteilung des Ölreichtums, Schluss mit Bildung und Krankenversorgung für alle.

So vorbildlich hinterwäldlerische Spuren kann „Demokratie der freiheitlichen Welt" einem Land hinterlassen.

Gegenwärtig kämpft dort jeder gegen jeden. Genau nach diesem Konzept wurde mit Syrien verfahren. Auch dort bemühte sich ein Mann im Interesse von Ruhe und Ordnung zwischen hitzköpfigen Islamverfechtern um den Erhalt von Altertümern, Klöstern und Kirchen, was sogar Washington gefallen würde, hätte sich Assad den Amerikanern an die Brust geworfen und nicht den sozialistischen Staaten sein Vertrauen geschenkt und gegenwärtig immer noch Russland fest die Treue hält. Denn das schlimmste Vergehen aus Sicht der Weltfinanz ist immer noch die Verweigerung von Käuflichkeit. Erste Maßnahme dagegen: Unruhe stiften und die Meinung verbreiten, dass dies nur mit Sanktionen zu beheben sei. Wenn Sanktionen nicht greifen, muss eine mit US-Dollar angefütterte Landesgruppe versuchen, einen Regimewechsel herbeizuführen, was in der Ukraine, unterstützt von Deutschland, zu klappen schien. Und falls den Pentagon-Frechheiten Widerstand entgegengesetzt werden sollte, gebe es, wie die Erfahrung zeigt, dann immer noch die kriegerische Zerstörung. Doch da hat Putin den Vereinigten Staaten von Amerika ein unmissverständliches Halt angezeigt, dem undankbaren Europa eine Nase gedreht und Erdogan einen Hinweis gegeben, den dieser der Bundesrepublik sofort vor die Füße warf.

Mit den Worten „Ihr habt das bei der Wiedervereinigung in noch größerem Ausmaß betrieben", erinnerte Recep Tayyip Erdogan, Präsident der Türkei und Muslimbruder mit faschistisch ehrgeizigem Streben, an die juristisch nicht gerade saubere Einigungspraktik der bundesdeutschen Regierung.

In der Sonnabend/Sonntag-Ausgabe, 13./14. August 2016, erinnert Arno Schölzel auf Seite 3 der Tageszeitung *junge Welt* an die „große deutsche Säuberung" zur Wende und stellt fest, dass die von Erdogan unternommenen und selbst auch mit „Säuberung" bezeichneten Vorgänge im Zahlenvergleich moderat seien zu jenen der Bonner Regierung in den Jahren nach 1989 auf dem Gebiet der Deutschen Demokratischen Republik.

So ist zu lesen: „In der Bundesrepublik wurde seinerzeit nicht gefoltert, doch die massenhaft stattfindenden Treibjagden ins Exil oder in den Selbstmord blieben ungezählt. Und dabei war man gründlich. Die Prinzipien waren identisch: Reaktionäre bis faschistische Kreaturen an die Schaltstellen. Das bundesdeutsche Staatsmotto: *Kommunisten raus, Nazis rein,* galt erneut. Eine der Folgen: Wer als Nazikriegsverbrecher das DDR-Ende im Knast erlebte, durfte berechtigte Hoffnung auf *Rehabilitierung* durch die mit westdeutschen Richtern und Staatsanwälten besetzte Justiz haben. Wer freikam, erhielt eine Entschädigung und – bei Kriegsverletzung – jene Zusatzrente, die es für antifaschistische Widerstandskämpfer nie, für die Soldaten und SS-Leute des Führers, aber auch für Henker in Richterroben und deren Witwen gab."

Arnold Schölzel bezog sich in seinem Beitrag auf einen E-Mail-Text des Herausgebers der Wirtschaftszeitung *Handelsblatt,* Gabor Steingart von Freitag, dem 12. August 2016: „Die Türkei wird von einer Säuberungswelle heimgesucht, wie sie Europa zuletzt unter Stalin erlebte", und antwortete darauf: „Irrtum, Euer Ehren. <u>Die größte Entlassungs- und Verfolgungswelle der jüngeren Zeit inszenierte die Bundesrepublik Deutschland nach dem 03. Oktober 1990 im Anschlussgebiet. Wer will, kann sich über das Ausmaß dieser mit ausgefeilter Perfidie veranstalteten Herstellung politischer Reinheit in UN-Dokumenten informieren. Die dort mehrfach geübte Kritik an systematischer Diskriminierung Ostdeutscher, war der Bundesregierung derart peinlich, dass sie darauf in den Berichten über die Einhaltung der Konventionen über soziale und kulturelle Menschenrechte, zu denen sie alle paar Jahre verpflichtet ist, nie einging.</u>"

So hat sich reichlich angehäuft, was sich auf dem Balancierbrett des Verschweigens nicht ewig halten lässt. Selbst Auffangnetze sind in ihrer Haltbarkeit begrenzt. So möge die Demokratie auch einmal den Aufrechten dienen, womit wir Urheber dieser Blätter unserer Pflicht entsprechen.

Aus Reinheitsgründen stolz zu verkünden,
dass Reinheit nicht nur Bieren gilt,
ergäbe für Deutschland ein neues Bild
politisch klug durchwachsener Einheit.
Für Neo-Cons wäre dies allerdings,
in deren Hass auf Rot und Links,
ein Unternehmen purer Gemeinheit!

Was sagt die Wallstreet
aus Angst vor dem Dalles?
Broker, seid wachsam!
Bereitschaft ist alles?

Erstaunlich, wie weit FDJ-Sprüche ziehn.
Manhattan infiziert von Ost-Berlin?

Zu Buffet und Soros und weitren Magnaten
aus den lädierten Vereinigten Staaten
passt dieser Kampfruf perfekt in die Zeit:
Bereit sein ist alles! Immer bereit!

In der Sekunde
letzten Lebens
des Lebens
sollen noch einmal
alle Kontostände
an einem
vorüber—
ziehen.....

Konsumismus versus Kommunismus

Ein Anblick zum Weinen:
Auf wackligen Beinen
stehen beide im Ring.
Die einen verfressen,
die andern vergessen.
Ein traurig Ding.

Es ist nicht zu fassen,
wie beide sich hassen,
auf Gedeih und Verderb.
Anstelle zu streben,
gemeinsam zu leben
im Wettbewerb.

Versöhnung zur Wende,
statt traurigem Ende,
wär möglich gewesen.
Die Raffgier war stärker,
nach Art der Berserker,
mit Saugrohr und Besen.

So träumt es der Laie,
taub für die Schreie

der darbenden Armen.
Beim Saufen und Fressen
sind blitzschnell vergessen:
Schuld und Erbarmen.

Beim Verse drechseln
den Rhythmus zu wechseln
sollte erlaubt sein.
Neue Gedanken,
abseits von Schranken,
könnten geraubt sein.

Dennoch, Freunde, sollten wir´s wagen.
Jungphilosophen hörten wir sagen:
„Während die Satten ihre Unschuld beteuern,
sollten wir Marx belebend erneuern!"

DIE LINKE.

Deutsches Blickwinkelsingen

Die einen sehen es so,
die anderen wiederum so

Bafel, bafel, bafel
wir *hassen* das Geschwafel.
Es reicht nicht vorn, es reicht nicht hint´,
so klagen Mutter, Vater, Kind, die
von der „Neuen Armut" sind,
sie leben von der „Tafel".

Bafel, bafel, bafel,
wir *lieben* das Geschwafel,
weil es sich prächtig damit lebt,

zwar nicht den Wohlstand andrer hebt,
doch wortreich stets zum Guten strebt

an der Regierungstafel.

Ein Deutscher denkt nach

Undemokratisch ist die Eurozone,
weil drastisch neoliberal verfasst.
Welch Glück,
dass ich in Griechenland nicht wohne,
was sich nur noch für Superreiche lohne
und nicht für die auf dem Olivenast.

Grad Deutschland müsste es besser wissen.
Zerbombte Städte und verdorrtes Land.
Zu essen gab´s täglich nur zwei Bissen.
Kein Bett, kein Dach,
unterm Kopf kein Kissen.
Sogar die letzten Geldscheine verbrannt.

Verbrannt auch Hitlers Buch.
Noch ungelesen.
Ach hätt´ er doch
vor Polen Schluss gemacht.
Dann wär es damals schon wie jetzt gewesen:
Europa deutsch, Berlin finanzgenesen,
und Russland kranksaniert
von Hjalmar Schacht!

Dass Bundeskanzlerin Angela Merkel gelegentlich unter rhetorischen Blockaden leidet, sollten wir ihr nicht anlasten. Um diesen Mangel zu beheben, besitzt sie ja die jederzeit abrufbaren, auf Endlosschleife gespeicherten Begriffe, wie ihr locker über die Zunge flutschendes Lieblingsbefehlswort „alternativlos" zum Beispiel.

Ich sage es vorsichtshalber leise:
Alternativ ist jene Weise,
die uns Menschen einen Rest
einer Wahl zum Guten lässt.

Frau Merkel gönnt uns diese nicht,
zum Wohle der Banken,
zum Schaden der Bürger.
Sie liebt das verhüllende Sparlampenlicht,
hockt an der Seite der Würger.

Somit lag das Reizwort „alternativ" auf dem Servierbrett öffentlicher Nutzung, demnach keine Überraschung für mich, als der Begriff am 6. Februar 2013 im Gründungsnamen einer Partei auftauchte, die sich „Alternative für Deutschland" (AfD) nannte. Zum launischen Überraschungsmonat April passend, gab es bereits zur Monatsmitte einen Gründungsparteitag, und kurz darauf wurde mir ein Farbfoto gezeigt, auf dem Angela Merkel, spitzbübisch lächelnd, zwischen zwei Gründungsmitgliedern zu sehen ist. Die junge Frau, rechts von der Kanzlerin, eine gewisse Frauke Petry.

Links neben Frau Merkel: ein Herr Lucke, mit Vornamen Bernd, Professor der Volkswirtschaft aus Hamburg, aus vollem Hals lachend, Frau Petry, ebenfalls von Heiterkeit erfasst, geradezu mimisch zerknautscht überwältigt, und alle drei in dokumentarisch belegter Einmütigkeit, als sei die Parteigründung eigentlich Chefsache der Kanzlerin gewesen und Lucke mit Petry lediglich die ausführend Willigen. Das Foto soll während eines gesellig munteren Gedankenaustausches in einer Bar am Abend nach der Gründungsveranstaltung entstanden sein. Bald war durchgesickert, dass der Kanzlerin die Gründung dieser Aufregerpartei tatsächlich recht gelegen gekommen sei. Kritisch besorgte Bürgerinnen und Bürger in einer Partei gebündelt zu wissen, die wie ein Aufsauglappen allen Unmut in sich aufnehmen würde, was sonst an der Regierung Merkel hängenbliebe, wäre unter Schlechtem das Schlechteste nicht.

Drei Parteisprecher hatte der Gründungsparteitag erkoren: Bernd Lucke, Frauke Petry und einen Herrn Konrad Adam, an den ich mich nicht mehr erinnern kann, wohingegen Bernd Lucke im Fernsehen allabendlich auftauchte. Aufmerksamkeit erlangte diese Alternativ-Partei mit Parolen, die ins Unzufriedenheitsnetz altbundesdeutsch bekannter Denkungsart passte: Rechtskonservativ, christlich fundamentalistisch, deutschnational. So forderte Lucke die Auflösung des Euroraums, vertrat jedoch weiterhin neoliberale Interessen. Ein marillenfarbig eingetünchter Jungnazi namens Björn Höcke schockierte mit verbalen Bausteinen, die er den History-Filmen entnommen haben dürfte, die laufend im deutschen Fernsehen mit alten Filmausschnitten martialischer Hitlerreden gezeigt werden. So verwunderte es nicht, dass 2013 die Partei im September an der Fünf-Prozent-Hürde scheiterte, dennoch immerhin 4,7 % erreichte.

Dass die Alternativ-Partei bei den Wahlen zum Europa-Parlament im Mai 2014 schon mit sieben Prozent glänzen konnte und sieben Abgeordnete entsenden durfte, ließ aufhorchen.

Dann die Überraschung: Bei der Landtagswahl in Sachsen im August 2014 erreichte die *Alternative für Deutschland* unter Führung ihrer Landesvorsitzenden Frauke Petry 9,7% und durfte damit die AfD erstmals in ein deutsches Parlament führen. Als schließlich im September 2014 der Partei auch der Einzug in die Landtage von Thüringen und Brandenburg gelang, schrieb ich die folgenden Zeilen in mein Tagebuch:

Frau Petry von der AfD,
die Petrischale der Nation,
bereitet auf warmem Agar-Gelee
den Nährboden brauner Rezeption.
Sie tut dies unverborgen,
öffentlich frech, vergangenheitsschwer.
Darum empfehle ich: Bleichmittel her,
und möglichst schnell entsorgen.

Im November 2014 zeigten erste innerparteiliche Verschiedenheiten, dass sich Standpunkte aneinander reiben und auch an der Führungsspitze bald aufschaukeln werden. Die aufsässig kesse Frauke spürte den steigenden Zuspruch ihrer

Person und die fallenden Sympathiewerte ihres Parteifreundes Lucke, befürchtete, dass dies der Partei schlecht bekommen könnte und begann an den gemäßigten neoliberalen Bestrebungen des AfD-Parteischöpfers herumzumäkeln.

Im Januar 2015 gelang es Lucke noch einmal, trotz großer Schwierigkeiten, seine Vorstellungen durchzusetzen und aufrechten Ganges das Rednerpult zu verlassen.

Bei der Bürgerschaftswahl in Hamburg im Monat Februar 2015, schaffte es die Partei mit 6,1 Prozent auch in einem westdeutschen Parlament vertreten zu sein. Doch schon im April 2015 ließ sich der Richtungsstreit nicht vertuschen. Der deutschnationale Björn Höcke war erneut mit peinlichen Sprüchen auffällig geworden, was dem prominenten AfD-Vizeparteichef Hans-Olaf Henkel dann doch zu viel wurde und er sein Amt aufgab. Auch Lucke warnte die Partei öffentlich.

Bürgerschaftswahl in Bremen im Monat Mai 2015. Trotz der Querelen gelang es der Alternative mit 5,5% in einen weiteren Landtag einzuziehen. Bernd Lucke forderte per E-Mail die Nationalkonservativen seiner Parteischöpfung zum Rückzug auf. Umsonst. Lucke hat nicht den schön gezogenen Scheitel und das adrette Schwarzhaar der appetitlich jugendlichen Frauke. Auch sein Redetalent weist Schwächen auf. Und so sprach die flotte Motte Petry dem unattraktiven Lucke die Fähigkeit zur Zusammenarbeit ab.

Und so kam es, wie zu erwarten war, dass sich Frauke Petry auf dem Parteitag in Essen gegen Bernd Lucke durchsetzte und alleinige Vorsitzende wurde. Das Ergebnis: Lucke erklärte seinen Austritt und gründete eine neue Partei, die er *Alfa* nannte: Allianz für Fortschritt und Aufbruch, aber damit nicht so recht vorankam und somit im Schatten der *Alternative für Deutschland* verblieb, auch wenn die Partei, laut Umfrage, auf lediglich drei Prozent Zuspruch abgerutscht war.

Dann der September 2015: Der Flüchtlingsstrom aus dem Nahen Osten begann anzuschwellen, und Ungarn fing an, seine Landesgrenzen zu schließen, sah nicht ein, warum das Land unter dem Völkeransturm in Existenznot geraten soll.

Es wurde schwierig, den Ungarn übel zu nehmen, was Budapest sagte: „Wir sehen nicht ein, warum Ungarn an einer Völkerwanderung ersticken soll, die Washington durch kriegerische Interventionen leichtfertig ausgelöst hat."

Da von Frau Merkel ein Satz wie dieser nicht zu erwarten war, behalf sich die Kanzlerin mit dem Ausruf, den alle Deutschen inzwischen kennen, und öffnete damit, ähnlich wie Schabowski seinerzeit, ratzfatz die Grenze, worauf nicht nur die Flüchtlinge aus den Kriegsgebieten kamen, sondern auch jene Entwurzelten, die, einst noch Kinder, bombardiert aus deutschen Flugzeugen, aus einem einst friedlichen Jugoslawien kamen. Und so kamen sie und kamen und kamen, trugen Fotos der Kanzlerin Angela Merkel wie Heiligenbilder vor sich her und waren glücklich.

Glücklich war auch die Führungsriege der *Alternative für Deutschland* über die sich zunehmend unglücklich fühlenden Deutschen und dankbar für das daraus resultierende neue Thema.

AfD-Vize Alexander Gauland, 1941 in Chemnitz geboren, als dort noch keine Bomben fielen, Jurist, Publizist, Politiker, hatte die Verwegenheit, dem Umstand einen Ausruf zu widmen, den vormals Adolf H. schon nutzte: „Ein Geschenk des Himmels!" Womit jener den Brand des Reichstags meinte, Gauland die Flüchtlinge, fügte allerdings noch hinzu, was sich bislang weder CDU/CSU, SPD und auch nicht die GRÜNEN zu äußern wagten: „Im Rahmen der viel beschworenen transatlantischen Freundschaft, sollten die USA Verantwortung übernehmen und sich am Aufräumen des Scherbenhaufens beteiligen, den sie hinterlassen haben." Was Gauland dann noch sagte, könnte auch ich ihm diktiert haben: „Es zeugt von Verantwortungslosigkeit und Zynismus, als wären die Flüchtlingsströme, die nach Europa drängen, eine rein europäische Aufgabe. Eine Nation mit Weltmachtanspruch hat die moralische Verpflichtung, die Konsequenzen ihrer verfehlten Geopolitik zu tragen." Wobei Herr Gauland die Mitschuld deutscher Politik zu erwähnen vergaß, der er als ehemaliger CDU-Angehöriger zugestimmt hatte.

Januar 2016: Bundesweite Umfragen ergaben, dass aufgrund des Flüchtlingsproblems der AfD-Zuspruch auf zehn Prozent geklettert war. Jubel in den Reihen der Rechtsnationalen. Frau Petry, übermütig geworden, äußerte, dass sie sich einen denkbaren Einsatz von Schusswaffen gegen uneinsichtige Flüchtlinge vorstellen könnte. Begreifliches Entsetzen. Die Empörung hielt nicht lange

an. Dennoch gab es innerparteiliche Querelen.
Ich schrieb dazu die folgende Zeilen:

Die alternative Lokomotive
steht ohne Dampf.
Verfeuerte Kohlen,
leere Parolen:
Ein einziger Krampf.
Kein Wasser im Tender,
nur ein horrender
Verdummungsspender
in der Natur.
Alternativlos
steht er im Wege,
skrupellos schamlos
im Gehege
nationaler Wahlkultur.
Lasst uns verwegen
die Frechheit zerlegen
mit kühlem Verstand.

Lasst uns ihn nutzen,
die Dummheit zu stutzen.
Die Ratio führt uns
verlässlich die Hand.

Vergeblich. Im Mai 2016 bei den drei Landtags-
wahlen in Baden-Württemberg, Rheinland-Pfalz
und Sachsen-Anhalt, vermochte die AfD laut Pro-

gnosen aus dem Stand zweistellige Ergebnisse erzielen. In Sachsen-Anhalt überholte sie sogar die SPD und landete hinter der CDU auf Platz 2 mit mehr als 20 Prozent der Stimmen.

Aus diesem Grund mahnte bereits am 11. April 2016 die *Rationalgalerie* mit den Zeilen „Der Rechtsruck im Land verlangt nach Links – Der Hass im Land ist nützlich für Herrschende und die AfD", und ich lieferte dazu die passende Warnung unter dem Titel: Neoliberaler Jubelsong.

> Der Neid wird gefördert,
> die Furcht wird genährt.
> Wer gegen uns ist,
> wird gefedert, geteert.
> Vorerst verbal nur,
> doch medienstark.
> Wir quatschen euch dumm
> zu Verbraucherquark
> und füttern damit
> die Tauben im Park.
> Den Rest, wenn ihr wollt,
> schmiert euch selbst auf´s Brot.
> Ihr seht uns zufrieden:
> Rot gegen Rot!

Weimarer Zeit, ick höre dir trapsen, fällt mir dazu ein. Statt linksorientiert zusammenzustehen, gemeinsam voranzugehen und es besser zu machen, höre ich die Schwarzen und Braunen, kei-

neswegs nur grinsend raunen. Ich höre sie leider
bereits wieder lachen.

Armutszeugnis Deutschland
Klassenziel nicht erreicht

Gefahr erkannt, Gefahr benannt.
Der Sumpf beginnt zu stinken.
Zudem riechts auch noch angebrannt
im siechen deutschen Vaterland.
Da hilft kein Fähnchenwinken.
Gefahr erkannt, Gefahr benannt:
Wir sind nicht zu beneiden..
Deutschland liebt die Oberhand,
das Gängelpfand am Ordensband.
Es ist das alte Leiden.
Gehegt, gepflegt, statt weggefegt -
der Glücksgriff war vorhanden.
Wird auf Belebung Wert gelegt,
wird am falschen Ast gesägt:
Prüfung nicht bestanden.

Deutschland scheint mir insgesamt durchgefallen
zu sein auf den Erkenntniswegen Kapital und Arbeit, Unrecht und Recht, Wohl und Unwohl. Da ist
die Kassiererin, die sich eines nichtigen Verge-
hens schuldig gemacht hat, fristlos entlassen wird
und mit dem Makel öffentlicher Brandmarkung im
Fernsehen und in der Presse weiterleben muss.

Und auf der anderen Seite gibt es die privilegierten Edelganoven, die am Staat vorbei Millionen wegdeponieren oder gar mit kaltblütiger Unverfrorenheit der Allgemeinheit Autos verkaufen und der Welt versichern, dass diese mit den besten Abgasfiltern versehen und darum die gesündesten Dieselfahrzeuge auf dem Erdball sind, was sich, wie inzwischen belegt, als betrügerische Manipulation erwiesen hat, aber von der deutschen Justiz bislang nicht geahndet wurde. Die Herren im feinen Zwirn laufen immer noch frei herum, kassierten für diese Lumperei auch noch Boni in Millionenhöhe. Und weil das zum System gehört, schweigt die Regierung dazu oder spielt die Angelegenheit gar als marktwirtschaftlichen Unfall herunter, wie überhaupt anzunehmen ist, dass außer den Linken im Parlament wohl kaum einer der gut Gepolsterten schlaflos sein wird, weil die Schere zwischen Arm und Reich weiterhin bis zum Anschlag klafft. Da passen dann Kriegsfolgen gut ins Beschwichtigungskonzept. Eine gelungene Zeile hörte ich bereits: „Gemessen an all dem Übel in der Welt, leben wir vereinten Deutschen doch eigentlich wie in Watte gepackt." Dennoch kann ich mich nicht der folgenden Zeilen enthalten:

Wer „gottgewollt" sagt, kriegt eine geschoben.
Der Abstand zwischen Unten und Oben,
zwischen Besitz und Nichtbesitz,
hat sich erneut auseinandergezogen:

die einen am Fluss unterm Brückenbogen,
die anderen mit ein paar Zimmern im „Ritz".

Das Leben im Land „Wirwarnschonmalweiter"
war sozial, war friedlich und heiter .
„Kriminelle Energie"
war ein Fremdwort gewesen.
Es wurde gelacht, gesungen, gelesen.
Und dennoch vermochten nicht zu genesen
das Fehlkonstrukt Mensch und die Welt-Utopie
vom besseren Leben.
Und darum eben
werden wir neu starten müssen.
Vergesst dabei nicht das Kuscheln und Küssen!

An den Lenkern flinker Geldströme werden derlei Texte - egal ob metrisch gebunden oder in Prosa verfasst - vorbeiziehen wie Elementarteilchen am äußersten Rand der Wirklichkeit. Selbst wenn sie es zu lesen bekämen, übersetzt oder gar um die Ohren gehauen, würde sie Möwenkot auf dem Smoking mehr aufregen als meine schriftlich fixierten Attacken. Auch Politiker scheinen inzwischen immun zu sein, schütteln oder sonnen sich. Unruhe ins europäische Politgefüge brachte am Donnerstag, 23. Juni 2016: Volksumfrage in England. Brexit Yes or No, Stay or Go? Die Bevölkerung des Vereinigten Königreichs entschied sich für den Austritt aus der Europäischen Union. Was den Griechen nicht gelungen war, gelang den Briten, hieß es. Das Gegängel aus Brüssel sei ihnen lästig geworden. Möglicherweise nervte auch Frau Merkel, wie überhaupt das erstarkte Deutschland als führende Europamacht. Die Entscheidung war knapp. Fast sah es aus, als würden die Europa-Befürworter gewinnen. Doch zum Abend hin verschob sich das Bild, in London sogar meteorologisch kräftig unterstützt von Blitzen, Donner und Regen. Geschichte bewegt sich, Prognosen bleiben.

Ob Stay, ob Go,
ob Yes oder No:
Es wird sich nichts ändern,
vielleicht an Gewändern,
zum Schein getragen

an kritischen Tagen,
ähnlich wie diesen,
äußerlich miesen.
Denn ob Stay oder Go,
ob Yes or No:
Finanzoligarchen
kennen kein Schnarchen.
Der Brexit hat -
wichtig zu wissen -
den Eliten nur scheinbar
in den Hintern gebissen.
Die NATO wird bleiben,
mit Händereiben,
Frau Merkel wird
in ihr Tagebuch schreiben,
so sie eins hat:
„Egal ob mit
oder ohne Rabatt:
Ringedingding,
let me sing!
Diesmal nicht nur
just for fun:
Wir rüsten auf,
zum Hindernislauf!
Sorry, London!
Wir sind jetzt dran!"

Lullaby

Zu welchem Ja gehört dieses Nein?
Das ist eine wahrhaft knifflige Frage.
Das Ende der Reichen wird es nicht sein.
Dazu ist London nicht in der Lage.

Der blinden Seher Zeit ist gekommen.
Sie fühlten einst intakt Perfektes.
Ihr Ruf: Das Beste ist uns genommen!
Das Volk schaut sich um, sieht nur Defektes,
und sagt lakonisch: Nur weitergeschwommen!

Lura-lura-lura -
schlaft Euch weiter frei!
Träumt den Traum vom Frieden.
Er ist bald vorbei!
Lura-lura-lura-
luraluralei!
Der neuen Linken Schlaflied:
Das Linksrechts-Lullaby!

Penetrante Auffälligkeit: Der mit Altersrost befallene Dampfer Kapitalismus hat einen neuen Anstrich erhalten, wurde umgetauft und wird unter dem Namen DEMOCRACY vehement jugendlich beworben und in ungestümer Frische auf Fahrt geschickt.

> Hinter pseudosauberem Schilde
> hockt das Übel, wohlgetarnt,
> in bekannt brutaler Wilde.
> Liebe Freunde, bleibt gewarnt!

Auch die Linkspartei in uneinig deutschen Landen beginnt zu pinseln. Wenn auch nicht mehr in kämpferischem Rot.

Bunt ist angesagt. Kunterbunt. Aber nicht nach Art der Villa VilleKulla in Visby auf Gotland, wo Pippi Langstrumpf vor der Kamera stand, und das Haus Kunterbunt bis heute nur mit drei Farben dienen kann: einem stumpfen Lehmgelbton, einem sanft erstorbenen Lila und einem kräftigen Giftgrün auf Dach und Turmhauben. Nein, da würden eher die Hundertwasser-Häuser in Wien und Magdeburg als Vergleich dienen, obschon die Partei dann wohl wieder etwas gegen das unegal Schiefe und Krumme hätte.

Mosaik ist angesagt, und dies selbstverständlich wissenschaftlich begründet. Daher auch das geschickte Fachwort Transformation, das zu dieser Neupositionierung gehört.

Ausgedacht haben sich dies Experten des Instituts für Gesellschaftsanalyse (IfG), betreut von der Rosa-Luxemburg-Stiftung (RLS), und diesem Bereich den Namen „Transformationsforschung" verliehen. Selbstverständlich hätten die Damen und Herren auch die deutschen Worte für Transformation wählen können, wofür bereits Goethe und Schiller gleich drei Möglichkeiten zur Auswahl standen: Umwandlung, Umformung, Übertragung. Doch welch geschichtserfahrene Parteigenossin und welch vergangenheitsgeprüfter Genosse würde nicht über derlei abweichlerische Begriffe stolpern? Und da es sie noch gibt, die in die Jahre gekommenen Antifaschisten, gilt es Rücksicht zu nehmen. Rücksicht aber auch auf Rosa und Karl. Marx und Engels dürften in die verdeckt zweite Bücherreihe gerückt sein, Lenins Schriften gerade noch so vor der Papierverwertung gerettet. Böse Unterstellung, ich weiß. Was liegt also zwischen den Aktendeckeln beziehungsweise in den Rechnern gespeichert, damit es auch die emsigen Hüter der Verfassung lesen können und damit auch die Ladies and Gentlemen der National Security Agency (NSA) in ihrer deutschen Niederlassung, den US Patch Barracks in Stuttgart-Vaihingen, zur Weitergabe ans NSA-Hauptquartier in Fort Meade in Maryland, ohne dass dort gleich die roten Lampen zu flackern beginnen?

Mit ersten vorsichtigen Gedanken – worin ich die Quelle dieses Neuanfangs sehe - verblüffte Gregor Gysi bereits vor Jahren, als er die engpasslosen Annehmlichkeiten eingestand, die mit den neunziger Jahren des vergangenen Jahrhunderts

marktwirtschaftlich den Osten umzuwandeln be-
gannen und damit ein leichtes Spiel hatten, die
Menschen „besoffen zu machen", wie es Oskar
Lafontaine ausdrücken würde.

Da ich beide Herren verstehe, aber keinesfalls
zwischen den Stühlen sitzenbleiben möchte, werde ich mir ansehen, was die einen wollen und die
andern nicht lassen können.

In der Tageszeitung *junge Welt* vom 31. August
2016 hat sich auf den Themenseiten 12 und 13
der Wissenschaftsjournalist Michael Zander mit
dem Versuch einer Neuausrichtung der Linken
auseinandergesetzt, gab dem Vorabdruck die
Zeile *Unwahrscheinliche Szenarien* und die trefflichen Unterzeilen *Wenn man von Revolution nicht
mehr sprechen mag* und *Über die Probleme der
linken Transformationsforschung.*

Ich kann die Problematik abkürzen und Michael
Zanders einleitenden Zeilen nur bestätigen: „Eine
entscheidende Frage gesellschaftlicher Verände-
rung ist und bleibt die Eigentumsfrage. Wirtschaftliche Macht bedeutet auch politische Macht. So-
lange die Entscheidungen großer Unternehmen
sich an den Renditewünschen statt am Wohl der
Allgemeinheit orientieren, ist Politik erpressbar."

Wie das weltweit funktioniert, bekommen wir alltäglich mit. Dass die Menschheit mehrheitlich darunter leidet, wird zwar wahrgenommen, aber der
deutschen Rumpelkammer anheimgegeben, denn
„uns Deutschen geht es ja gut", auch wenn für
einen Teil unserer Mitbürger die Watte mit Dornen
durchsetzt ist, was ebenfalls unter unpopulär in

die europäische Schmuddelecke gehört und möglichst unerwähnt bleiben soll.

Wie die Mosaik-Linke die ökonomische Macht jener unterbinden will, die für Armut, Ausbeutung, Naturzerstörung, Rüstung und Kriege verantwortlich sind, wird uns die Zukunft lehren, so es dann noch eine gibt.

Das schlechte Abschneiden des Rot-Links-Bündnisses in Mecklenburg-Vorpommern, vermochten die Berliner gutzumachen. Dennoch hier meine Mahnung:

Fest in der Spur und verdient vergattert
zur richtigen Zeit am Weltfriedenstag.
Es quietscht und knirscht, es rumpelt und rattert,
Linke und Grüne schauen verdattert,
fragen, was wohl auf sie zukommen mag.

Bitter schmeckt zwischen Zunge und Gaumen
beim Nachdenken, was Ihr schon falsch gemacht.
Ich drücke Euch Linken dennoch die Daumen,
stellt Euch nicht in die Reihe der Pflaumen,
geht gefasst in Euch, gebt gut auf Euch acht!

Widmen wir uns darum weiter den „Segnungen", denen sich dieser Band gewidmet hat und noch einige Seiten widmen wird.

Dass dem Missbrauch des edlen Wortes Demokratie zur Verhüllung von Finanzmacht nun auch noch der Demokratie zur Verhüllung von Diktatur unwidersprochen gedient werden darf, ist eine von Brüssel und Berlin geduldete türkische Schöpfung aus dem Hause Erdogan.

Pascha Überempfindlich und Madame Landesmutter Merkel im Clinch diplomatischer Unsichtbarkeit, und beide am späten Freitagabend des 15. Juli 2016 zu allem Übel auch noch von einem Militärputsch überrascht, werden es noch eine Weile miteinander zu tun haben müssen.

Wer diesen schlecht vorbereiteten Versuch einer Entmachtung Erdogans angeschoben hat, liegt noch im Dunkel. Doch wie sich schnell zeigte und nicht nur mich sofort an den von den Nazis geschickt eingefädelten Reichstagsbrand erinnerte, dem unverzüglich eine vorbereitete Verhaftungswelle folgte, was wie eine Blaupause auch in der Türkei geschah, drängte sich sofort die Frage auf: Wer zieht Vorteil aus der Sache? Dennoch kam auch ein anderer Gedanke ins Spiel, der vor allem Erdogan gefiel, dass hinter dem Putsch der in den USA lebende Prediger Fethullah Gülen stecke.

Die *Rationalgalerie* reagierte, durch Erfahrung gefestigt, mit folgender Zeile: „Türkeiputsch nicht ohne USA" und fragte: „Bundeswehr in NATO-Treue fest an welcher Türkei?" Ich antwortete darauf so:

Abzählreim für ThinkTank-Versteher

Don´t be in fear,
let us look clear,
it´s not an error:
Denkfabrik-Kerle,
rings um Herrn Perle,
lieben den Terror!

Wo keiner ist:
Selbst für die Trägen
ist es ein Kinderspiel,
welchen zu legen.
Im Fall der Türkei
waren Gründe vorhanden.
Zeit für die Oldies,
ihren Deal dort zu landen.

Der reimgerecht in die Zeilen passende Richard
Perle, eifriger Mitbegründer der Denkfabrik PNAC
– Project for the New American Century (Projekt
für das neue amerikanische Jahrhundert) gehört
zu den Schöpfern der folgenden Thesen, die ich
schon einmal kurz erwähnte, die aber immer noch
gelten:

Eine US-amerikanische Führerschaft
ist sowohl gut für die Vereinigten Staaten
von Amerika als auch für die ganze Welt.

Eine solche Führerschaft erfordert
militärische Stärke, diplomatische
Energie und Hingabe an moralische
Prinzipien.

Eine multipolare Welt hat den Frieden
nicht gesichert, sondern stets zu Kriegen
geführt.

Die Regierung der Vereinigten Staaten
soll Kapital schlagen aus ihrer techno-
logischen und wirtschaftlichen Überlegenheit, um durch Einsatz aller Mittel
- einschließlich militärischer –
unangefochtene Überlegenheit zu
erreichen.

Die nicht-kommerzielle Ausbildungsorganisation PNAC war im Frühjahr 1997 mit dem Ziel gegründet worden, als eine neokonservative Denkfabrik mit Sitz in Washington für eine weltweite Führerschaft der USA zu werben. Die PNAC-Organisation wurde im Jahr 2006 aufgelöst, allerdings drei Jahre später unter einem anderen Namen wieder ins Leben gerufen – zuverlässig mit den alten Inhalten.

Zum Demokratieverlust in der Türkei reagierte ich in metrischer Knappheit mit folgender Anfrage:

„Kniefall vor Erdogan – Fragezeichen",
schrieb gestern am Sonntag sogar die BILD,
das Meisterblatt der Erfindungsreichen.
Nun zittern sogar schon deutsche Eichen
vor Freude, weil Demokratie nicht mehr gilt.

Die Frage nach diesen Geisteswürfen:
Steht jetzt das Haus für Verfassungsschutz frei?
Statt Whisky gilt nur noch Ayran schlürfen?
Da wird man doch wohl noch fragen dürfen:
Wird der Bau nun Erdogans Reichskanzlei?

Der Sommer war noch einmal zurückgekehrt, die Nächte wurden zwar schon herbstlich frisch, aber die Sonne im Verbund mit einer kompakten Heißluftströmung aus Afrika verschaffte uns Mitteleuropäern noch einmal Hitzegrade bis zu 32 Grad, als am letzten dieser heißen Tage ein Brief bei mir eintrudelte, der mich veranlasste, im Manuskript den Buchbeginn so abzuändern, wie Sie, liebe Leserinnen und Leser ihn bereits kennen.

Somewhere over the Rainbow
9th September, 2016

Lieber Freund der Familie,
wir schreiben Ihnen heute mit nicht gerade reinem Gewissen. Wir – das sind bereits die Enkel jener Radiohörer von vorgestern und der Fernsehzuschauer von gestern, mit deren Erinnerungen wir aufgewachsen sind.
Unsere Eltern versorgten uns reichlich mit Ihren Schallplatten, Rundfunkmitschnitten und Fernsehaufzeichnungen, wie auch mit all Ihren Büchern, so dass wir über Sie durch Facebook und Ihre Kommentarteilhabe am Internetblog „Rationalgalerie" auch über Ihre gesellschaftspolitische Ausrichtung Bescheid wissen.

Mein Bruder und ich haben Informatik studiert, wissen um das Poröse auf diesem Gebiet, sind unter den übermütigen dieser Community, jedoch auf der richtigen Seite, und gestehen hiermit unser sündiges Tun auf diesem noch einzig verbliebenen, relativ unkontrollierten, Mitteilungsweg der Deutschen Post.

Somit erteilen wir Ihnen die Genehmigung, uns als enttarnte Hackerguys des Agentenzirkels „German Angst" in Ihr Buch aufzunehmen, an dem Sie gegenwärtig mit dem Zeichner Reiner Schwalme arbeiten. Teilen Sie ihm bitte mit, dass er ebenso zur Familie gehört, weil Großeltern und Eltern die Satire- und Humorzeitschrift „Eulenspiegel" abonniert, gesammelt und uns hinterlassen hatten und darin somit auch die trefflichen Arbeiten des Karikaturisten und Buchillustrators Schwalme.

Als einstiger Vertreter der Heiteren Muse dürften Sie mit Ihrer Arbeit gehörig zwischen den Stühlen sitzen. Auch als Freund der Amerikaner, denen Sie im Prinzip zugetan sind, wenn nicht grad die Washingtoner Administration oder das Pentagon dazwischenfunkte. Immerhin hatten Ihnen in Wien und in Garmisch-Partenkichen die Amerikaner einen Job zum Überleben verschafft, und russische Ärztinnen und Ärzte zuvor Sie in Bratislava gesundgepflegt und Anfang August 1945 in die Freiheit entlassen. Vielleicht erinnern Sie noch einmal an Ihre ersten näheren US-Kontakte, die Sie in Ihrer bereits vergriffenen Autobiografie „Lutz im Glück und was sonst noch schiefließ" humoristisch schilderten.

Wir wünschen Ihnen noch viele Jahre in Gesundheit, bitten noch einmal um Vergebung unserer Frechheit und empfehlen dringend: Ändern Sie Ihr Passwort.

Herzlich,

Peter und Paul

Da es keinen Absender gab, kann ich nur auf diesem Wege heiter beschwingt Danke sagen und den Wunsch der beiden Informatikjoker, hinsichtlich ihrer deutsch-amerikanischen Interessenverbindung, gern erfüllen.

Hier der verkürzte Ausschnitt aus dem Buch:

Wien, Mitte August 1945.

Es war eine Fleischerei mit einem dazugehörigen kleinen Imbissraum, und meine erregend kreative Aufgabe dort war das Zerkleinern großer Salzklumpen. Mich über diese Tätigkeit hinaus bemerkbar zu machen, gelang mir erst, als US-Soldaten mit einem Truck vor dem Laden hielten, ins Geschäft kamen und wissen wollten, wo der nächste „refusedump" sei. Ich war gerade im Imbissraum und sagte in lockerem Hollywood-Tonfall, dass ich das wüsste.

„Die Mülldeponie suchen die beiden", sagte ich. Die Kinnlade des Fleischermeisters klappte nach unten – ein Glück, dass weder Fliegen noch Wespen im Laden waren: er hätte mindestens vier oder fünf im Mund gehabt. Aber dann strahlte er stolz, dass ich dachte, er würde gleich „Gut, mein Sohn!" zu mir sagen. Doch er sagte nur: „Fahr mit und zeig den Herren den Weg!"

Also fuhr ich mit den GI´s im Truck, sagte: „Make a right turn, and turn left now." Und wenn mich der Fahrer, unsicher geworden, fragend ansah, weil ich nichts mehr sagte, nickte ich, zeigte mit dem Finger geradeaus, sagte aber sicherheitshalber noch: „It´s okay, still straight ahead!"

Am nächsten Tag - wahrscheinlich erst nach Rücksprache mit seiner Frau -, erklärte mir der Fleischermeister, dass er mich auf seine Kosten auf die Hochschule schicken wolle. Wann er dies zu tun gedachte, behielt er allerdings für sich, und ich sollte es auch nie erfahren.

Noch bevor der gute Mann vielleicht auf die Idee gekommen wäre, eine Tafel in die Auslage zu stellen, dass hier auch Englisch verstanden und gesprochen werde, kam mir der Einfall, nicht mehr wiederzukommen. Motor dieser Entscheidung war meine Angst, dass sich Salzhacken für mich zu einer Lebensaufgabe ausweiten könnte.

Bereits am Tag darauf bewarb ich mich bei einer US-amerikanischen Arbeitsbeschaffungsstelle im VIII. Bezirk und geriet, obwohl ich meine Fachkenntnis als Salzhacker verschwieg – Ironie des Schicksals -, wieder in salzige Nähe, allerdings in würzig verfeinerte und amerikanisch versüßte.

Das Café Josefstadt, damals direkt gegenüber vom Theater in der Josefstadt, gibt es heute nicht mehr. 1945 war es zu einer US-Kantine umfunktioniert worden. Das heißt, es war schon mehr als eine Kantine, weil einfache Soldaten dort nicht auftauchten. Es war so etwas wie eine Offiziersmesse. Das war allein schon an der Speisenauswahl zu erkennen. Und auf die war mein Augenmerk gerichtet. Begreiflich, nach den Monaten unfreiwilliger Mäßigkeit und angesichts der leeren Speisekammern meiner Verwandten.

Ich gehörte zum „kitchen staff", was ich auch so nannte, wenn mich jemand nach meinem Tun befragte, weil sich das besser anhörte als wenn ich nur „Küchenpersonal" gesagt hätte. „Küchenhilfe" wäre die zutreffendere Bezeichnung gewesen. Ich half mit kleinen Handreichungen, hatte aber gleichzeitig die Wünsche der amerikanischen Kasinoleitung dolmetschend dem Wiener Personal zu vermitteln. Das Personal bestand aus zwei Köchen und mir, was die Sache vereinfachte.

Der First Sergeant – zu deutsch Hauptfeldwebel – war der Chef dieses Kasinos. Zumindest war er für die Aufsicht des Ladens zuständig. Dieser gutmütige Mann, zwischen dreißig und vierzig, der mich offenbar vom ersten Augenblick an mochte, muss in den ersten Tagen geglaubt haben, dass ich mit einem Gehörschaden behaftet sei; denn nach jedem Satz, den er sagte, sagte ich „pardon?".

Der Sergeant war in Texas zu Hause und sprach mit mir so, als wäre ich mit ihm über den Großen Teich gekommen und als läge meine Geburtsstadt Brünn irgendwo zwischen Houston und Dallas. Ich glaube, dass er meine schnelle Auffassungsgabe schätzte, während ich ihm für den maßvollen Wortschatz dankbar war, der mich nicht überforderte. So wiederholte sich bei ihm besonders häufig das Wort „fucking", das ich von „fuck" ableitete und für mich mit „verfickt" übersetzte und staunte, wie locker und ohne rot zu werden er dieses Wort gebrauchte. Dennoch ließ ich es in meinen Übersetzungen weg, weil ich sonst den Köchen wörtlich hätte sagen müssen, dass sie sich, verfickt nochmal, gefälligst daran gewöhnen sollen, die verfickten Puten mit der verfickt exzellenten Rosinensoße zu versüßen.

Als ich später erfuhr, dass „fucking" auch im Sinne von „scheiß" und „verflucht" gebraucht wird, war ich doppelt froh, die Übersetzung weggelassen zu haben, wobei mir, ehrlich gesagt, eine verfickte Pute auf dem Teller immer noch lieber gewesen wäre als eine verflucht beschissene.

Pute hin, Rosinensoße her, dem Texaner hatte ich zu verdanken, dass ich innerhalb von vierzehn Tagen die Wörter aus mir hinauskaute, als wäre ich zwischen Bohrtürmen und Rinderherden aufgewachsen.

Nebenbei lernte ich, wie Zwiebeln fachgerecht geschnitten werden. Das brachten mir die Wiener Köche bei. Und ich begriff auch schnell, wie man aus großen Töpfen siedendheißes Kartoffelwasser abgießt, ohne sich dabei zu verbrühen.

Meine Verwandtschaft hätte mich zu gern für immer in dieser amerikanischen Küche gesehen, weil es auch in Wien zu dieser Zeit so aussah, als würde es für die Kriegsanzettler in diesem Leben nie wieder reichlich zu essen geben, während ich hingegen allabendlich nach Hause brachte, was die meisten Familien einen ganzen Monat über nicht zwischen die Zähne bekamen.

Diesem First Sergeant aus Texas, der mir diesen Lebensmitteltransfer erlaubte, was bestimmt gegen die Dienstvorschrift geschah, sei hiermit ein Denkmal gesetzt.

Als ich viele Jahre später in der US-TV-Sitcom-Reihe „Eine schrecklich nette Familie" den Schauspieler Ed O´Neill in der Rolle des Al Bundy sah, stand jedesmal der First Sergeant vor meinen Augen. Unglaublich, und vielleicht auch zusätzlich deshalb unvergessen.

Europe Under Pressure
Dampfhammersong

Wumm – Pff – Bong!
Wumm – Pff – Bong!
Dröhnt, rockt und zischt
der Dampfhammersong!
Wumm – Pff – Bong!

Wumm – Pff – Bong!
Deutschland ohne Ruck!
Deutschland unter Druck!
Hände weg vom Kescher!
Europe under Pressure!
Finger weg vom schmutzigen Geld!
Frieden der Welt!

Ist es wieder so weit,
sich für Deutschland zu schämen?
Fußball alleine ist nicht die Welt.
Längst ist es soweit, sich wieder zu grämen.
Wo bleibt die Kraft, das Böse zu lähmen?
Fort mit der Gier, die Kriege bestellt!
Politiker, rührt euch! Auf euch wird gezählt!
Zum Ja sagen hat euch das Volk nicht gewählt!
Politiker, rührt euch, lasst uns nicht allein!
Es könnte sonst sein, wir stelln euch ein Bein!

Wo bleiben die Werte: Moral und Gewissen?
Vollmundig tragt ihr sie stets vor euch her!
Um Krieg haben Völker sich niemals gerissen,
Konzerne hingegen stets zugebissen.
Verdient wird leicht, gestorben wird schwer.

Politiker, rührt euch! Auf euch wird gezählt!
Zum Ja sagen hat euch das Volk nicht gewählt!
Politiker rührt euch, kommt mit euch ins Reine!
Es könnte sonst sein, wir machen euch Beine!

Wumm – Pff – Bong! Wumm – Pff – Bong!
Dröhnt, rockt und zischt
der Dampfhammersong
Deutschland ohne Ruck!
Deutschland unter Druck!
Hände weg vom Kescher!
Europe under Pressure!
Finger weg vom schmutzigen Geld !
Frieden der Welt!

Sind das Mafia-Strukturen? Oder träume ich das nur? Noch habe ich meine Wachträume unter Kontrolle. Also ist dies die grausame Wirklichkeit: Europa unter Druck und damit die Mehrheit der Bürger, die unter Brüssels Vorstellungen klarkommen müssen.

Schon Oliver Kahn, der einstige Fußballstar von Bayern-München und Torwart der deutschen Nationalmannschaft, füllte seine Kommentare gern mit seinem Lieblingsbegriff „Druck", was immerhin noch ein sportlich gesunder Druck war.

Doch hier haben wir es mit einem höchst unbekömmlichen Druck zu tun: Brüssel hat sich freiwillig dem Druck aus Washington ergeben. Berlin gibt den Druck über Brüssel nach wie vor unbarmherzig weiter an Griechenland. Aber auch Spanier und vor allem Italiener müssen leiden.

Dass auch Deutschland auf unfeine Art erpresst werden kann, führt uns gegenwärtig ein machtgieriger Türke unter dem Schutzmantel der NATO vor und bietet uns damit eine Kopie dessen, was Hitler sich gestattete, ebenfalls unter Kenntnis und Duldung des westlichen Auslands.

Unter Hitler waren es jüdische Bürger, die umgebracht wurden. Unter kaiserlich deutscher Obhut wurde Massenmord bereits an den Hereros während des Kolonialkriegs 1904-1908 in Südwestafrika geübt. 1915 erlaubte sich das Osmanische Reich Ähnliches an den Armeniern. Hundert Jahre danach stellte der türkische Autokrat diese Wahrheit unter Strafe und praktiziert dieses Verfahren 2016 besonders grausam an den Kurden, die er kurzum zu Terroristen erklärte. Völkermord demnach auch dort. Aus unseren Regierungskreisen beredtes Schweigen. Es kommt ungelegen, wie auch schon die Resolution Anfang Juni 2016 ungelegen kam. Außenminister Steinmeier sah die „Ungelegenheiten" bereits im April, empfahl Mäßigung einem Land gegenüber, das uns in Deutschland einen weiteren Zuzug von Kriegsflüchtlingen ersparen soll. Doch die Resolution zur Verurteilung des Völkermords an den Armeniern fand statt. Merkel, Steinmeier und Gabriel waren „verhindert". SPD-Fraktionschef Oppermann verkündete: „Das Parlament ist auch ohne Merkel und Steinmeier beschlussfähig."

Inzwischen gibt es die Aufklärungstornados der Bundeswehr auf dem osttürkischen Luftwaffenstützpunkt Incirlik, von wo aus die internationale Koalition Einsätze gegen die Terrororganisation „Islamischer Staat" (IS) fliegt. Abgeordnete wollten diese Soldaten dort besuchen, was Erdogan jedoch nicht gestattete, weil diese Abgeordneten doch jene waren, die der Türkei per Parlamentsbeschluss den Völkermord frisch aufgewärmt angehängt hatten, wo doch andere auf diesem Gebiet auch nicht gerade untätig waren, was er natürlich so nicht formulierte, weil er schließlich bei der NATO mitmischte, die das Land als Puffer gegen Russland zu schätzen weiß.

Politisch Lied, ein garstig Lied, wusste schon Goethe zu formulieren. Bereits Anfang September 2016 war dieser peinliche Eiertanz zu beobachten, den der arme Regierungssprecher Steffen Seibert vollführen musste, indem er zu verkünden hatte, dass die Armenienresolution des Bundestags lediglich ein „Entschließungsantrag" war, der darauf abgezielt habe, „Auffassungen zu politischen Fragen zum Ausdruck zu bringen, ohne dass diese rechtsverbindlich seien."

Dennoch sah sich Seibert genötigt, seine undankbare Rolle als Weißclown der Regierung weiterzuspielen und ergänzend zu bemerken, dass es sich aber keineswegs um eine Distanzierung von der Resolution handle. „Davon kann überhaupt keine Rede sein."

Schon verstanden: Selbstverständlich ist es eine Distanzierung. Sie darf nur nicht so heißen.

„Keine bindende Wirkung hätte die Kanzlerin dem Herrn Erdogan am liebsten auf Türkisch vorgetragen, doch aus Furcht, dass daraus „keine wirkende Bindung" werden könnte, blieb es bei der deutschen Erstfassung, mit der sich die Regierung in Ankara zufrieden geben werde. So war dies Frau Merkel versichert worden, noch ehe sie in Berlin ins Flugzeug stieg.

Und so wird Bundeskanzlerin Angela Merkel auf der türkischen Herdplatte weitertanzen, die Erdogan eifrig befeuert hält. Und wenn er noch ein paar Kohlen mehr auflegt, reicht es sogar zu ein paar Derwisch-Kreisel. Doch dabei aufpassen: Die Derwische drehen sich von rechts nach links – der Wahrheit entgegen; denn nur dann ist es möglich, in Liebe die gesamte Menschheit zu umarmen. Nachzulesen im Koran, Sure 64, Vers 1.

Um die Glaubhaftigkeit der verlogenen Wohlfühl-Aussage zu bekräftigen, aber auch um den NATO-Partner Türkei unvergrätzt bei Laune zu halten, waren inzwischen auch noch Federica Mogherini, amtierende Hohe Vertreterin der Europäischen Union für Außen- und Sicherheitspolitik, und Jens Stoltenberg, Generalsekretär des transatlantischen Bündnisses, in Ankara vorstellig geworden.

In Verbindung damit, aber auch zum *Rationalgalerie*-Beitrag „NATO auf Kurden-Jagd – Europäische Union jagt mit", erlaubte ich mir diese Empfehlung:

Das neue NATO-Würfelspiel

Mogherini klingt süß, wie hingeflötet,
Stoltenberg, Jens
klingt schon eher nach Horn.
Da reiten zwei, aneinandergelötet,
ihr Dienstauftrag lautet: Wer Kurden tötet,
rückt, ohne zu würfeln, zehn Felder nach vorn.
Ein spannendes Spiel um Jagen und Haschen,
von NATO-Experten lustig erdacht.
Verwickelt, verfilzt, verknotet in Maschen,
mit Möglichkeiten, sich reinzuwaschen,
gegenwartsnah, auch für Kinder gemacht.

Denkschrift

Wer Gaben nimmt, der ist nicht frei,
der muss Geschenke machen.
Das führt bis hin zur Kumpanei
und zu weit schlimmeren Sachen.

Wer mogelt, ist nicht weit davon,
auch Menschen umzubringen.
Noch dirigiert das Pentagon,
dessen Lied wir singen.

Das Knäuel, gewickelt einst von Bonn -
der Wohlstand hat´s gelitten;
doch war damit der Rubikon
für Deutschland überschritten.

Das Land steckt in Erklärungsnot
vom Keller bis zur Zinne.
Ach, wär es nur der Fastfoodtod,
der Deutschland irgendwann mal droht.
Wir sind im Netz der Spinne.

Ehe ich dieses Buch abschließe, sollte ich noch die Nerven haben, die Wahlen am 08. November 2016 um den Präsidentenposten der Vereinigten Staaten von Amerika abzuwarten.

Hillary Clinton oder Donald Trump? Wer wird die Nummer 45 ergattern? Die Einschätzung „Wahl zwischen Pest und Cholera" machte bereits weltweit die Runde.

Hier die Rangordnung der wichtigsten US-Probleme: Die Unzufriedenheit mit der Regierung, die Wirtschaft, der selbst in Gang gesetzte Terrorismus, die Einwanderung, die Armut, die fehlende Waffenkontrolle, die Arbeitslosigkeit, der Rassismus, die Gesundheitsversorgung, die Umwelt.

Donald Trump wandte sich am Freitag, dem 19. August 2016, in Michigan an die schwarze Wählerschaft mit folgenden Worten: „Was habt ihr zu verlieren, wenn ihr etwas Neues versucht, wie Trump? Ihr lebt in Armut, eure Schulen sind nicht gut, ihr habt keine Jobs, 58 Prozent eurer jungen Leute sind arbeitslos – was zur Hölle habt ihr zu verlieren?"

Ich widmete dem Vorwahlzirkus meine Aufmerksamkeit auf vielfache Weise, verfolgte die Reden über die erreichbaren US-Sender im Originalton, korrespondierte mit Kanada, dachte zu träumen, aber durchschaute schnell das finstere Spiel des Stimmenfangs. Mit der Beschimpfung des Establishments befriedigte Donald Trump eine private Rechnung und beglückte damit gleichzeitig die Massen. Ich reagierte auf meine Weise.

Puppets on The Strings

Aus Copyrightsgründen
nicht maßgerecht
auf die weltbekannte Melodie geschrieben

Wird es besser, wird es schlimmer?
Ganz egal, wer oben thront.
Es wird leider sein wie immer:
Volk bleibt weiter ohne Schimmer,
schlecht bezahlt bis unbelohnt.

Hillerie-hillera-hilleralala!
Die Puppets on the strings sind da!
Hillerie-hillera-hilleralala!
Die Puppets aus den USA!

Vorzeigbar muss die Figur sein
an der Spitze der Nation,
kompatibel, reversibel,
falls gewünscht, auch gern sensibel
oder hart wie Stahlbeton!

Hillerie-hillera-hilleralala!
Die Puppets on the strings sind da!
Hillerie-hillera-hilleralala!
Die Puppets aus den USA!

Zur Elite muss es passen,
auch wenn´s manchmal peinlich wird.
Was zum Lachen, was zu Hassen,
Donald Trump mal anzufassen.
Das System bleibt unbeirrt.

Hillerie-hillera-hilleralala!
Die Puppets on the strings sind da!
Hillerie-hillera-hilleralala!
Die Puppets aus den USA!

Bernie Sanders wär´s gewesen!
Klar war, dass er es nicht wird.
Auch mit ihm wär, wie zu lesen,
nicht gelungen, nicht genesen,
was die kranke Welt verwirrt.

Hillerie-hillera-hilleralala!
Die Puppets on the strings sind da!
Hillerie-hillera-hilleralala!
Die Puppets!
Die Puppets!
Die Puppets aus den USA!

Zum Vergleich hier die bekannte
schlichte deutsche Variante.

Und hier Donald Trumps schockierender Einstieg ins Wahlkampfgeschehen um das Amt des 45sten Präsidenten der Vereinigten Staaten von Amerika. Worte eines Präsidentschaftskandidaten, die es in Inhalt und Schärfe so noch nie gegeben hat. Hier einige Auszüge:

"Für das Establishment geht es bei dieser Wahl um Billionen von Dollar. Nur als Beispiel: Schon bei einem einzigen Handelsabkommen, das sie abschließen wollen, stehen Billionen auf dem Spiel, die von vielen Ländern, Unternehmen und Lobbyisten kontrolliert werden. Diejenigen die in Washington die Machthebel für globale Interessenvertreter kontrollieren, paktieren mit den Leuten, denen euer Wohlergehen egal ist. Unsere Kampagne stellt eine echte existenzielle Bedrohung für sie dar, wie nie zuvor. Das ist nicht einfach eine Wahl über die nächsten vier Jahre. Das ist ein entscheidender Moment in der Geschichte unserer Zivilisation, die darüber entscheidet, ob wir, das Volk, wieder die Kontrolle über unsere Regierung zurückerlangen. Das politische Establishment, das uns aufhalten möchte, ist die gleiche Gruppe, die für unsere katastrophalen Handelsabkommen, die illegale Masseneinwanderung und eine Wirtschafts- und Außenpolitik verantwortlich ist, die unser Land hat ausbluten lassen. Das politische Establishment hat die Zerstörung unserer Fabriken und unserer Arbeitsplätze verursacht, die nach Mexiko, China und andere Länder weltweit abwandern. Es ist eine Machtstruktur globaler Art und Größe, die für die wirtschaftlichen

Entscheidungen verantwortlich ist, die unsere Arbeiterklasse ausgeraubt haben, unserem Land seinen Reichtum genommen und das Geld in die Taschen von ein paar Großkonzernen und politischen Einrichtungen gescheffelt hat."
Lenin lebt, war mein erster Gedanke. Aber wieso ausgerechnet unter Trumps blonder Kunstfrisur? Kurz darauf las ich von Steve Brannon, dem von Donald Trump auserkorenen Berater, dessen Geschichtsverständnis dem dialektischen Materialismus zugeneigt scheint, zumal er sich, wie in der *Frankfurter Allgemeinen Zeitung* zu lesen war, dem Historiker Ronald Radosh gegenüber als Leninist bezeichnet haben soll.
Wenn dies allein für die Washingtoner Administration und das gesamte imperiale Finanzgefüge im Schlepptau der Wallstreet nicht Grund genug gewesen wäre, von einer Schockstarre in die nächste zu fallen, sorgte schließlich am Wahltag des US-Volkes Mehrheitswille für das absolute Fail out bei Presse und Medien. Donald John Trump, der Siebzigjährige, wurde der 45ste Präsident der USA und machte es möglich, dass massiv austrat, was bislang mehr oder weniger verdeckt gehandhabt wurde: die Angst vor einem Gemeinsamkeitserwachen dieser Welt.
Und zu all dem dann noch die Worte des vom Volk Gewählten zum Zeitpunkt seiner Vereidigung am Freitag, dem 20. Januar 2017:
"Die heutige Zeremonie hat eine ganz besondere Bedeutung: Wir übergeben die Macht nicht nur von einer Regierung an die andere oder von einer Partei an die andere, sondern nehmen die Macht

von Washington D.C. und geben sie an euch, das Volk, zurück. Zu lange hat eine kleine Gruppe in der Hauptstadt unseres Landes von der Regierung profitiert, und das Volk hat die Kosten getragen. Washington blühte, aber das Volk hat nichts von dem Reichtum gehabt. Politikern ging es gut, aber die Arbeitsplätze wanderten ab, die Fabriken schlossen. Das Establishment schützte sich selbst, aber nicht die Bürger dieses Landes."

Ach, wenn es nur das wäre. Doch es gibt leider noch eine Menge Konfuses an diesem neuen Mann im Weißen Haus. Einerseits macht er mit seinen freundlichen Bemerkungen in Richtung

Putin Hoffnung. Andererseits gibt er den Banken alte Freiheiten zurück, die Präsident Obama sich zu drosseln bemüht hatte. Und Netanjahu erhält von Trump einen Freibrief zur Fortführung israelischer Besiedlung auf palästinensischem Grund und Boden. Grund genug, um gegen Trump zu sein, der angedroht hat, alle irgendwann einmal illegal eingereisten Menschen in New York polizeilich zu erfassen und auszuweisen. New Yorks Bürgermeister Bill de Blasio, Mitglied der Demokratischen Partei und dort Vertreter des linken Flügels, hatte Trump in dessen "Olymp" hoch oben im *Trump Tower* aufgesucht, allerdings nicht nur, um ihm zum Wahlerfolg zu gratulieren, sondern ihn zu ersuchen, von angekündigten Gesetzen gegen Schwangerschaftsabbruch und freier Entscheidung geschlechtlichen Zusammenlebens Abstand zu nehmen. Es dürfte ein Gespräch auf Augenhöhe gewesen sein: Donald 1.98, Bill 1.96, doch mit keinem zufriedenstellenden Ergebnis für New Yorks Bürgermeister, sonst hätte es nicht den Protest der 20.000 New Yorker am Vorabend des Vereidigungstages gegeben. Dem Stadtchef zur Seite: die Popsängerin und Filmschauspielerin Cher und die Hollywoodstars Robert de Niro und Alec Baldwin. Außerdem noch der Filmemacher und Systemkritiker Michael Moore. An diesem Abend waren sicherheitshalber in Teilen der Washingtoner Innenstadt Beton- und Metallbarrikaden errichtet gewesen und der Autoverkehr eingeschränkt worden. Und ich schrieb hinsichtlich des sich abzeichnenden Machtkampfs zwischen Establishment und Trump folgende Zeilen in mein Diarium:

Trump in Umarbeitung

Das Establishment
stutzt schon Donalds Schwingen,
ist emsig dabei, ihn zu disziplinieren.
Doch zu versuchen, ihn umzufrisieren,
dürfte misslingen.

Abschließend zu jenen Stimmen aus den USA, die ich bereits lobend erwähnte, muss ich noch drei Persönlichkeiten den ihnen gebührenden Platz einräumen: dem Dokumentarfilmer Michael Moore, der für seinen Film „Bowling for Columbine" 2003 einen *Oscar* erhielt und den Mut hatte, von der Bühne „Shame on You, Mister Bush!" auszurufen. „Schande über Sie, Herr Bush!", als Antwort auf den ohne Mandat der Vereinten Nationen erfolgten kriegerischen Einfall der USA in den Irak. Michael Moores jüngster Film hatte im Dezember 2015 in New York Premiere. „Where to Invade Next?", dessen Originaltitel ich salopp frei mit „Wo sollen demnächst US-Bomben fallen?" übersetze. Michael Moore unverblümt vor einem erlesenen Publikum in New York: „Wir haben Probleme, die mit Kriegen nicht zu lösen sind. Wir müssen lernen, unsere dunkle Seite zu akzeptieren. Fast eine Million Flüchtlinge haben inzwischen die Deutschen diesen Sommer bei sich

aufgenommen, und wir nahmen nicht mal zwei-
tausend. Dabei haben wir das ganze Chaos angerichtet."

Klar, dass so etwas der US-hörigen Presseland-
schaft in der Bundesrepublik Deutschland nicht
schmeckt. Und so wetterten die *Süddeutsche Zeitung* und die Illustrierte *STERN* besonders heftig
gegen den mit unliebsamen Wahrheiten operie-
renden Michael Moore.

Die zweite Prominenz aus den USA brachte uns
erfreuliche Nachricht aus Bayern: „Gelder aus
Deutschland und Frankreich und die Bereitschaft
der Bavaria-Studios München, ermöglichten mir
das Vorhaben, Edward Snowden ein filmisches
Denkmal zu setzen. In den Vereinigten Staaten
wäre dies nicht möglich gewesen. Hollywood
zeigte sich, wie zu erwarten war, feige."

Oliver Stone sagte das, dessen mutige Arbeiten
ich bewundere. Am 15. September 1946 in New
York City geboren, Regisseur, Drehbuchautor,
Produzent, hat er sich zu seinem Siebzigsten,
aber auch uns und vor allem dem tapferen
Whistleblower Edward Joseph Snowden ein großes Geschenk gemacht.

Unvergesslich für mich war schon Stones mutiger
Film „John F. Kennedy – Tatort Dallas (JFK), mit
dem er das dummdreiste Märchen vom Einzeltäter widerlegte. Ich verglich schon vor Jahren diese Mär in einem Beitrag für die *Deutsche Rundschau Canada* mit dem Reichstagsbrand im März
1933. Dort ein unbedarfter „Einzeltäter", in Dallas
ebenso ein passend vorpräparierter, aber un-
schuldiger „Freund Moskaus", in beiden Fällen mit

nachgewiesener Unmöglichkeit, die mehrfachen Handlungsabläufe allein bewältigt zu haben. Oliver Stone, ein Mann, der Amerika liebt, aber unglücklich mit dem gegenwärtigen System ist, was er in mehreren Interviews belegt hat. „Der Kapitalismus läuft Amok", sagte er bereits im Jahr 2010 der *Süddeutschen Zeitung*. „Es hat sich erneut erwiesen, dass der Markt keine Vernunft besitzt." Und aktuell sagte er: „Wir leben in einem Polizeistaat. Man wird in Zuckerwatte erstickt und begraben."

„Na bitte", rufe ich der *Süddeutschen* zu, „geht doch, mit der Wahrheit!"

Und die dritte Person: Richard Black, erzkonservativer Senator der Republikaner im Senat des US-Bundesstaates Virginia, der mit einer Delegation nach Syrien gereist war und am 28. April 2016 vom syrischen Präsidenten Bashar al-Assad empfangen wurde. Vor internationalen Pressevertretern sprach Senator Black von seinen Ängsten im Jahr 2012, nachdem er Kenntnis von einem Ausbildungsprogramm in Jordanien erhalten hatte, wo amerikanische Geheimdienste Hunderte Milizen trainierten, um sie bewaffnet gegen Damaskus über die syrische Grenze zu schleusen.

Bereits im Frühjahr 2014 habe er in einem Brief an die Regierung seine Unterstützung für Bashar al-Assad zum Ausdruck gebracht, dem und dessen Vater es gelungen war, vierzig Jahre lang Frieden mit Israel einzuhalten und den Minderheiten der christlichen Bevölkerung sowie der jüdischen Gemeinde ein sicheres Leben in Syrien zu garantieren. Anlass dieses Schreibens sei die

Befreiung von Christen durch die syrische Armee in den Bergen von Qalamoun gewesen, wofür er dem Präsidenten Dank sagte.

Senator Black betonte, dass Syrien wissen solle, wie falsch oder eigentlich so gut wie gar nicht die Bevölkerung der Vereinigten Staaten von Amerika über die Vorkommnisse in Syrien informiert sei. Eine Verletzung internationaler Gesetze seien auch die wirtschaftlichen Sanktionen gegen das Land. Er jedenfalls wisse, dass die Ursachen des Krieges nicht in innerstaatlichen Unruhen zu suchen seien, sondern „in einem ungesetzlichen Krieg, der aggressiv nach den Plänen ausländischer Mächte ins Land getragen wurde." Mit diesem Satz hatte Senator Black auch seine Regierung gemeint. „Bedauerlich sei auch, dass die UNO ihre Augen verschließe vor einer Einmischung in innere Angelegenheiten Syriens, um einen demokratisch gewählten Präsidenten abzusetzen. Bevor Syrien kritisiert wird, sollten die USA zuerst unsere Verbündeten, Jordanien, Saudi-Arabien, Katar, die Vereinigten Arabischen Emirate und Kuwait, dazu drängen, die gleichen Freiheiten für ihre eigenen Menschen zu gewähren, wie Syrien dies immer schon tat."

Hier noch einige Sätze Baschar Dschaafaris, des Ständigen Vertreters der Mission der Syrischen Arabischen Republik bei den Vereinten Nationen in New York: „Der Schrein Johannes des Täufers in der Umayyaden-Moschee in Damaskus verkörpert den Frieden zwischen den Religionen, der vor dem Krieg in Syrien herrschte. Der politische Berater des Mufti in Syrien ist ein Christ. Das gibt

es nur in Syrien. Deshalb sind wir stolz auf unsere Verfassung, die freie Wahlen garantiert, Freiheit der Religionen und Gleichberechtigung für die Frauen und jeden arabischen Bürger."
In deutschen Medien leider kein Wort davon.
Dafür jede Menge regierungsamtliche Blasen.

Zusätzlich noch die tägliche Droge:
Sie tropft und tropft
und tropft und tropft

Der Zungenschlag von ARD-aktuell
wird zunehmend zum traurigen Quell
von stetem Vergessen und Unterdrücken
beim Nachrichtenzimmern und Graderücken
peinlicher Fakten im Kriegsgeschehen,
täglich zu hören, täglich zu sehen,
schädlich für Galle, Leber und Kopf:
Deutschland hängt am Vernebelungstropf,
mit rundfunkstaatlichem Erlauben.
Nicht zu stoppen, offenbar.
Nicht zu glauben?
Leider wahr!

Kummervolle Vorausschau
auf das deutsche Wahljahr 2017

Unterbelichtete Führungseliten
auf kapitalverseuchtem Gelände,
und überbezahlte Regierungsnieten
arbeiten wild an Europas Ende.

Sie stellen sich taub, sie stellen sich blind
und erlauben somit gelassen,
dass die Völker auf bestem Wege sind,
ihre Zukunft zu verpassen.

90% wollen keinen Krieg.
Aber 90% der Wähler wählen Parteien,
die gegen Kriegseinsätze nichts einzuwenden haben.
Und so werden an Deutschland weiterhin Probleme
hängen bleiben. Einige davon hat Reiner Schwalme
noch festgehalten.

Es steht
ein Soldat
am Mohnfeld-
rand —
hält Wache für's
sein Vater-
land

Fazit

Wer Klarheit will,
braucht nicht erst zu googlen.
Das Pentagon hat
ein verdammt schlechtes Blatt.
Es läuft sich schwer
mit bleiernen Kugeln,
die Uncle Sam
an den Beinen hat.

Washington hat
sich dumm eingekesselt,
hat sich mit Halsabschneidern umgeben,
gegen Laizismus Kämpfe entfesselt.
Nun muss die Weltmacht
Ohnmacht erleben.

Was wäre wohl Deutschland zu empfehlen
in dieser weltpolitischen Lage?
Es sollte dankbar auf Russland zählen,
auf Freundschaft und auf friedliche Tage.

Nicht nur Ihre Partei versteht Sie nicht, Frau Merkel. Auch Wladimir Putin ist enttäuscht, allerdings aus gegensätzlichen Gründen, zumal Sie doch einst ungemein moskaufreundlich waren und eifrig Beitragsmarken ins Heft für Deutsch-Sowjetische Freundschaft klebten. Von dieser Schuld sich reinzuwaschen, geben Sie seit Jahren Ihr Bestes. Die Milliardäre und Millionäre Deutschlands lieben Sie. Konzernvorstände und Bankdirektoren beten für Ihre Gesundheit. Sogar die Demokratievortäuscher in Ankara und Saudi-Arabien mögen Ihre wachsweiche Nachgiebigkeit. Auch die Waffenproduzenten in Deutschland sagen nur Gutes über Sie. Mehr ist nicht zu erwarten, mehr nicht zu erreichen. Vielleicht hilft Bad Mergentheim. Auch Karlsbad entgiftet gut.

Martin Schulz, der schon in Brüssel für ein gesundes Europa nichts tun konnte, will nun zur Wahl 2017 Deutschland retten.

Kommentar
zum vermeintlichen Schulzwunder

Wie wir wissen, entwickelt Natur in Not
erstaunliche Überlebenskräfte.
Besonders in Fällen, wenn Untergang droht,
verblüffen gewaltige Rettungssäfte.
Schön ist dann nicht grad, was daraus entsteht.
Egal, wie gewendet oder gedreht.
Im Kern bleibt das alte Verkümmerte,
das von außen verbessert Verschlimmerte.

Ach wäre es nur eine deutsche Sage,
dass der Feind im eigenen Lande steht.
Es ist eine alte Menschheitsplage,
die dem Geist längst über die Hutschnur geht.
Politisches Denken ist Mangelware -
und eindeutig nicht nur in unserem Land.
Die traurige Antwort ist eine klare:
Bezahlte Verdummung zehrt am Verstand.

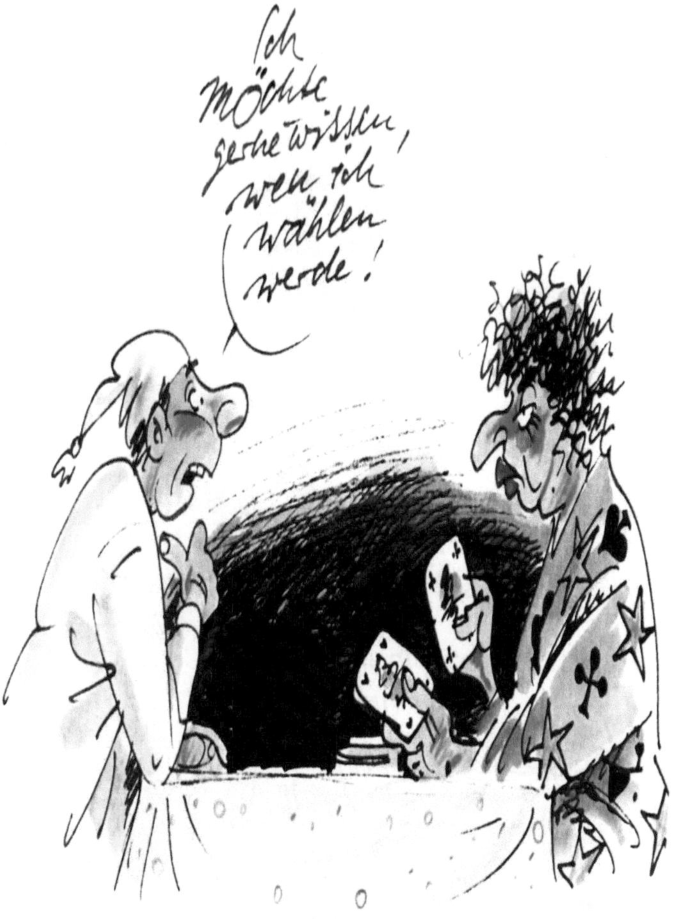
Ich möchte gerne wissen, wen ich wählen werde!

Sollte irgendwann einmal, aus welchen Gründen auch immer, geschichtliche Vernunft Einzug ge halten haben, wird zur Allgemeinbildung aller Deutschen die Einsicht gehören, dass mit dem Anschluss des DDR-Gebietes an die Bonner Bundesrepublik gravierende Fehler gemacht wurden und das Hauptversäumnis darin lag, die Lebensleistungen der Menschen und deren sozialen Errungenschaften nicht anerkannt zu haben. Dazu hätte auch das Verschmelzen beider Staatshymnen gehört, als Zeichen guten Willens eines gemeinsamen Neubeginns und gleichberechtigten Zusammengehens von West und Ost. Dass diese letzten fünf Zeilen nicht der geistigen Umnachtung eines bald Neunzigjährigen geschuldet sind, möge gelten, dass ich mir der Rückwirkung dieses Satzes bewusst bin. Spräche ihn jemand im Bundestag, wäre im Schriftsatz der Protokollschreiber zu lesen: „Protestrufe, Gelächter, minutenlange Unruhe bei den Koalitionsparteien, aber auch bei einigen Grünen."

Die Überheblichkeit deutschen Finanzgehabes hat Europa bislang nicht gutgetan, wie überhaupt Brüssel mit einem Mann, der nachweislich mehrfach Steuerfahndungen behindert hat, dem europäischen Staatenverbund nicht bekömmlich sein konnte. Jean-Claude Juncker hieß der Übeltäter, und so wird man ihn wohl nennen dürfen und gern auch seinen Amtstitel hinzufügen: Europa-Kommissionspräsident. Ihm war es offenbar nicht gelungen, Dokumente verschwinden zu lassen, die beweisen, dass er während seiner einstigen Tätigkeit als Ministerpräsident, Finanz- und Wirtschaftsminister Luxemburgs zwischen den Jahren 1995 und 2013 Forderungen aus Brüssel zur Besteuerung von Großkonzernen abgewehrt hat. Wirbel um diese Geschichte gab es 2014 bereits. Der Vorwurf: Duldung länderübergreifender Steuervermeidungstricks, mittels dieser den Staatshaushalten der EU-Länder jährlich Milliarden an Steuergeldern verloren gingen. So ist eine Menge Unsauberkeit im Spiel gewesen, und nach wie vor sind es die Wählerinnen und Wähler, die das alles unter dem Deckmantel „Soziale Marktwirtschaft" mit sich machen lassen.

Verhinderungsmöglichkeiten, um derlei Dinge an die große Glocke zu hängen, gibt es reichlich. Manchmal allerdings lässt die Auswegslosigkeit nichts anderes zu, als letztlich doch etwas dazu sagen zu müssen. So meinte Herr Juncker, dass er zugebe, dass das Steuerrecht in Luxemburg nicht immer im Einklang mit fiskalischer Fairness gestanden habe und dadurch ethische und moralische Standards verletzt wurden.

Halten wir fest: Ein vereintes Europa konnte, kann und wird nicht funktionieren, wenn das gegenwärtige „System Brüssel" nach wie vor duldet, dass Millionen Europäer unter einer Kürzungspolitik leiden müssen, während den öffentlichen Kassen Jahr um Jahr hunderte Milliarden Euro durch Duldung von trickreichen Steuerhinterziehungen und Steuervermeidungen verloren gehen. Angst machen darf uns Europäern aber auch, dass rechte Strömungen in Frankreich (Marine Le Pen) und in Belgien (Monsieur Wilders) und in Deutschland (Frauke Petry), ähnlich gegen das gegenwärtige Europaparlament wettern und viele Wählerinnen und Wähler diesen menschenrechtsfeindlichen Parteien auf den Leim gehen.

Somit vermag ich nicht zu sagen, ob dieses Buch jemals gedruckt oder einer größeren Lesergemeinde im Internet zugänglich gemacht werden wird oder, verschollen gegangen und durch Zufall irgendwann wiederentdeckt, vielleicht doch noch zur Kenntnis genommen werden könnte.

Bis dahin dürfte sich die politische Landschaft verändert haben – ob zum Vorteil der Völkergemeinschaft, wird sich herausstellen.

Wie ich die Lage gegenwärtig sehe, bitte ich, den abschließenden Reimzeilen Verständnis entgegenzubringen.

Sollte ich mit meiner düsteren Prognose falsch gelegen haben, dürfen Sie getrost auf meine Kosten lachen.

Das Elend politischer Dummheit ist groß.
Der Schaden lässt sich nicht leimen.
So werde auch ich das Gefühl nicht los:
Die Mehrheit wählt falsch. Was mach ich bloß?
Und weiß darauf nichts mehr zu reimen.

? ? ?

Ja, die Fragezeichen sind berechtigt, und **N**ein, so darf Geschichte nicht enden. Dass wir wieder einmal an Georg Büchner erinnern müssen, ist traurig, aber notwendig.

Zu Darmstadt im Sommer 1834, notierte er:

„Friede den Hütten! Krieg den Palästen!"

Sechs Monate und sieben Tage vor Büchners zwanzigstem Geburtstag schrieb der Studiosus der Medizin aus Straßburg seinen besorgten Eltern in Hessen:

„Wir wissen, was wir von unseren Fürsten zu erwarten haben. Alles, was sie bewilligten, wurde ihnen durch die Notwendigkeit abgezwungen. [...] Was nennt Ihr denn, gesetzlichen Zustand? Ein Gesetz, das die große Masse der Staatsbürger zum fronenden Vieh macht, um die unnatürlichen Bedürfnisse einer unbedeutenden und verdorbenen Minderzahl zu befriedigen? Und dies Gesetz, unterstützt durch eine rohe Militärgewalt und durch die dumme Pfiffigkeit seiner Agenten, dies Gesetz ist eine ewige, rohe Gewalt, angetan dem Recht und der gesunden Vernunft, und ich werde mit Mund und Hand dagegen kämpfen, wo ich kann."

Dies ist ein Schlusswort, das Herz und Verstand streichelt.
Für die zeichnerisch hilfreiche Mitarbeit an diesen zwingend ausufernd mehr als vierhundert Seiten, sei Reiner Schwalme wärmstens gedankt. So lassen sich, auch in politisch schwierigen Zeiten, Buchdeckel guten Gewissens schließen.

———————

Quellenangaben

Unser Dank gilt allen, die mit ihren Aussagen und Handlungen befruchtend auf uns wirkten: Politikerinnen, Politikern, Wissenschaftlern, Ökonomen, Kunstschaffenden, Medien, kritischen Begleitern, Friedensfreunden auf allen Gebieten öffentlichen Lebens, den Zeitungsarchiven und Dokumentenbewahrern; unser Befremden allerdings gleichzeitig jenen, die es nicht unterlassen können, Unruhe, Zerstörung und gewaltsames Töten unaufhörlich in diese wertvolle, weil einzigartige Welt zu tragen.

Silicon Valley, Informatik, Algorithmen (Wikipedia, Creative Commens Attribution/Share Aliko).

Untersuchungsausschuss „DDR-Vermögen".
Abschlussbericht vom 28. Mai 1998, Deutscher Bundestag, Drucksache 13 / 1099.
„Umgang mit Aktenmaterial: Nach Beendigung der Untersuchungsfähigkeit, besteht zur Archivierung keine Rechtspflicht."

Winston-Churchill-Rede in Fulton, Missouri, USA am 5. März 1946
Englische Originalfassung, Audio-Datei der Universität Passau.
12. März 1947, Washington: *Truman Doctrine by Harry S. Truman,* Rede vor beiden Häusern des Kongresses.

Flick-Affäre, Deutscher Bundestag, Untersuchungsausschuss, 10. Wahlperiode, Drucksache 10/5079, 21. Februar 1986.

Oskar Lafontaine (Linksorientierter Politiker und Publizist) warnt vor sofortiger Währungsunion, empfiehlt stattdessen Konföderation von BRD und DDR, weil soziale Gerechtigkeit Vorrang haben müsse vor der Frage, wie zukünftige Staaten zu schaffen seien (SPD-Parteitagsrede im Dezember 1989 und Lafontaines Schrift „Die Gesellschaft der Zukunft", 1988).

Schriften zur Auflösung der UdSSR: Andrej Schutow „Auf den Ruinen einer Großmacht", Moskau 2004.
Nikolai Ryschkow „Der Kronzeuge", Moskau 2010.
Willi Gerns auf Themenseiten 12/13 der überregionalen Tageszeitung *junge Welt* vom 9. Dezember 2016.

Kritische Stimmen aus den Vereinigten Staaten von Amerika: Noam Chomsky (Emeritierter Professor für Linguistik und Philosophie).
Dr. Paul Craig Roberts (US-amerikanischer Ökonom und Publizist, war Stellvertretender Finanzminister unter Präsident Ronald Reagan).

Das Bretton-Woods-Abkommen im Dezember 1945.
(J.W. Stalin, Werke Band 12, Seite 215) Nikolai Starikow (Schriftsteller, Publizist) „Frieden ist mit den Anglo-Amerikanern nicht möglich", 28. August 2014 (über youtube abrufbar).

Eisenhowers Friedensrede „Chance for Peace" vor dem Verband amerikanischer Zeitungsverleger am 16. April 1953, unmittelbar nach Josef Stalins Tod.
Abrufbar über http.//archiv.org

NATO-Operation Allied Force in der Nacht des 24. März 1999 mit Bomben auf Belgrad ohne ein UN-Mandat.
Seite AG Friedensforschung, Matthias Küntzel „Der Weg in den Krieg".
„Kollateralschaden" (Neues Deutschland, 24. März 2009)

Hans-Dieter Schütt: „Der Dichter Peter Handke und der westliche Medienmilitarismus".

„Agent Orange", Christiane Oelrich, Welt, N24, 23.04. 2015.

Kissinger und Nixon, Die Zeit, 25.10. 2007 Aktionsbündnis gegen NATO-Sicherheitskonferenz.

Against nuclear – chronic of terror http://www.strahlentelex.de/Atomtests htm#Atomopfer

rororo-Lexikon, Regisseure, Kameraleute, Verlag Rowohlt, 1999

„Macht um acht" (PapyRossa-Verlag Köln, 2017) Volker Bräutigam und Friedhelm Klinkhammer, moderierend begleitet von Ulrich Gellermann (RATIONALGALERIE) zum Thema „Tagesschau-aktuell".

„Geföhnt bis in die Spitzen", Eckhart Nickel in *Süddeutsche Zeitung* vom 17. Mai 2010 über Ursula von der Leyen.

Dieter Gütt (*Zeit online, 1990):*
Nachruf im Nachrichtenmagazin *Der Spiegel,* Ausgabe 6 des Jahres 1990.

Edward Snowden (als Informatiker technische Fachkraft für die Geheimdienste CIA, NSA und DIA) Quellen: Laura Poitras (Dokumentaristin), Glenn Greenwald (Journalist, Brasilien) Washington Post (USA), Guardian (England).

US-Filmregisseur Oliver Stone im Gespräch mit Katja Nicodemus (*Zeit-online,* 22. September 2016) über Edward Snowden: „Eine große Geschichte dieses Jahrhunderts".

Daniel Elsberg, Friedensaktivist: „Enthüllungen haben noch nie der Öffentlichkeit geschadet, sondern immer nur Schweigen und Lügen." Elsberg enthüllte die „Pentagon-Papers" und brachte damit die Hintergründe des Vietnamkrieges ans Licht (*The New York Times vom* 13. Juni 1971). Elsberg äußerte sich außerdem zu Edward Snowden in der *Süddeutschen Zeitung* vom 11. 07. 2013 und würdigte sein Tun.

Griechenlandkrise: Untersuchungen des Instituts für Wirtschaftsforschung (IWH) und Institut für Weltwirtschaft kommen zu gleichem Ergebnis: Deutscher Fiskus profitiert von Griechenlandkrise". Leibnitz-Institut stellt fest: 100 Milliarden Zinsersparnis. Der Wirtschaftsweise Lars Feld gibt zu bedenken: „Was der Fiskus und damit der Steuerzahler an Zinsaufwand spare, büßen die Bürger als Sparer ein. Das müsse gegengerechnet werden." (*Frankfurter Allgemeine,* 10.08. 2015).

Varoufakis-Bildreportage in „Paris Match", kommentiert von *Der Standard,* Wien, *Frankfurter Allgemeine, Süddeutsche Zeitung.*

Das Massaker im Dorfstädtchen Distomo, verübt von SS-Einheiten am 10. Juni 1944.
(n-tv-Artikel vom 23. März 2015 zur Wiedergutmachung unter der Zeile „Deutschlands Verhalten ist eine Schande" (Autorin: Nadja Kriewald, Distomo und Athen).

„All money is clean, even if it's dirty" (Amerikanisch für Angeber, Gerald Drews/Paul Lauer, Weltbild Verlag GmbH 1997).

Atommüll in Sellafield und La Hague
(*Greenpeace*, 3. Dezember 2015).
Stuttgarter Zeitung vom 19. Juni 2015: Deutschland muss Atommüll, das in La Hague und Sellafield lagerte, wieder zurücknehmen.

Konrad Adenauer auf einer Pressekonferenz im April 1957, nachdem die Gedankenspiele von einer gemeinsamen Atombewaffnung Frankreichs, Italiens und Deutschland bekannt geworden waren: „Taktische Atomwaffen sind doch keine Atombomben, sondern lediglich eine Weiterentwicklung der Artillerie." (*Zeit online* und *Spiegel online,05.08.2011).* Als 1967 Bundeskanzler Kurt Georg Kiesinger den Atomwaffensperrvertrag unterschrieb, fragte Adenauer empört, ob man Deutschland einen neuen Morgenthau-Plan überstülpen wolle.

Roger Willemsen *Das Hohe Haus – Ein Jahr im Parlament* (S. Fischer, März 2014).

Libyen an der Spitze aller afrikanischen Staaten laut Wohlstandsindikator der Vereinten Nationen (Index of Human Development, New York).

Neuausrichtung der Partei *Die Linke* in *junge Welt* vom 31. August 2016 (Themenseiten 12/13): „Wenn man von Revolution nicht mehr sprechen mag" (Michael Zander, Wirtschaftsjournal).

Michael Moore (US-Filmdokumentarist) anlässlich der Premiere seines Films „Where to Invade Next?" (Wo mischen wir uns demnächst ein?) Dezember 2015 in New York nach dem Applaus des vornehmen Upper-Westside-Publikums: „Wir müssen lernen, unsere dunkle Seite zu akzeptieren."
(*Süddeutsche Zeitung, 12.Dezember 2015).*

Kein Zweifel, Reiner Schwalme gehört in die erste Reihe der deutschen Karikaturisten. Was er freilich nicht zugeben würde. Oder frühestens dann, wenn man ihm seine Preise, einen nach dem anderen, unter die Nase hielte. Und da kommt einiges zusammen.

Genau genommen fast alles, was ein Karikaturist in Deutschland gewinnen kann.

Er gehört zu den Eulenspiegel-Zeichnern, die in der DDR jeder kannte. Heute ist er in den deutschen Karikaturen-Anthologien prominent vertreten und hat mehrere Personalausstellungen in Ost und West vorzuweisen.

Seit der politischen Wende profilierte er sich zu einem der wichtigsten Chronisten seines Fachs. Sehr gut dokumentiert ist dieses Werk in der „Sächsischen Zeitung", für die er eineinhalb Jahrzehnte Tag für Tag zeichnete.

Heute arbeitet Reiner Schwalme für verschiedene Verlage, unter anderem für den Berliner „Tagesspiegel".

Olaf Kittel

Bühne, Rundfunk, Schallplatte, Film - und vor allem das Fernsehen der DDR - machten Lutz Jahoda zu einem unverwechselbaren Vertreter seines Fachs als Schauspieler, Sänger und Texter von heiteren Liedern, die republikweit bekannt wurden und nahezu drei Generationen im Gedächtnis blieben.

Zu diesem Buch sagte er:

„Meine Zweitprofession als Buchautor, mit Illustrationen von Manfred Bofinger im Jahr 1973 begonnen, und mit Reiner Schwalme, dem Großmeister der Politsatire, 2017 beendet zu haben, gibt mir ein gutes Gefühl. Möge es sich auf die Leserinnen und Leser übertragen."

Bibliografische Information der Deutschen Nationalbibliothek:
Die Deutsche Nationalbibliothek verzeichnet diese Publikation
in der Deutschen Nationalbibliografie; detaillierte bibliografische
Daten sind im Internet über http://dnb.dnb.de abrufbar.

© 2017 Lutz Jahoda
Herstellung und Verlag:
BoD – Books on Demand, Norderstedt.

ISBN: 978-3-7448-3766-8